MULHERES OUSADAS PARA ALÉM DE SEU TEMPO

Marisa Marega

MULHERES OUSADAS PARA ALÉM DE SEU TEMPO

Santa Teresa d'Ávila e Madre Teresa de Jesus

Dados Internacionais de Catalogação na Publicação (CIP)
(Câmara Brasileira do Livro, SP, Brasil)

Marega, Marisa
　　Mulheres ousadas para além de seu tempo : Santa Teresa d'Ávila e Madre Teresa de Jesus / Marisa Marega. – 1. ed. – São Paulo : Paulinas, 2015. – (Coleção alicerces)

　　ISBN 978-85-356-3875-2

　　1. Fundação de Carmelos　2. Santas cristãs - Biografia　3. Teresa, d'Ávila, 1515-1582　4. Teresa do Menino Jesus, Santa, 1873-1897　I. Título.　II. Série.

15-00063　　　　　　　　　　　　　　　　　　　　　　　CDD-282.092

Índice para catálogo sistemático:

1. Santas : Igreja Católica : Biografia e obra　　282.092

1ª edição – 2015

Direção-geral: Bernadete Boff
Editora responsável: Andréia Schweitzer
Copidesque: Ana Cecilia Mari
Coordenação de revisão: Marina Mendonça
Revisão: Simone Rezende e Sandra Sinzato
Gerente de produção: Felício Calegaro Neto
Projeto Gráfico de capa: Arco W Comunicação & Design
Imagem de capa (fundo): "Maresias", acrílica sobre tela de Zélio
Projeto gráfico: Manuel Rebelato Miramontes
Diagramação: Jéssica Diniz Souza
Fotos: Acervo do Carmelo

Nenhuma parte desta obra poderá ser reproduzida ou transmitida por qualquer forma e/ou quaisquer meios (eletrônico ou mecânico, incluindo fotocópia e gravação) ou arquivada em qualquer sistema ou banco de dados sem permissão escrita da Editora. Direitos reservados.

Paulinas

Rua Dona Inácia Uchoa, 62
04110-020 – São Paulo – SP (Brasil)
Tel.: (11) 2125-3500
http://www.paulinas.org.br – editora@paulinas.com.br
Telemarketing e SAC: 0800-7010081
© Pia Sociedade Filhas de São Paulo – São Paulo, 2015

A Dom Tomás Balduino que acreditou num Carmelo "leve e transparente" como queria Madre Teresa de Jesus. Ao dominicano que ao falar para os agentes de Pastoral das CEBs no Carmelo dizia: "Aqui é uma comunidade eclesial de base contemplativa, profética".

Sumário

Introdução – Pe. Ricardo Rezende Figueira 11
Leve, transparente e em caminho – D. Pedro Casaldáliga 17
Prefácio – Pedro A. Ribeiro de Oliveira 19

Abaixo as grades 29
Vida sem sal e sem sabor 31
Véu, grades e silêncio? Nem pensar! 35
A Teresa de Ávila 39
Vida de carmelita, um rezar sem fim 43
O espírito da coisa 45
A espanhola de Jesus 47
A estrela guia 51
Priora antenada 55
A Inquisição no encalço de Teresa d'Ávila 59
Desafios à vista 63
Tempo de noite escura 67
Tudo sem chamar a atenção 73
De olho no futuro 77
Gangorra espiritual 83
Espera pela hora H 87
Rumo a tomar 91
O convento reformado 95
Mãos à obra 103
Presença do Banco Infalível 107
Descalços com o pé na estrada 111
Hora e vez dos Descalços 119
Fonte de água viva 123

Reta final 125
O contrabando 129
Anos de paz 135
Descalças a caminho de Toledo e Pastrana 147
Novos rumos 157
Esperança de renovação 165
Novo pombal à vista! Salamanca 169
Não às mudanças 173
Milagre em Alba de Tormes 183
Luta contra o bispo 189
Época de chumbo 197
O calvário 201
Trovões assinalam turbulências 207
Descalços e voadores 209
Ego do bispo atropela em Segóvia 213
A resistência 215
Desmonte das congregações 219
Milagre em céu de brigadeiro 227
Beas, o encontro inesquecível 231
O vento sopra para Sevilha 235
Redes para o futuro 241
Cartas para não enlouquecer 245
Milagres em cascata em Sevilha 253
A Inquisição "pega para queimar" 255
Esperança no horizonte 263
Madre Teresa de Jesus liberta-se 265
Patentes decretam basta de fundações 269
Fim do pronto-socorro espiritual 271
Presença do Carmelo no meio do povo 275
Prisioneira de fé no olho do furacão 279
Ressurreição em Itaguaí 287

Contatos divinos em Villanueva de la Jara.................................299
Novo Carmelo 305
O pecado mora ao lado em Palencia.. 311
Livre de amarras, a vez de Sória... 317
O êxodo continua... A terceira fundação 321
Olho no futuro: Granada...329
João da Cruz assume um céu de estrelas................................. 331
Cuide do próximo... 335
Dilúvio a caminho de Burgos...341
Deus provê... 351
Um dia de monja.. 359
O furacão de Deus alça ao infinito... 361
João da Cruz, o descalço que domina tufões 365
Projeto social do Carmelo 373
Início no chão de barro 377
Ana de Jesus, a capitã dos novos pombais............................... 381
Hora da casa própria 385
Na escola, "mão na massa" 389
Trabalho elogiado 393
Situação insustentável – a escola aguenta? 397
Luta pela escola modelo 403
Olhar de esperança...409

Anexo I – Memória de Juiz de Fora... 411
Anexo II – Memória de Itaguaí e Bananeiras 431
Historiografia – A origem das carmelitas 463
Oração a Nossa Senhora do Carmo... 473
Bibliografia 475

Introdução

Pe. Ricardo Rezende Figueira[*]

Como se fosse um romance, o livro *Mulheres ousadas para além do seu tempo*, escrito por Marisa Marega, entremeia histórias dos séculos XVI, XX e XXI. A narrativa é composta de heroínas, emoções, suspenses e correm paralelas entre Espanha e Brasil. As histórias de alguma forma se encontram. São revelados segredos, traições e desencontros, mas também esperanças e sonhos. O leitor terá diante dos olhos uma aventura de contemplativos e não contemplativos, personagens humanos que aspiram ao encontro e à intimidade com Deus. Com grades e/ou sem grades...

De um lado, o livro relatou a história que começou com uma religiosa Carmelita, Madre Teresa. De baixa estatura, segura do que queria, ela pertencia ao convento de Petrópolis e desejava fundar um Carmelo "leve e transparente". Irmã Teresa contava com uma "quadrilha", que a apoiava e que participava ativamente do mesmo desejo, e com um grupo de apoio externo, formado de padres e leigos. E Madre Teresa gostava da contemplação, mas não gostava das grades...

Ela conseguiu recursos e gente, e fundou, em Juiz de Fora, Minas Gerais, um convento novo. Quando tudo parecia

---

[*] Padre da Diocese de Conceição do Araguaia – PA, antropólogo e professor do Núcleo de Estudos de Políticas Públicas em Direitos Humanos da Universidade Federal do Rio de Janeiro.

transcorrer bem, foi obrigada a empreender um êxodo e o convento se retirou da cidade para Itaguaí, no Rio de Janeiro. O que significava recompor novas relações sociais e religiosas. Mas por pouco tempo.

Diante de uma conjuntura adversa, as irmãs empreenderam outro deslocamento e finalmente saíram de Itaguaí, levando o convento a se estabelecer em Bananeiras, na Paraíba. Assim, foi do Sudeste brasileiro em direção ao Nordeste. Algumas religiosas, como Madre Teresa e Irmã Maria Amada, morreram nesse ínterim e outras surgiram, como Irmã Teresinha.

Uma história em que se movimentam diversos personagens, masculinos e femininos, e em que houve, além de doçura, crises. Na qual havia desde a freira bonita e não compreendida pelo bispo à freira que, na sua velhice e simplicidade, transpirava santidade e revelava as experiências vividas e sentidas das delicadezas de Nossa Senhora.

Do outro lado, a história teve como protagonista uma mística espanhola, também Teresa, conhecida como Teresa d'Ávila, que em outro contexto, quatro séculos antes, fundou diversos conventos Carmelitas e revolucionou a espiritualidade religiosa de seu tempo.

Aqui a heroína também teve um grupo que a apoiou. Outras mulheres e homens, inclusive São João da Cruz, que a acompanharam em uma aventura de jejum, frio e poesia; de experiência mística, de santos e pecadores, de perseguições, calúnias e perigo de serem condenados pela Inquisição. Era tempo obscuro. Perigoso. Era o tempo da Reforma e das fogueiras. Era o tempo do Concílio de Trento.

Uma narrativa se referiu ao convento que foi fundado e que migrou de um território para outro; a outra narrativa, à profusão de conventos que foram sucessivamente criados apesar das adversidades e dos riscos. Ambas trataram de mulheres determinadas e ousadas que se preocuparam com o testemunho em favor dos pobres. Mulheres que pensaram uma nova e mais fiel experiência de oração e de encontro com Deus. Em ambas, houve fortes tensões com autoridades religiosas e experiências profundas de espiritualidade e de clausuras que não significaram aprisionamento e isolamento da realidade. Ambas as narrativas revelaram religiosas que refletiram as conjunturas políticas e religiosas do período vivido, se interessaram por formas novas de expressão de fé e se relacionaram com intelectuais expressivos de seu tempo. A oração esteve estreitamente ligada à vida.

Antes das tensões sofridas pelas irmãs do Carmelo em Juiz de Fora, no início dos anos 1970, jovens provenientes de diversos lugares e experiências começaram a frequentar o Carmelo. Uns eram de um grupo independente de paróquias, o *"Promover é Amar"* (Promar), que, além da oração, partilhavam, visitavam regularmente doentes; outros eram da autointitulada jocosamente *"Tropa Maldita"*. Os jovens da *"Tropa"* eram oriundos de locais diferentes dos estados de São Paulo, Rio de Janeiro e de Minas Gerais, unidos em torno de um teólogo jesuíta jovem e brilhante, Padre João Batista Libanio. A característica desse grupo era especialmente o desafio intelectual cristão e as discussões que se estabeleciam naquele momento na América Latina. Os de um e do outro grupo queriam o novo; eram seduzidos pelos caminhos abertos na Igreja Católica através do Concílio Vaticano II e pelas decisões tomadas pelo episcopado do continente americano em Medellín. Tempo de Teologia da Libertação e de ecumenismo; de religiosos e não religiosos perseguidos e assassinados pelas ditaduras no Chile, na Argentina, no Paraguai, na Nicarágua e no Brasil, os quais invadiam o Carmelo com suas perguntas, com seu fascínio pelo ambiente de oração.

Se a vida das irmãs os interpelava, o que se passava com as irmãs? Irmã Teresinha, uma das religiosas daquele tempo de Juiz de Fora e hoje em Bananeiras, ao solicitar esta apresentação, justificou que a presença dos jovens, entre os quais eu me incluía, provocava reuniões internas das religiosas para refletir e aprofundar a grande pergunta: o que Deus está pedindo de nós com a presença desses jovens, que nos interpelam a uma mudança maior de mentalidade? O que Deus nos quer dizer? [...]

> A *"Tropa"* e a *Promar* nos inspiraram coisas novas [...] sentíamos que Deus nos pedia uma conversão de costumes e de vida, a fim de sermos, como contemplativas, transfiguradoras do nosso mundo. [...] não sabíamos tudo e, como discípulas de Jesus, devíamos (sic), na escuta daqueles jovens, cuja novidade, sobretudo quando estavam estudando a Teologia da Libertação, nos impulsionavam para viver o hoje e o amanhã no Carmelo.

Para chegar até as irmãs que se interpelavam, o morro era alto. Exigia fôlego. Em cima, depois de subir a Rua Halfeld, se entrava, pelo lado esquerdo, em uma rua menor e se continuava o percurso, agora menos íngreme. Ali havia um prédio novo, pintado de branco. Era o Carmelo. E nele se encontravam irmãs de idade variada e igual simpatia.

As religiosas falavam de Deus. De um Deus bondoso. Não se ouvia o discurso pesado do pecado, da punição; mas se discorria sobre a misericórdia, o amor, as "delicadezas" deste amor. Ali Deus sorria no sorriso e na simplicidade das religiosas, na presença discreta do dominicano Frei Alano, no canto, no violão e no acordeom dos jovens. Era a gente moça e sedenta de um Deus comprometido com a vida, de um lado; do outro, as freiras; de um lado, o barulho da juventude; do outro, o silêncio da clausura. A clausura que se deixava penetrar pelo rumor forte desses corações e que decidiu "também amar depois das dezoito horas". Mesmo que se ferissem as regras do silêncio...

E Deus convidava ao compromisso cristão no mundo real, cada vez mais secular e trágico, das injustiças sociais e do medo. Não apenas os adultos que subiam ao Carmelo, mas os jovens sorviam espiritualidade, cantavam cânticos novos das celebrações dos sábados.

Os jovens se tornaram adultos – os cabelos embranqueceram e, em alguns, se tornaram rarefeitos – e realizaram suas respectivas trajetórias de vida profissional e pessoal. Trilharam múltiplos caminhos, mas, certamente, em comum, de alguma forma, acompanharam com carinho essas irmãs surpreendentes e se deixaram marcar por elas.

Agora as freiras estão em Bananeiras, na Paraíba. A cidade centenária é pequena e simpática. O clima, agradável, sem o calor carioca. Estive ali algumas vezes, só e também acompanhado. Ali tive a alegria do encontro com algumas religiosas dos velhos tempos, encontrei-me com uma nova geração de freiras que enriqueceu o grupo e senti saudade de algumas que partiram para a casa do Pai. Pude ver o convento provisório, o novo em construção e, antes de ser concluído, presenciei o mesmo vigor dessas ousadas irmãs que, sem dinheiro para erguer a própria casa, construíram uma escola para os pobres... "Deus provê", é um lema dessa casa. Benditas sejam essas Carmelitas. Atentas aos novos tempos, utilizam a internet e o celular. E continuam, no silêncio e na oração, no testemunho silencioso do novo morro, a ecoar Deus.

Saboreie este livro e veja como é difícil, mas não impossível, construir um Carmelo "livre e transparente".

Leve, transparente e em caminho

Dom Pedro Casaldáliga[*]

Estávamos lendo em grupo este livro singular, que é uma panorâmica do mistério do Carmelo. Os comentários surgem repletos de surpresa e admiração. É uma história grande pelo que conta e pelo espírito que anima os protagonistas e as testemunhas. Foram feitos filmes sobre a matriarca Teresa de Jesus e sobre João da Cruz, mas a alma que este livro transmite fica mais adentro.

"Tudo isso é desconhecido", comentava um jovem do grupo. Existem referências da vida dos conventos como sendo uma fuga da vida real, uma dicotomia que parte a vida e a história em dois setores desencontrados: a espiritualidade, por um lado, e a sobrevivência, por outro. A rua tumultuosa a todo risco e o convento fechado sob o silêncio.

Este livro, a história que conta, é um soberano desmentido da dicotomia. De Ávila a Bananeiras, com teimosa fidelidade aos signos dos tempos, mulheres humildes, porém lúcidas e radicais, suportando noites e dias de precariedade e a incompreensão até de bispos, conseguiram levantar um Carmelo "leve e transparente". E em caminho.

---

[*] Bispo emérito da Prelazia de São Félix do Araguaia – MT.

Não fugiram de nenhum compromisso, harmonizaram a contemplação com a ação engajada, livre de normas e de grades arcaicas; acolheram os perseguidos pela repressão e souberam aprender e ensinar que se pode amar depois das seis da tarde.

Hoje, que está sendo de atualidade o pedido da reforma da Igreja, elas, as Teresas do Carmelo, têm demonstrado, a partir da fidelidade diária, que se pode reformar mesmo a Igreja. E que será pela mística que a Igreja vai se reformar.

O sonho e a construção em caminho são de "um Carmelo leve e transparente". Na liberdade e na pobreza, no despojamento proclamado perante o consumismo e o esbanjamento, com casta sobriedade de alegria pascal, sempre na procura do "único necessário". Seguidoras apaixonadas do Esposo Jesus de Nazaré. Um Carmelo transparente, um exultante testemunho evangélico, luz acesa para a noite do próximo, fazendo a verdade no amor.

O livro nos brinda com uma entrada quase exaustiva no mistério do Carmelo adentro. Sigamos as Teresas que sabem muito bem como adentrar no Espírito d'aquele que é o Caminho, a Verdade e a Vida.

Prefácio

Pedro A. Ribeiro de Oliveira[*]

As crônicas que compõem este livro têm como fio condutor o enigma da vida religiosa contemplativa. Falo de enigma porque, tal como a esfinge de Delfos, a vida contemplativa desafia qualquer explicação de senso comum. Como entender que pessoas normais, sadias, equilibradas, abandonem a vida civil e busquem a vida em clausura para se dedicarem à oração? Talvez o enigma fosse menos instigante há cinco séculos, quando a religião determinava o clima moral e intelectual da sociedade. Mas hoje, diante de tantos caminhos a trilhar no mundo, por que mulheres e homens escolhem viver toda sua vida adulta em conventos ou mosteiros fechados?

Não pretendo resolver esse enigma que, para mim, é incompreensível, apesar de desde criança ter contato muito próximo com uma religiosa de estrita clausura: minha avó, que depois de viúva consagrou-se à adoração perpétua como Irmã Sacramentina. Muito ligada à família, irradiava alegria e parecia estar sempre de bem com a vida... Ou seja, não é por ter uma imagem negativa ou distorcida da vida contemplativa que vejo nela uma opção difícil de ser compreendida.

Sem pretensão de resolver esse enigma, convido o leitor a acompanhar os trajetos de vida narrados nessas crônicas. Elas

---

[*] Sociólogo, professor no Programa de Pós-graduação em Ciências da Religião da PUC-Minas e membro do ISER-Assessoria.

falam do modelo de vida contemplativa inaugurado por Santa Teresa d'Ávila, na Espanha do século XVI, e que até hoje inspira quem deseja atualizar aquela forma de espiritualidade. De modo especial, as crônicas falam de um pequeno e teimoso grupo de Carmelitas que buscaram – buscam! – a oração contemplativa em mosteiros "leves e transparentes". Aí está o fio condutor dessas crônicas: viver a oração contemplativa em mosteiros sem grades, mosteiros abertos às duras realidades do povo. No desenrolar desse fio, as crônicas levantam temas importantes também para quem não frequenta mosteiros, como é meu caso. Três deles me provocaram a refletir sobre a Igreja Católica nos dias de hoje, e são essas reflexões que partilho com o leitor, à guisa de prefácio.

Conselheiras e conselheiros

Em vários trechos do livro aparece a figura de monjas conhecidas por sua capacidade de aconselhar. Não é preciso lembrar que Santa Teresa se destacou tanto pelo dom do aconselhamento espiritual, que merecidamente recebeu o título de "doutora da Igreja". As crônicas mostram que não são poucas as irmãs procuradas para aconselhamento espiritual, inclusive havia uma que, com pouquíssimo preparo teológico, mas profunda espiritualidade mariana, era das mais procuradas por pessoas em dificuldades.

Temos aí a presença de uma antiga figura do catolicismo popular, o *conselheiro*, agora em forma feminina. Um de meus estudantes de mestrado em Ciências da Religião trabalhou esse tema para explicar o sucesso de Frei Damião no Nordeste.[1] Tal

---

[1] Cf. OLIVEIRA, Pedro A. R.; CRUZ, João Everton. Frei Damião: a metamorfose do missionário. *História Agora*, v. 10, pp. 287-317, 2011. Disponível em: <http://www.historiagora.com/revistas-anteriores/historia-agora-no10/50-dossie/227-frei-damiao-a-metamorfose-do-missionario>.

como outros *conselheiros* de alta estima popular, como Padre Ibiapina, Antônio *Conselheiro*, Padre Cícero, Beato Lourenço do Caldeirão, João Pedro Batista (de Santa Brígida – BA), Nhá Chica (de Baependi – MG) e o Monge João Maria, na região do Contestado (hoje Santa Catarina), Frei Damião ficou famoso por sua santidade pessoal e por seus conselhos. Esta é uma pista interessante para decifrar o enigma proposto: o valor do conselho reside na santidade da pessoa que o dá.

Acontece que não há relação mecânica entre vida de oração e santificação pessoal: o fato de uma pessoa viver reclusa para dedicar-se à oração não garante automaticamente que ela se torne santa.

A leitura atenta dessas crônicas carmelitanas revela vários casos de freiras e frades cujo comportamento está longe de ser edificante... Picuinhas da vida comunitária, que fora dali não são mais do que pequenos aborrecimentos da vida cotidiana, dentro do espaço restrito do claustro tornam-se grandes o bastante para causar muito sofrimento e atrapalhar o convívio. É verdade que o outro lado da moeda também é verdadeiro: pequenas gentilezas ou gestos de atenção entre as irmãs ganham uma dimensão inimaginável para quem está imerso nas tensões da vida urbana. O certo é que o clima espiritual e moral reinante no interior do mosteiro irradia-se para fora dele e pode ser sentido por quem busca ali orientação para a vida.

A função de *conselheira* pode então ser vista como indicadora desse clima espiritual, pois a santidade pessoal é condição para o aconselhamento.

A linguagem religiosa de cada tempo

A sociologia trata a religião como linguagem por meio da qual se expressa o pendor humano em busca do divino ou do transcendente. Convém sempre distinguir esse pendor – que podemos chamar de *fé* – e as formas religiosas que o expressam em cada circunstância. Santa Teresa viveu e praticou o catolicismo espanhol do século XVI, recém-reformado pelo Concílio de Trento e adotado como religião oficial do país.

Nesse contexto, o relato da alegria de uma irmã ao saber que, antes de serem mortos na fogueira, "hereges" deram sinais de arrependimento, precisa ser reinterpretado para não ser tomado como completo absurdo. Nem é necessário voltar ao contexto de cinco séculos atrás, pois hoje causa estranheza a força do catolicismo devocional entre as próprias irmãs: sua confiança no poder dos santos é a mesma de outros tempos, e isso após o Concílio Ecumênico do Vaticano II! Em suma, os pequenos milagres, tão evidentes para as irmãs – seja no século XVI, seja no século XX –, já não são plausíveis para leitores do século XXI. Por tudo isso, ao ler as crônicas convém distinguir claramente a fé que move essas irmãs e a forma de expressão própria à linguagem religiosa de seu tempo – que já não é mais a forma do cristianismo contemporâneo.

É esse esforço de constante renovação da vida religiosa contemplativa que transparece nas crônicas, ao relatar as peripécias das carmelitas brasileiras, de modo especial as Madres Teresa e Teresinha. Elas não se conformam com o quadro institucional estabelecido e, impulsionadas por uma energia extraordinária, querem um mosteiro "sem grades". Com efeito, em mosteiros cujas grades cortam relação com o mundo civil, só se reza e se contempla um Deus eterno e todo-poderoso, com sua corte celestial de anjos e santos, a nos aguardar depois da morte... É, sem dúvida, muito reconfortante saber que naquela corte celestial haverá um lugar para nós e que as irmãs em oração ajudam a chegarmos lá. Mas, para a maioria das pessoas que vivem no mundo contemporâneo, ter ou não um lugar no céu não constitui mais motivo de angústia existencial. A angústia dos homens e mulheres de hoje está antes na dificuldade de superar os obstáculos a uma vida digna na terra: "queremos terra na Terra, já temos terra no Céu", clama o bispo-poeta do Araguaia. Clama-se por paz, justiça, liberdade, respeito aos direitos, enfim por um mundo onde todos os seres humanos realizem sua humanidade.

Tais clamores só chegam a claustros capazes de se abrirem à sua escuta. Esta é a intuição que move aquelas duas carmelitas inquietas, que detestam grades e normas impeditivas à sua liberdade de mulheres inteiramente consagradas a Deus. Madre Teresinha resume esse projeto numa frase: "a escuta da realidade será sempre a matéria viva da nossa oração, de nossa união com o Senhor". Reza-se e contempla-se então o Deus vivo. Aquele que ouviu os clamores do povo sofrido no Egito, no exílio, sob o jugo do Império Romano, e que hoje ouve os clamores de quem sofre a opressão do sistema de mercado. Em outras palavras, aplica-se o método *ver, julgar* e *agir* até mesmo à oração contemplativa. Ao ter retiradas as grades físicas e simbólicas, o Carmelo se abre de modo preferencial a quem padece as misérias do mundo contemporâneo e vai ali buscar a fonte de água viva. E encontra irmãs capazes de entender essa sede, porque, pela oração, elas se esforçam por ver a realidade com os olhos do Deus que ama com ternura materna.

A estrutura monárquica no catolicismo romano

Impressionou-me, ao ler essas crônicas, a resistência histórica da monarquia na Igreja Católica Romana. Não me refiro à monarquia vigente na Espanha no século XVI – quando o poder do rei e da nobreza estendia-se até os detalhes da vida conventual –, mas sim à estrutura de poder no interior da Igreja: ao contrário da argumentação de Montesquieu em favor da divisão de poderes, na Igreja Católica os poderes legislativo, judiciário e executivo concentram-se no bispo, seja ele bispo de Roma ou de uma pequena prelazia. Na Igreja Católica, o poder monárquico tende ao absolutismo, pois a única instância de poder acima do bispo local está em Roma. Por isso, as ordens religiosas ficam à mercê do bispo local. No caso dos ramos femininos das ordens e congregações religiosas, a esse poder eclesiástico acrescenta-se o poder de gênero, ainda vigente na sociedade e na Igreja, que torna a mulher, por ser mulher, submissa ao homem.

Para escapar do poder monárquico do bispo, Santa Teresa e suas seguidoras brasileiras usaram curiosos estratagemas que lhes permitiram burlar medidas arbitrárias e assegurar o êxito de seu projeto. Nem por isso o poder monárquico do bispo foi abalado, como se as reformas introduzidas pelo Concílio Ecumênico de 1962-1965 fossem apenas conselhos piedosos, mas sem caráter normativo para toda a Igreja.

Entre os muitos relatos encontrados nas crônicas estão tanto aqueles em que o poder monárquico do bispo salva o projeto de renovação de mosteiros, quanto outros em que ele se torna obstáculo à sua realização. Neste caso, o exemplo mais evidente é a figura de Dom Juvenal Roriz, arcebispo de Juiz de Fora entre 1978 e 1990. Bem articulado em Roma, onde havia estudado, era um baluarte contra tudo que se relacionasse com Teologia da Libertação. Pelo que se pode depreender da análise de seus atos, seu projeto tinha por finalidade dotar a arquidiocese com uma sólida base financeira. Para isso, procurou incorporar ao patrimônio da Mitra todos os imóveis pertencentes a entidades católicas. (Daí seu conflito com o Carmelo, que resistiu à sua investida e preservou a propriedade do terreno do mosteiro. Mas acabou tendo que se mudar para outra diocese onde fosse aceito pelo bispo.) Bem relacionado com grupos ligados ao setor imobiliário, Dom Roriz mandou derrubar o palacete doado à arquidiocese em 1962,[2] antes que avançasse o processo de seu tombamento como patrimônio histórico municipal. Isso lhe valeu forte antipatia da população e nem sequer rendeu para a Mitra a quantia esperada, porque o terreno foi vendido a uma construtora que pouco tempo depois foi à falência. Ao renunciar, alguns anos depois, aquele arcebispo deixou para a Igreja Católica uma imagem negativa que o tempo ainda não apagou. Como, aliás, não apagou a saudade que tanta gente de Juiz de Fora sente daquele Carmelo que hoje está na Paraíba.

Mas não é somente na figura do bispo que se percebe a estrutura monárquica da Igreja Católica Romana. Ela parece reproduzir-se como em cascata, gerando pequenos monarcas a cada degrau inferior da hierarquia. Até mesmo no interior da comunidade religiosa a figura da priora é decisiva. Embora já exista ali uma tênue divisão de poderes, é muito grande o poder decisório da priora. Um Carmelo "leve e transparente", como o queria Madre Teresa, só será possível quando for também democrático. Mas cabe perguntar se democracia pode ter lugar na estrutura monárquica do catolicismo romano.

O Concílio Vaticano II instituiu ou revitalizou espaços de comunhão e participação, como o próprio concílio ecumênico,

---

[2] O palacete da segunda metade do século XIX era situado na principal avenida da cidade, com trinta metros de frente e quase cem metros de fundo. Recebido em herança por minha mãe, foi doado à arquidiocese sem cláusulas restritivas. Embora tivesse sido sugerido a meus pais que incluíssem no termo de doação uma cláusula sobre o uso e a preservação do imóvel, eles não admitiam que se pudesse desconfiar da honestidade de um bispo, que eles acreditavam ser legítimo sucessor dos apóstolos.

os sínodos, as assembleias diocesanas e paroquiais, e outros organismos de colegialidade. Mas a Cúria Romana tratou de neutralizar essas medidas democratizantes por meio do novo Código de Direito Canônico, que mantém a velha estrutura monárquica. Hoje o Papa Francisco dá sinais de querer instaurar estruturas de comunhão e participação, de modo a descentralizar o poder dos bispos (inclusive do bispo de Roma). Ele sozinho, porém, pouco poderá fazer se as estruturas de comunhão e participação não se instituírem a partir das bases: comunidades eclesiais de base, paróquias, dioceses, pastorais e movimentos, conventos e casas religiosas, enfim, todas as instâncias eclesiais.

Como o inseto que ao chegar à fase adulta abandona a velha casca, porque já formou a nova camada protetora, as mudanças institucionais não ocorrem de cima para baixo, mas sim de baixo para cima e de dentro para fora. Desse movimento interno, persistente – embora mais lento do que pede o mundo contemporâneo –, falam as crônicas do Carmelo que você tem em mãos. Faça bom proveito desta leitura!

―※―

A história do Carmelo Sagrado Coração de Jesus e Madre Teresa tem início na década de 50 do século passado, no mosteiro das Carmelitas Descalças de Petrópolis.

Lá, Madre Teresa de Jesus deu início a um projeto de Deus para os tempos atuais, um Carmelo "leve e transparente".

Agora, três fundações depois, a caminhada está em Bananeiras, na Paraíba.

Vamos ao começo...

Abaixo as grades

Petrópolis foi a semente de uma vida dedicada a Deus.

Tudo parece seguir o curso normal para a carmelita Teresa de Jesus, enclausurada no Carmelo de Petrópolis com outras monjas que seguem a rotina de oração e contemplação. Parece...

A religiosa franzina, de nome Raimunda, chegara ao Carmelo apenas para estudar, porque ficara órfã e a tia de Petrópolis resolvera se encarregar da educação dela. A situação é tão incomum, que há necessidade de pedir autorização do Papa Pio X. E a resposta vem em latim. Permissão dada, eis que em 12 de fevereiro de 1913 lá está ela aos cuidados da priora Madre Maria de São José.

Raimundinha chora muito por ter que sair da fazenda do Buraco, perto da antiga cidade de Caetés, agora Jaboticatubas. Lá nascera no fim de 1898 e, até então, naquele lugar vivera uma infância solta e livre de menina da roça. Agora, a vida mudara muito...

Raimunda é louca para aprender a ler e escrever. Mas a família de muitos filhos não pode dar esse luxo a todos. Com a morte da mãe, aos 8 anos ela assume a lida da casa. E, com o passar do tempo, o pai percebe que ficou impossível dar estudo à menina. É aí então que a solução de ficar aos cuidados da tia em Petrópolis vem como uma salvação.

E lá vai a adolescente Raimundinha. A tia, fundadora do Carmelo de Petrópolis, e naquele momento priora, de início, consente que a menina auxilie na cozinha, conte histórias às irmãs nos recreios e tenha uma vida mais amena. Porém, quando a julga adaptada aos muros fechados, Madre Maria de São José sinaliza com o início da educação pela qual Raimunda tanto anseia: português, leitura, matemática e um início de francês. Ela, aos 14 anos, mal sabe juntar sílabas, mas fica fascinada com tanta novidade. História, geografia e um sem número de coisas a aprender. Mas há uma coisa insuportável dentro da vida de clausura. E ela diz em alto e bom som:

– Tenho raiva destas grades! Um dia me livro delas!

Vida sem sal e sem sabor

Apesar do progresso nos estudos, a menina magrinha não esquece a vida tão leve e alegre na fazenda.

Uma ocasião, num recreio, Irmã Maria Inês do Coração de Jesus, que batalhara muito junto à tia para que Raimunda estudasse no Carmelo, pergunta:

– Raimunda, está gostando da vida do convento?

– Eu não! Aqui é muito chato e sem graça. Não tem sal, nem tem sabor. Pouca fala e pouca brincadeira!

Irmã Maria Inês sorri tolerante, porque sabe que é a forma que a menina encontra de fazer referência ao fato de que na clausura o silêncio é a regra.

E o tempo passa... Raimundinha faz progressos, mas uma coisa ela não engole de jeito nenhum. Olha para o espaço lá fora diz em alto e bom som:

– Tenho raiva destas grades. Um dia, acabo com elas!

A inocência da puberdade não permite entender que, sob o olhar do mundo adulto, abolir as grades da clausura é heresia.

Certo dia, ao ajudar no atendimento da portaria, conhece um menino, um ano mais novo, Jorge, cunhado do advogado leigo que orienta os negócios do mosteiro para as carmelitas, Doutor Átila da Rocha Miranda, pai de Celso, no futuro, o fundador do Carmelo em Juiz de Fora.

Imediatamente um simpatiza com o outro. E combinam que a um toque de campainha Raimundinha aparecerá para se falarem. E assim é. Ela ouve o sinal e sai correndo para encontrar o novo amigo na portaria.

Certa vez, já conhecendo melhor o rapaz, confidencia:

— Vou te contar uma coisa... E que fique entre nós, hein? O pessoal aqui não se alimenta muito bem!

— Como?

Jorge não entende o que a adolescente quer dizer. Ela, acostumada aos churrascos e à fartura da fazenda, rapidamente explica.

— Não comem carne! São todas vegetarianas.

O rapaz, solidário, promete que todo dia antes de ir para a escola passaria no Carmelo e deixaria seu lanche para ela.

Entusiasmada com a ideia, logo no primeiro dia, conta para Irmã Maria Inês:

— Minha fome vai diminuir bastante. Jorge vai me dar o lanche dele, que tem pão alemão especial, fiambre e queijo. Cada dia o sanduíche vem de um jeito, mas é sempre coisa fina. Ele é rico e disse que na cantina compra outro.

Espantada, a carmelita tenta argumentar:

— Minha filha, a gente não se alimenta mal... fazemos jejum. É bíblico. O jejum deixa a pessoa mais sensível, mais leve, mais espiritual.

Ao que, imediatamente, Raimundinha rebate:

— Faça o que fizer para a alma, mas para o corpo só existe jejum se não se alimentar bem.

A religiosa tenta argumentar:

— Vamos combinar então que você vai comer fora do refeitório. Você sabe que, aqui, quando o médico manda comer carne, temos até mesa separada.

A adolescente responde, para encerrar o assunto:

– Como quiser. Mas, comendo no jardim, no claustro ou no refeitório, a comida vai sempre para o mesmo lugar: a barriga.

As outras carmelitas, já acostumadas ao jejum, resolvem fazer vista grossa, quando ficam sabendo da história. Afinal, Raimunda não tem mesmo papas na língua.

E, assim, ela passa um bom tempo com o reforço alimentar de Jorginho, e essa amizade começa a preocupar a vice-priora Madre Ana, que, enquanto penteia os cachos da adolescente, pergunta:

– Você gosta do Jorginho?

– Para conversar, sim. Mas para casar gostaria que fosse alguém de Minas.

– Por quê?

– Não vou casar com rapaz rico. Eles são cheios de regras de etiqueta e acabam ficando sem graça.

Isso se explica porque a tia, Madre Maria de São José, ao fundar o Carmelo de Petrópolis, recebera ali muitas noviças que vinham de famílias ricas, com hábitos da época do Império. Raimunda, acostumada com a simplicidade do interior, acha aquele mundo muito estranho. Cada quarto do Carmelo é bem pequeno. As celas individuais têm apenas cama, criado-mudo e cadeira. Mas as "etiquetas" são tantas, que a menina acha estranho que elas se acostumem à vida de pobreza. Diz sempre:

– Essas moças lembram bonecas de pano, fantoches movimentadas por dedos; não têm espontaneidade nenhuma.

A tia priora presta atenção naquela sobrinha adolescente e acha que, embora muito viva, ainda é inculta. Precisa ter mais cultivo espiritual. Então, além das aulas de francês e português, começam as leituras de formação... Raimundinha responde com versinhos às tantas lições.

"Se falo, sou tagarela,
se rio, firo os ouvidos,
se calo, estou contemplando,
se durmo, sou preguiçosa,
se subo, sou cabrita,
se corro, sou veada,
se paro, sou preguiçosa."

Véu, grades e silêncio? Nem pensar!

Essa impressão de estranheza em relação ao mundo fechado em que vive segue acompanhando a menina. A formação cristã é ponto de honra. Mas as monjas disciplinam de um lado e Raimunda escapole por outro.

Irmã Inês, na época mestra das noviças que se preparavam para ser carmelitas, não perde a esperança. E a cada oportunidade fala algo sobre a vida no Carmelo, a vocação para a vida religiosa etc. A menina responde:

— Não, não quero ser freira. De jeito nenhum! Vim aqui só para estudar. Ser carmelita, eu? Pode esquecer... Vida religiosa é bom para quem gosta. Mas todo esse silêncio, ficar atrás do véu e das grades? Fora de cogitação!

A mestra das noviças se faz de surda. Segue ensinando as moças com paciência e firmeza. Mais alguns meses, e Raimundinha já sabe ler, escrever e atrai a simpatia das monjas com sua alegria.

As diferenças sociais continuam, é óbvio. Apesar de se alimentarem mal – por conta do severo jejum da ordem Carmelita –, as freiras vindas das famílias de classe alta mantêm a pose. E, mesmo dentro da vida simples do Carmelo, continuam seguindo as regras de etiqueta.

Chega um momento em que Raimundinha já domina, além dos estudos, os bons modos, a cozinha e o bordado. Nessa hora,

Madre Maria de São José decide que já é hora de a sobrinha estudar em um colégio regular. E escolhe o melhor colégio de Petrópolis, onde estuda a fina flor da cidade.

A adolescente continua morando no Carmelo, mas recebe formação francesa clássica, nas damas de Sion. É uma alegria e tanto! As monjas começam a se reunir para tirar moldes e medidas para o uniforme da escola. Querem que a menina tão inteligente, entregue aos cuidados do convento, não seja humilhada no colégio pelas novas colegas. Ela tem que estar impecável para fazer frente ao novo mundo das letras.

Mas... Num estalo, tudo muda!

Os segredos que vão pela alma humana trazem surpresas...

Como num toque de mágica, as coisas se encaixam na cabeça de Raimunda e, ao fim de uma missa, após comungar, ela chama Irmã Inês com olhos aflitos e diz:

— Aconteceu uma coisa diferente dentro de mim. Eu agora só quero estudar Deus.

Espantada, mas acostumada às tiradas dela, a mestra responde com ponderação:

— Menina, você ainda tem muito estudo pela frente...

A resposta vem firme:

— Eu vou estudar história, geografia, francês, tudo que precisar, mas na frente de tudo, Deus.

Como explicar tamanha transformação? Mistério... Não se sabe o que deu na menina para agora, indo contra tudo que dissera e pensara antes, desejar ser freira. E para completar: carmelita.

Ao ouvir a novidade sobre a sobrinha, Madre Maria de São José, perplexa, diz:

— É uma decisão muito precipitada. Vamos com calma!

Ela não consegue aceitar a decisão de Raimunda. E aí, então, Irmã Inês profetiza:

— Madre, escute o que digo. Conheço o coração dessa menina que ajudei a formar. Raimunda não tem dobras na alma. Do mesmo modo que disse mil vezes não, agora é sim. Esta menina vai dar o que falar, mas será uma carmelita tão firme que estará entre as melhores.

A priora acaba se rendendo. E, a partir dessa conversão relâmpago, que só acontece através da fé, numa cerimônia simples, entre as monjas mesmo, ela faz o voto de castidade em 19 de fevereiro de 1914.

Assim, aos 16 anos, "nasce" Irmã Teresa de Jesus. Tal como a espanhola Santa Teresa d'Ávila, que no século XVI tivera como nome de batismo Teresa Sánchez de Cepeda y Ahumada, que veio ao mundo como Madre Teresa de Jesus, e que revolucionou a estrutura eclesial e fundou as Carmelitas Descalças.

A Teresa de Ávila

A Espanha do século XVI traz momentos difíceis para a Igreja Católica Romana. Nasce a Reforma Protestante que precipita profundas mudanças nas ordens religiosas.

Mal o rei Carlos assume o trono em 1516, no ano seguinte, já é obrigado a encarar um dos inúmeros problemas como monarca: um movimento separatista. Até ali, a Igreja Católica Romana representa a única religião da Europa. Em 1517, o monge Martinho Lutero, farto dos desmandos dos poderosos de Roma, resolve romper o silêncio. Descontente com os rumos da instituição que perdoa os pecados em troca de palácios, o teólogo alemão publica 95 teses que vão marcar o início da Reforma Protestante. Desse rompimento surge o luteranismo, em oposição ao catolicismo vigente. A nova religião prega acentuar o testemunho da Igreja primitiva e a autoridade das Sagradas Escrituras. Em resumo: volta às origens.

Em seguida, novos movimentos aparecem em apoio a esse. Calvino e Zuinglio na Suíça, mais Henrique VIII, na Inglaterra, se unem para formar a União Evangélica, apoiada pelos príncipes que aderiram ao protestantismo.

É nesse ambiente cultural que Santa Teresa d'Ávila, nascida em 28 de março de 1515, é criada. Tal como Raimundinha, depois Irmã Teresa de Jesus, quatrocentos anos antes, a santa também vem de uma família religiosa. As duas terão trajetórias semelhantes.

Teresa Sánchez de Cepeda y Ahumada vive uma infância despreocupada, mas já apaixonada pelas histórias de santos e mártires. Aos 7 anos, ela e o irmão Rodrigo fogem de casa em direção à região habitada pelos mouros, com o objetivo de morrer em nome de Deus para ter a glória eterna. Mas a fuga é interrompida, quando um tio os encontra e devolve para a casa dos pais.

A morte da mãe, aos 13 anos, leva o pai a decidir pelo internato no colégio das monjas agostinianas. Quando se dá conta do significado da perda da mãe, vai até uma imagem de Nossa Senhora e, suplicando, diz:

— Minha Mãe sagrada, me tome agora como sua filha.

O colégio fica no convento de Nossa Senhora das Graças, perto da cidade de Ávila, na Espanha. Ali dentro, diante da realidade, a adolescente se revolta, não se conforma com a vida austera e reclama muito de várias coisas. Sente um sufoco terrível diante da rígida disciplina e diz, sem meias palavras:

— Estou farta dessas freiras! Se continuar aqui, vou morrer!

A freira mestre, Maria de Briceño, ouve os resmungos da adolescente e faz ouvidos moucos. Segue passando lições e cobrando aprendizado. Teresa, em meio àquele mundo fechado e sem perspectiva, volta e meia pergunta à religiosa:

— Por que a senhora resolveu ser monja? Não entendo essa opção...

Em vez de responder, a freira deixa passar a rebeldia e, em momentos mais calmos, mostra à Teresa de Ahumada as coisas de Deus.

Quando a aluna tem outro repente e faz perguntas que ela não sabe responder, a religiosa explica com paciência:

— Minha filha, só posso dizer que a resposta é: muitos são os chamados e poucos os escolhidos.

A Teresa espanhola segue ouvindo as palavras da mestra e, quanto mais pensa, menos entende. Seus pensamentos ficam confusos. Escolhe, então, São José como seu mestre de oração.

Até que, aos 17 anos, vai visitar o tio Pedro, irmão da mãe, durante as férias. Ganha dele um presente que muda o seu destino, o livro *As epístolas de São Jerônimo*. É um alumbramento. Quanto mais lê, mais sente algo estranho, e percebe que a cabeça começa a processar tudo que antes lhe parecia confuso.

Ao voltar para Ávila, procura saber como está uma grande amiga, Joana Suarez, que se tornara freira. E, quando conhece aquele ambiente austero e silencioso do convento, resolve esclarecer uma dúvida:

– Joana, tenho pensado muito... Até que não é ruim ser monja, mas aqui não tem música?

A amiga, muito acostumada à vida de oração sem fim, e também sem entender direito a serventia da música, responde que não. Teresa de Ahumada volta para casa desconfiada. Depois de ruminar muitas coisas e leituras, tem um estalo, encontra uma resposta.

Avisa ao pai que será monja. Dom Alonso, viúvo, não quer viver sem a única filha ainda solteira e é totalmente contra. Mas, uma vez decidida sobre o passo a ser dado, certa noite foge de casa e vai para o Convento da Encarnação. O pai, então, muito a contragosto, é obrigado a aceitar.

Nasce em Ávila, na Espanha, a carmelita Teresa de Jesus. A mesma que, quatrocentos anos depois, serve de modelo para Irmã Teresa de Jesus, em Petrópolis, Brasil.

Vida de carmelita, um rezar sem fim

De volta ao século XX. Por razões que só a fé explica, em apenas um ano, a adolescente que tivera horror ao silêncio e às grades passa a viver como religiosa. Para surpresa da priora Madre Maria de São José, a sobrinha Raimunda está mesmo convencida a ser carmelita. Irmã Teresa de Jesus conta que desde o voto de castidade, no dia de sua consagração, nunca experimentara tantas delícias da alma. De repente, está bem feliz com aquela vida.

Pelo sim, pelo não, a tia Madre Maria de São José resolve testar a vocação de Raimunda e estabelece um prazo de quase dois anos para ter certeza da sua decisão. Tudo se confirma!

Raimundinha, depois do hábito, ganha novo apelido das monjas: Teresita, um diminutivo bem mais próprio para seu tipo físico franzino.

E o tempo vai passando, passando, e ela continua alegre, exuberante, mesmo vivendo com disciplina tão severa. A priora fica sem alternativa. Leva uma proposta às irmãs da comunidade para a entrada definitiva da sobrinha na vida religiosa. Aceita por unanimidade, a adolescente, radiante, veste o hábito definitivo um mês antes de completar 17 anos. E entra para aquele mundo, onde se fica trancada atrás das grades, até a morte. Assim é a regra.

No começo do século passado, uma carmelita não podia sair do mosteiro por motivo nenhum, a não ser quando o Carmelo mudava de lugar ou um novo era fundado. Mesmo assim, de rosto coberto, o rumo é ir de uma porta à outra. Nada de contatos com o mundo exterior. A existência toda é passada entre orações, refeitório, lavanderia, jardim, horta, um pátio interno para o recreio, além da capela para mais e mais orações.

Essa é a essência da vida contemplativa. Muitas horas de prece, atrás de véus e barras de ferro. Um tipo de lugar que só serve para quem tem uma dose excepcional de vocação. Poucas ordens religiosas exigem tanto sacrifício e generosidade.

Santa Teresa d'Ávila, no século XVI, e Irmã Teresa de Jesus, no século XX. E aí é inevitável a pergunta: separadas por quatrocentos anos, o que move duas mulheres alegres, de espírito crítico e que tanto amam a liberdade interior, a deixar tudo para trás a fim de entrar na vida reclusa das carmelitas?

O espírito da coisa

O início da vida carmelita é vivido por homens e mulheres que buscam uma vida humilde, despojada dos bens materiais e com a atenção totalmente focada na vida espiritual.

A resposta para a pergunta do capítulo anterior pode ser encontrada nos primórdios da Ordem Carmelita.

No século XII, nasce na Síria, entre os cruzados, um pequeno movimento de homens que se refugiam nas encostas do monte Carmelo, em busca de um período de orações. Eles procuram reviver o espírito dos grandes profetas Elias e Eliseu levando uma vida austera. Ali respiram o recolhimento que conduz ao silêncio interior, aquele que eleva a alma a Deus.

Depois, levam a riqueza do silêncio para o Ocidente, onde se organizam como ordens mendicantes. O grupo de eremitas traz na bagagem uma só regra de vida, abençoada pelo patriarca de Jerusalém, Alberto de Avogrado: o espírito da pobreza. Outras normas tratam da vida solitária, da contemplação e do pouco alimento a ser dividido entre os cristãos.

Do século XIII ao XVI, a Ordem Carmelita vai assimilando a vida europeia e tomando distância dos fundadores primitivos.

É aí que entram na história as Teresas: a de Ávila, no século XVI, e, quatrocentos anos depois, a de Jesus, no século XX. O que teria acontecido?

A espanhola de Jesus

Aos 21 anos, a Teresa da Espanha toma o hábito e, decidida a ter uma vida nova, procura todo tipo de leitura que possa aprofundar sua vocação. Mas, um ano depois, tão logo professa os votos, fica doente. A situação dela é tão preocupante que Dom Alonso a tira do convento e a leva para casa. A amiga carmelita, Irmã Joana Suárez, acompanha Teresa para ajudá-la. Mas, mesmo com a dedicação do pai e da família, os médicos não conseguem mudar o quadro. Apesar de todos os tratamentos, a doença se agrava. Hoje, acredita-se que ela teve malária.

Seu estado é tão grave que para de respirar e os médicos a declaram morta. Ninguém se conforma. O pai exige que ela fique em observação por alguns dias, já como se fora um velório, mas acredita num milagre. E, do nada, quatro dias depois, ela abre os olhos e começa a falar normalmente. E um tempo depois, restabelecida, volta ao convento. Milagre?

No período, como se sabe, a Europa está às voltas com o protestantismo. E a Igreja, para responder ao rebanho dividido, começa uma contrarreforma, em 1541, liderada por Inácio de Loyola. Ele funda a ordem dos Jesuítas, a chamada Companhia de Jesus. Outras instituições, como a dos Franciscanos, também passam por mudanças. Ao mesmo tempo, há a reforma do próprio papado, com a escolha de bispos menos interessados nos assuntos mundanos. Mas o movimento não é suficiente para conter a debandada da Igreja Católica.

Numa tentativa de segurar o rebanho, em 1545, é convocado um Concílio, na cidade de Trento, no extremo norte da Itália, quase divisa com a Áustria. A reunião começa com 34 padres da Igreja. Depois, tem a participação de outros bispos e das correntes que defendem. Os assuntos a resolver, sobre a doutrina católica e as diferenças com os protestantes, são tantos que, entre uma sessão e outra, o Concílio de Trento acaba durando dezoito anos!

Em 1547, Lutero morre e, em seguida, os príncipes protestantes são derrotados. Mas o estrago está feito. Teresa de Jesus acompanha a agitação daquele momento. E, numa de suas fases de aprofundamento dos estudos, começa a ler sobre a vida de Santo Agostinho. Descobre nas *Confissões* que todos têm seu lado pecador. Melhor consolada com o próprio jeito inquieto, ela parte para nova tentativa de ter a vida mais centrada na oração.

Certo dia, Teresa está subindo a escadaria do convento da Encarnação de Ávila, quando tem uma visão que marca sua vida. Ela vê uma aparição muito consoladora de Jesus adolescente.

A monja, encantada com a beleza do menino, pergunta:

– Como te chamas?

A resposta vem com uma interrogação:

– E tu como te chamas?

– Sou Teresa de Jesus.

E o infante retribui:

– Pois eu sou Jesus de Teresa.

E desaparece.

Essa aparição do Menino Jesus provoca um nó em sua cabeça, mas é tão importante, que ela não perde oportunidade de sempre contar o ocorrido.

Pouco depois, seu pai morre. E, perto dos 40 anos, ela conhece o jesuíta Francisco de Borja, um ex-duque, convertido, futuro santo da Igreja, que passa a ser o seu confessor. Ele a faz ver o perigo em que se acha sua alma e aconselha:

— Volte à prática da oração.

A partir desse dia, Teresa passa a se esforçar. No entanto, ainda não está decidida a uma entrega total a Deus, nem a renunciar de vez às horas que passa no locutório trocando conversas e presentes com os visitantes. As únicas coisas às quais permanece fiel nesses anos de indecisão são os sermões. E diz ao confessor:

— Não me canso nunca de prestar atenção aos sermões, por piores que sejam.

Certo dia, num momento de reflexão, além de Santo Agostinho, recorre a Santa Maria Madalena. E então, experimenta um chamamento à penitência, diante de um quadro da Paixão do Senhor:

— Sinto que Santa Maria Madalena veio em meu socorro... e, desde que isso ocorreu, tenho progredido muito na vida espiritual.

Apesar desses avanços, ela ainda tem alguns arroubos, e as histórias de que está dominada pelo "demônio" voltam a rondar pelos corredores do convento.

O jesuíta confessor, de mente mais aberta, tranquiliza Teresa:

— O demônio está sendo muito evocado nesses tempos para tudo que fuja do habitual. Ainda mais quando se referem a você, que ora reza, ora flana... Os confessores se assustam mesmo.

E Francisco de Borja continua:

— Não se perturbe, minha filha. Não resista a Deus. Cada um tem seu jeito de falar com o Pai.

Teresa não sabe a razão, mas tem grande atração pelas imagens do Cristo ensanguentado, em agonia. Certa ocasião, ao parar em frente de um crucifixo salpicado de sangue, pergunta:

49

– Senhor, quem vos colocou aí?

Tem a impressão de ouvir uma voz dizendo: "Foram suas conversas no parlatório que me puseram aqui, Teresa".

A religiosa chora muito e, a partir daí, evita perder tempo com conversas inúteis e amizades que a separavam da santidade.

Passa a conversar apenas com aquele que, segundo ela, ninguém pode ver. Fala com as imagens de Cristo, aproxima-se dos sofrimentos dele em oração, e pede que consiga ter dedicação exclusiva a Deus.

Teresa conclui, então, que deve converter-se de verdade e emprega todas as forças para ter uma vivência definitiva da religião.

Começa a fazer jejuns seguidos, penitências a perder de vista, até que fica doente de novo.

E aí, não há remédio a não ser deixar novamente o convento, para cuidar da saúde. Ela fica por três anos na casa de Guiomar Ulhoa, uma jovem viúva que tem quatro filhos, até se recuperar.

A estrela guia

Em Petrópolis, o assistente espiritual das carmelitas funciona como uma bússola para a Irmã Teresa de Jesus. E incentiva seus passos na direção do aprofundamento espiritual.

A festa da monja para receber o hábito tem a presença de Padre João Gualberto do Amaral, um dos maiores teólogos da época e que, um ano depois, passa a ser oficialmente o responsável pela assistência espiritual das carmelitas. Além de médico, psiquiatra, psicólogo, engenheiro, advogado, é especialista em Direito Canônico. E toda essa bagagem fica à disposição do Carmelo de Petrópolis.

A quem acha imperdoável um homem culto como ele ficar escondido no meio das freiras, Padre Gualberto responde:

– O caminho que escolho só entende aquele a quem consegue entender.

E segue falando com frequência para o grupo, sugerindo leituras, confessando e celebrando a missa. Com o tempo, ouve as aflições de Irmã Inês em relação à Teresita. Padre Gualberto, igualmente confessor daquela religiosa espevitada, diante das dúvidas assegura:

– Irmã Inês, não se preocupe. Ela será uma grande carmelita.

E pede à mestra que o deixe orientar aquela criatura tão ciosa de liberdade. E assim faz. Como percebe a curiosidade de Irmã Teresa de Jesus em saber sobre tudo, começa a indicar leituras. A Bíblia, acompanhada de comentários para meditação, mais a vida de Santa Teresa d'Ávila, que parece uma montanha-russa, mais uma lista e tanto de outros religiosos contemplativos com seus altos e baixos.

Ao ver como Teresita aprende rápido e é inteligente, vai aprofundando a instrução dela na educação formal e nos estudos de textos religiosos.

Com o tempo, Madre Maria de São José dá por encerrada a sua ajuda na fundação de Petrópolis e volta para o seu mosteiro de origem, o Carmelo de Santa Teresa, no Rio de Janeiro. Teresita fica.

Por seis anos, de hábito e atrás das grades, deixando a adolescência para entrar na vida adulta, Irmã Teresa de Jesus acompanha com interesse todas as novidades que chegam através das palavras do tutor espiritual. Na verdade, a única janela para o mundo que ela não pode mais ver. Aproveita todas as lições e, numa das conversas que tem com Padre Gualberto, confessa uma ideia:

– Padre Gualberto, quero dar um basta nesse isolamento todo, atrás de muros altos e portas de ferro.

O tutor ouve com atenção a monja, agora com 23 anos, e percebe nela uma maneira peculiar de falar e uma vocação muito diferente das outras. E acaba por opinar de maneira inusitada.

– Irmã Teresa de Jesus, são raras as pessoas que têm o dom de falar pelo Espírito Santo como você. Nunca ofereça resistência à voz dele, pois isso simplifica muito as coisas.

Emocionada com a aprovação tão enfática, ela pensa: "Está aí alguém que me entende. A ideia de simplificar a vida pode ser útil aos Carmelos".

Radiante com o apoio recebido do orientador espiritual às suas ideias tão inovadoras, no ano seguinte, em 1922, ela discute com o mestre, entusiasmada, a renovação do Direito

Canônico e todas as mudanças da Igreja. As desejadas para o Carmelo, então, ficam cada vez mais presentes. A principal é de tirar o fôlego: "Essas grades... Um dia consigo um jeito de acabar com elas".

Mas, na realidade, com a voz tão animada como os pensamentos, segue cantando de cor, e sem erros, as matinas, as completas e outras músicas religiosas previstas nos rígidos rituais do mosteiro.

Participa também das tarefas cotidianas, como da cozinha, da lavanderia e dos bordados, que são vendidos para ajudar nas despesas do Carmelo.

Em outros períodos, atende pessoas aflitas na portaria, onde há um locutório, lugar de atendimento às pessoas com grades para separar as monjas dos visitantes. Com o véu no rosto, Irmã Teresa cuida dos aflitos e os encaminha às monjas mais experientes para uma palavra de consolo. E no pouco tempo livre que sobra, troca cartas com a família.

Sua vida pode ser vista como a de uma freira comum. Mas, como disse Padre Gualberto, a dela não é.

Priora antenada

O jeito alegre de levar aquela vida tão austera acaba fazendo Irmã Teresa de Jesus ficar popular entre as monjas. Tanto que, jovem ainda, aos 28 anos, já é vice-priora de Madre Natividade, a superiora que, terminado o mandato de três anos, é reeleita. Mais um período no cargo.

Faz tanto sucesso que, em 24 de julho de 1932, é eleita priora. A partir daí, já como superiora do Carmelo, recebe o nome de Madre Teresa de Jesus.

O mosteiro nunca tinha visto uma autoridade tão jovem e cativante. A freira miúda, de senso crítico aguçado e despachado, conquista também a confiança de muitas pessoas em Petrópolis. Pessoas que vão atrás de uma palavra amiga, que ela sempre está disposta a dar. Por meio desses contatos, inclusive com intelectuais, acompanha a política do país, mesmo dentro da clausura.

Nessa época, começa no Brasil o movimento integralista, liderado por Plínio Salgado, um católico radical que pretende a adesão de outros para a sua causa. O movimento de extrema-direita, baseado no fascismo italiano, tem um simpatizante que frequenta o Carmelo de Petrópolis: o católico de direita, Eurípedes Cardoso de Menezes.

Filho de um pastor protestante famoso na época, convertera-se ao catolicismo com a ajuda de Padre João Gualberto. Político, deputado por muitos mandatos e escritor, sempre que pode vai falar com a priora.

Um dia, a polícia aparece no convento atrás dele. Eurípedes conversa com Madre Teresa no locutório, aquele pequeno espaço dividido pelas grades de ferro. Do lado interno sentam as carmelitas e, do lado de fora, ficam as visitas. Atrás das grades ela percebe o movimento, esconde o procurado, volta e despacha os policiais.

Aí aparece mais uma faceta da monja, que por esse espírito aberto ao mundo, começa a incomodar uma das freiras.

— Afinal, estamos aqui para rezar ou para conversar? — diz volta e meia uma das feiras, enciumada com a popularidade de Madre Teresa de Jesus.

Mas Teresita, de espírito livre, experimentando uma vivência profunda da dimensão política da fé, nem percebe os olhares de intriga.

Em outra ocasião, quando vai ao Carmelo falar com Madre Teresa de Jesus, Eurípedes é preso lá mesmo, sob a acusação de fazer política a favor do integralismo numa conferência para marianos em Petrópolis.

É a ditadura de Getúlio Vargas. A priora não abandona o amigo. Faz questão de mandar à cadeia o pão de cada dia. Maria, a namorada do político, leva a comida, e junto, vai uma pequena obra de arte.

Teresita retira uma parte do miolo do pão e põe no lugar um papel bem dobradinho. Ali vão reflexões sobre o Evangelho de São João, importantes para a alma de um recém-convertido. Mas vão também notícias sobre a política do Rio de Janeiro e comentários dos jornais de Petrópolis, alimento especial para o preso. O mini-informativo, escrito em código, com letras minúsculas, é posto no meio do pão, que depois com todo o cuidado é tapado com o miolo retirado antes.

Nos comentários sobre o Evangelho de João, Madre Teresa de Jesus faz questão de chamar a atenção de Eurípedes para a gratuidade do amor divino. Sem meias palavras escreve: "A maior radicalidade que temos de viver como cristãos é amar. E não é fácil".

Anos depois, para demonstrar gratidão, ele consegue usar seu prestígio para resolver um litígio em Israel, que favorece o Monte Carmelo, berço das Carmelitas.

A Inquisição no encalço de Teresa d'Ávila

As perseguições religiosas já há quatrocentos anos são uma constante ao largo dos séculos. E Teresa d'Ávila também se vê atormentada pelas "altas patentes", como nomeia as autoridades eclesiais.

Como o Concílio de Trento está em período de recesso e ainda não há definição de tudo que é permitido ou não em termos de fé, um grupo radical resolve lutar contra a expansão do protestantismo à sua moda: ferro e fogo.

Começa a Inquisição, um dos períodos de maior barbárie da Igreja. De um lado, o medo do crescimento do protestantismo, de outro, a histeria generalizada. Resultado: inocentes acabam na fogueira. Um tribunal religioso é montado para julgar os crimes contra a fé católica.

Os primeiros processos – chamados "autos de fé" – são tão absurdos, que condenam o próprio arcebispo de Toledo, Bartolomeu de Canana. Bastava pensar um pouco diferente dos bispos mandantes e lá vinha a condenação. O inquisidor-geral, o chefe dos religiosos, Francisco de Valdés, lança até um livro chamado *Index*, para que ninguém alegue ignorância sobre o que é contra a fé. O clima é tal, que as famílias não deixam mais os filhos irem estudar fora da Espanha, pois podem ser "contaminados por ideias do demônio".

Teresa tem vários conhecidos na lista negra dos livros proibidos pela Igreja que estão no *Index*. E isso é motivo de falação por parte das irmãs do Convento da Encarnação.

– O que tanto Teresa lê? Será que é um daqueles livros proibidos? Será que vem do demônio?

A monja não liga para o "disse me disse" das outras. Anda tão ocupada nas suas conversas com Deus, que nem ouve as irmãs da terra.

Um dia, como resposta às faladeiras – a profissão é antiga –, ninguém sabe como, ela levita. O corpo dela se eleva na frente de todos aqueles padres e freiras que perdiam tempo com a caça a demônios. Isso causa grande confusão. Cada um dá sua opinião sobre as interferências do demônio. Enquanto isso, Teresa olha para o crucifixo e diz:

– Senhor, não me levante assim. Não fica bem.

E ouve uma resposta:

– Minha filha, é preciso mudar. Essa gente usa o meu nome, mas vive do jeito que quer e não como digo que deve ser. É preciso mudar.

De volta à terra, ela pensa: "Estou com 45 anos e ele está avisando que é hora de mudar. Como?".

Algum tempo depois, passada a emoção da "elevação" e da "conversa com Deus", a monja irrequieta conhece o Frade Pedro de Alcântara. E o santo franciscano expõe uma ideia que deixa a carmelita com a cabeça fervilhando. Ele quer fundar um convento.

Mal ouve a notícia, ela convoca algumas freiras amigas para um encontro.

– Que tal a ideia? O Senhor me disse que temos que mudar. Mas como?

Algumas irmãs querem logo por fogo no Convento da Encarnação e ir em frente. Mas Santa Teresa lembra alguns detalhes que ouviu nas alturas e diz:

– Calma. Podemos mudar de outro jeito. Vamos fazer uma reforma. Talvez conseguir um mosteiro pequeno para, longe desta ostentação, viver na pobreza e na oração, como os carmelitas de origem.

Está pensando no assunto quando ouve a voz já conhecida: "Em frente, Teresa!".

Sinal verde direto do céu! Que alegria! No mesmo instante, ao contar para as amigas, já consegue alguns apoios. Mas nem tantos. Algumas monjas não querem nem ouvir falar de mudanças. Aquele entra e sai de visitantes é tudo que desejam manter.

Afinal, o clima no Convento da Encarnação está mais para festa que para oração. Pouco tem a ver com os fundadores dos antigos conventos. As freiras usam joias, ficam conversando nas celas umas das outras, ouvem música profana e comem todo tipo de delícias trazidas de fora. O jejum só é vivido pelas irmãs mais pobres, assim mesmo por falta de comida para todas. Além do mais, a saída para visitar os parentes e amigos é liberada.

Fica fácil perceber por que a maioria vê com horror a proposta de mudanças.

E as turmas se posicionam para o jogo de nervos. Diante das rodinhas que falam da nova loucura – o convento pobre –, Teresa, exausta de tanta badalação, para e diz:

– Quem quiser pode rir e duvidar. Tomada pela loucura celeste, pelo amor de Sua Majestade, supero tudo. Não é fácil mudar de rumo, isso precisa de pessoas corajosas. Quem quiser que fique aqui. Vou atrás de conseguir autorização.

O superior de Teresa é um religioso muito ocupado, além de não ser aberto a mudanças. Mal termina de ouvir a ideia e solta um sonoro: "Não!".

É um choque...

Mas Teresa é determinada e não se dobra a gritos. Ela segue consultando os amigos. Frei Pedro Alcântara, o inspirador da ideia, a apoia no ato. Depois, fala com o reitor da melhor escola da região, o jesuíta Gaspar de Salazar. Dele recebe a bênção e o conselho de fazer tudo sem chamar a atenção.

Começam os planos para o novo Carmelo.

Desafios à vista

A liderança de Madre Teresa se firma na construção de um novo Carmelo em tempo recorde. E isso causa ciúme.

Encerra-se seu mandato de priora. Vem nova eleição, ela é reeleita. Agora, com uma tarefa e tanto pela frente: construir o prédio novo do Carmelo de Petrópolis. Isso significa romper a rotina e o silêncio do local e aguentar homens por perto, convivendo com as freiras e tirando o sossego necessário para os cantos e orações. Ela aceita o desafio.

Uma das irmãs recebe uma boa herança que, somada à doação de Lineu de Paula Machado, torna possível manter o convento e começar as obras. Ele é um grande empresário dessa época, dono inclusive das docas de Santos. Além disso, Lineu é casado com a também milionária Celina Guinle, cuja família é dona do hotel mais fino do Rio de Janeiro, o Copacabana Palace. Padre João Gualberto é confessor do empresário e de outros famosos. Quem também procura os conselhos do religioso é nada menos que o Presidente da República, Artur Bernardes.

Em todos os eventos do palácio, lá está o padre fazendo palestras para os convidados do presidente, sobre os mais variados assuntos. Um dia, ao chegar com o secretário Francisco, um soldado, vendo a simplicidade do homem, barra sua entrada.

— Ele não pode entrar. Só o senhor é convidado.

Ao que o padre responde:

— Se ele voltar, eu também volto.

Depois de muitas consultas, entram os dois.

Para a empreitada da construção do Carmelo, é chamado o melhor arquiteto do Rio de Janeiro, Doutor Pederneiras, que, junto com Madre Maria da Natividade, desenha os croquis e dá início às fundações do prédio.

Madre Teresa de Jesus cuida pessoalmente da negociação com os engenheiros, fiscaliza as obras e ainda mantém o bom humor dentro do mosteiro, todo mudado em razão de tanta gente por perto. Nesse período, a freira ciumenta, que diz que a vida é só rezar, para mostrar que não concorda com as atividades da priora, se distrai com as coisas da construção e esquece um pouco de perseguir Madre Teresa.

Anos de lida para a priora. Um exercício diário para separar a vida religiosa do mosteiro daquele bate-estaca no terreno ao lado. Ela parece não se importar. Esforça-se para conciliar os ânimos das freiras com o cronograma das obras. E quando termina o segundo mandato, o novo prédio está de pé. A inauguração solene é realizada a 4 de junho de 1938, dia dedicado a Pentecostes. Ela lembra as palavras de Padre João Gualberto e pensa: "De novo, o Espírito Santo".

Olha o Convento São José de Petrópolis e agradece:

— Só mesmo a ajuda divina para dar energia a esta priora para chegar até aqui.

Irmã Inês, emocionada com a caminhada da aluna que causara tanta preocupação, conta: "Depois da missa, a clausura foi aberta para a nossa entrada e, na porta, o fundador, Doutor Lineu de Paula Machado, apertou Madre Teresa de Jesus no peito e, ao beijá-la, chorou. Era como um pai orgulhoso da filha".

Cumprida tamanha façanha, é período de nova eleição entre as freiras, e a madre é reeleita. Trabalho por mais três anos. Agora, com a atenção concentrada na contemplação e na rotina rígida do Carmelo. Sem descuidar dos amigos que precisam de alguma orientação, é claro.

Certo dia, o dominicano Frei Tonger leva Alceu Amoroso Lima, jornalista e escritor famoso, também convertido recente, até a presença de Madre Teresa de Jesus no mosteiro de Petrópolis e o apresenta:

– Este é um grande especialista em Santo Tomás de Aquino. Sabe sobre o assunto muito mais que vários religiosos e doutores.

Ela gosta do tema. Aproveita para fazer perguntas e aprofundar um pouco mais o interesse pelo santo. Alceu, também conhecido pelo pseudônimo de Tristão de Ataíde, lembra uma frase do Santo: *"Contemplata aliis tradere"*.

É uma das preferidas da religiosa que, pensativa, faz a tradução:

– Procurai na contemplação o que tens para dar aos outros.

A conversa segue animada pelo interesse que os dois têm em comum. Vendo a cena, aquela monja ciumenta, agora já sem a distração das obras do convento, em vez de rezar, como tanto prega, tem um ataque explícito de inveja. Isso mesmo, religiosa também tem sentimentos mesquinhos como todos os mortais, inclusive os chamados menos nobres.

Ela vai até a mestra Irmã Inês e denuncia:

– Veja só. Agora aquela cabeça de fogo – assim mesmo falou a caridosa irmã – está interessada em Tomás de Aquino. O que ele tem a ver com as Carmelitas?

Irmã Inês, experiente com relação às deficiências humanas de suas pupilas, responde:

– Minha filha, por que perder tempo com isso? A caminhada das duas é diferente, mas a boa educação é a mesma. Você foi generosa ao ter forças para renunciar a tudo lá fora, mas cada uma tem sua contribuição. Madre Teresa também dá a dela.

Cada uma a seu modo dá tudo a Deus. E quanto a Santo Tomás, não se esqueça de que Santa Teresa d'Ávila teve, durante anos, um dominicano como seu orientador espiritual.

Com isso, a "erva daninha" vai embora furiosa.

Nessa época, um grupo de jovens que estuda para o sacerdócio visita o convento de tempos em tempos. Animados com a linha contemplativa de São João da Cruz, ouvem Madre Teresa de Jesus sobre o assunto. Um dia, um dos colegas adoece. Os médicos desenganam o rapaz, mas Frei Mateus Rocha entra em ação:

– Madre, reze. Ele é muito novo, não pode morrer.

– Vamos rezar para que seja feita a vontade de Deus.

– Nada disso, madre. A senhora nos explicou que há uma identificação entre o Esposo e a Esposa. Vá e, como Esposa de Cristo, fale com ele!

Ela dá início a um choro convulsivo. A priora aguarda a tempestade emocional passar e, após um longo silêncio, diz:

– Ele vai viver.

Frei Mateus sai em disparada e manda os amigos sumirem com os lençóis pretos preparados para o enterro. Esse amigo de Frei Rocha é o dominicano Frei Carlos Josaphat, que tem mais de trinta livros publicados ao longo de uma vida que já passa dos 90 anos como teólogo, professor, jornalista e escritor. Frei Josaphat é uma prova viva do poder da oração.

Outros intelectuais continuam a visitar o Carmelo sempre em busca de aprofundar a vivência cristã. Mas aquela monja "caridosa" trata de ir minando o trabalho de Madre Teresa. Mesmo assim, ela é reeleita por mais um ano como priora. Aí, esgotados os prazos permitidos pelas regras carmelitanas, a religiosa é substituída. Começa um período de longa noite escura, como diz São João da Cruz.

Tempo de noite escura

Sem o cargo de priora, Madre Teresa enfrenta um período de duras provações, sempre impostas por aquela alma "caridosa" movida pelo ciúme. Como se pode ver, dentro de Carmelos o diabo também está à espreita.

Tão logo é conhecido o nome da nova superiora, Padre João Gualberto, um experimentado confessor tanto do joio como do trigo, pressente o que vem pela frente, procura Teresita e pergunta:

— Depois de tanto serviço prestado ao Senhor, o que será daqui para diante? Como pretende responder ao Espírito Santo? Como se sente?

Ela olha o mestre e diz:

— Como qualquer pessoa humana que estivesse no meu lugar. Como eu, milhões de pessoas passam por horas difíceis. Não é isso que nosso pai São João da Cruz chama de noites? Pois então... Vamos em frente!

O teólogo, sabendo o quanto ela crescera na fé, propõe:

— Você precisa agora começar outro trabalho. Tem que cuidar das raízes. Se elas derem flores e frutos, ficarão para o Reino. O importante é começar esse trabalho, escondido, mas fundamental para a planta.

Madre Teresa de Jesus compromete-se a pensar sobre o assunto.

Devolvida à condição de simples carmelita, sem cargo algum, começa a passar maus bocados.

Aquela irmã que chamou Madre Teresa de cabeça de fogo é a nova priora. De família rica e primeira Miss Brasil, não se sabe bem a razão pela qual abandonara tudo para virar monja. Na opinião dela, o Carmelo deve rezar pela sua "cartilha". Nada de passar por cima de regras, nada de liberalidades. A Ordem Carmelita tem regras e elas serão cumpridas. Convento é lugar de rezar. E só! Contemplação e mais contemplação!

A primeira decisão da superiora é clara. Madre Teresa de Jesus não deve ter mais nenhum contato com o mundo exterior. Nada de ficar recebendo intelectuais, falando com gente de fora no locutório. O seu único espaço agora é o claustro. A ordem é só rezar, rezar e rezar.

As grades que tanto incomodam a religiosa ficam mais opressoras do que nunca. Padre João Gualberto, alertado pela mestra Irmã Inês, que anda preocupada com a situação, procura Madre Teresa.

— Como vê a decisão da comunidade a seu respeito?

— Atrás de tudo há uma liderança e só falo na frente da pessoa...

É chamada, então, a priora, que vem feliz em ver a desgraça da outra. E começa o relato.

— Madre Teresa não correspondeu à confiança da comunidade. Sua postura não é de uma priora recatada e humilde. Uma pessoa que chegou ao Carmelo sem letras e agora está cercada de pessoas famosas. Recebe elogios dos homens, e sua alma está em perigo.

Segue num blá-blá-blá... Teresita escuta com calma e depois despeja:

— Quando fui eleita, todos sabiam que eu era diferente, seja pelo nível social, seja pela cultura. Vim da roça, mas sou correta.

Existe dentro de mim uma vontade de reinventar tudo. Nunca escondi isso. Sou diferente das outras e continuarei sendo. Não quero perder minhas raízes de pessoa simples. Não quero me acomodar nunca. Passar a vida toda refletindo sobre as mesmas coisas mofa os miolos. Quantas moças jovens a gente vê começando a ficar senil...

Diante da madre de olhos arregalados, segue o raciocínio:

– Aprendi muito como priora, com esses senhores doutores e de grande espiritualidade. Tenho sede de saber tudo que ajude no encontro com Deus. Enquanto estiver de castigo, obedecerei à comunidade, mas, quando sair, voltarei a ficar só eu e minha consciência diante de Deus. O perigo de perder a alma quem corre é você. Foi miss, tem educação e beleza de fino trato. Isso sim precisa de muita vigilância e oração. Eu sou uma baixinha de um metro e meio, que sequer chama atenção. Não ofereço o perigo que você oferece como miss e filha de presidente da Casa da Moeda. Cuide de sua vida, madre, e me deixe em paz.

Espantada diante de tanta sinceridade, a madre segue ouvindo o sermão:

– Você tem ciúme porque sou elogiada e ganhei uma das duas únicas obras manuscritas de Santa Teresa d'Ávila que existem no Brasil. Mas todos sabem que ganho essas coisas porque tenho afinidade de almas com alguns intelectuais. A atração que eles têm por mim vem do fato de que eles veem meu interior. Deus, em sua infinita bondade, me deu largueza de alma, de coração e muito espírito de serviço. Esses são os meus encantos. Diante de Padre João Gualberto, vou falar com um misto de raiva e fraternidade: você vive muito à toa. Não trabalha, e isso não é vida. Sou chamada de "pé de boi" por vocês mesmas. Tenho tanto serviço, que não sobra tempo para inventar coisas.

Você, com esses livrinhos nas mãos e a foto de nosso confessor dentro, fica com a imaginação fértil. Esse amor possessivo também pode fazer mal à alma. Padre, Deus lhe pague!

E ele rapidamente aproveita a deixa:

— Obrigado às duas jovens carmelitas, que poderão ser santas se deixarem Deus fazer esse trabalho por vocês. Fiquem em paz e que ele as acompanhe.

A partir daí, Madre Teresa de Jesus passa a cumprir o silêncio imposto.

Padre João Gualberto, com a lucidez dos sábios, incentiva a carmelita a seguir os estudos. Aquela moça que tão bem fala pelo "Espírito Santo" não pode parar. A posição do tutor é clara: se a maré está contra, é hora de boiar e esperar o mar acalmar. Para tanto, estimula Teresita a aprofundar o estudo da história das carmelitas e dos santos que passaram pela noite escura de São João da Cruz.

Ela está com 40 anos. Reza, cozinha, estuda, borda e mantém a esperança. As outras monjas ficam surpresas. Madre Teresa de Jesus, tão extrovertida, justo Teresita, tão alegre.

Certa vez, uma freira, intrigada, pergunta:

— Como você aguenta?

— A vida, minha irmã, é dura. Precisamos ter coragem e enfrentar. Agora temos a proteção de Padre João Gualberto e de nossa "mãezinha" Irmã Inês, mas e depois, quando eles não forem mais vivos? O Carmelo de São José não pode ficar cheio de marias-moles.

Um tempo depois, Padre João Gualberto resolve tirar algumas dúvidas.

— Minha filha, como aceita seu tamanho pequeno e por que colocou a irmã acima de você?

— É simples de explicar. Aqui no Rio de Janeiro não tenho os valores da irmã. Se ela fosse a Minas, não iam achar que ela é bonita e culta, mas sim muito aborrecida. Cada lugar com os seus gostos. Os moços vinham de longe para me ver na fazenda. E quando as madres estavam me arrumando para o Sion, fiquei com medo de ficar presa às regras de etiqueta, como as moças daqui, e não agradar mais meu povo. Pode ficar tranquilo, gosto de ser a baixinha que sou.

— E por que não voltou para Minas?

— Alguma coisa mudou minha cabeça e meu coração. Não sei o que foi!

— Deus tocou o seu coração com a graça. São Bento chama de conversão de costumes.

A priora, de tocaia, quando vê que a conversa se alonga, corre até a Irmã Inês:

— Que tanto tempo um homem culto como Padre João Gualberto perde com Madre Teresa, que chegou aqui tão atrasada e não entende a finura que deve ter uma carmelita?

A mestra pensa uma vez mais na qualidade das almas e responde:

— Na medida em que for descobrindo as coisas do espírito, você será capaz de entender por que ele passa tanto tempo com Madre Teresa de Jesus, que sabemos ser uma pessoa simples e especial. Cada uma de vocês teve sua conversão. Deus tem um caminho único para cada um de seus filhos.

Ela se aborrece e sai furiosa com a descompostura.

Tudo sem chamar a atenção

Agora, o século XVI já passa da metade. No fim do ano de 1560, Teresa resolve seguir os conselhos do jesuíta Gaspar de Salazar, mas faz tudo sem chamar a atenção. Começa a falar da ideia de um novo Carmelo com os parentes mais próximos e que não têm ligação com o Convento da Encarnação, para evitar um confronto com o superior. Recebe ajuda financeira de um irmão que participa de uma expedição espanhola ao Peru e acredita ter condições de tocar o projeto.

Escreve à irmã e ao cunhado que moram em Alba de Tormes e pede que venham a Ávila com o filho. Joana, João e Gonçalo recebem o chamado e, poucos dias depois, já estão ao lado de Santa Teresa.

Com toda confiança, ela conta-lhes sobre seu plano:

— A ideia é arrumar uma casa pequena, bem simples, mas que tenha sol para garantir a saúde e espaço para as orações. Vocês compram como se fosse para moradia da família. Daí, faremos as reformas necessárias, aos poucos, para ficar como um convento. Enquanto isso, vou cuidando dos papéis de autorização da nova fundação.

Começam as obras e, inesperadamente, caem umas paredes, umas das quais sobre o sobrinho de Teresa, que é dado como morto.

Um dos operários vai chamar a monja, que ruma para a obra. Ela segura o corpinho do menino, acaricia seu rosto e fica abraçada a ele por uns momentos. Aí, o garoto desperta e Teresa o entrega à mãe.

Os operários começaram a gritar:

– Milagre, milagre... ela fez um milagre.

Ao que a carmelita responde:

– Milagre é que tenha se mantido em pé um muro tão mal construído, que agora terá que ser feito de novo.

A obra segue, mas logo falta dinheiro. Inesperadamente, o irmão de Teresa, Lorenzo, que vive na América Latina, manda um punhado de moedas de ouro. Alegria de todos. Os trabalhos de adaptação da casa podem continuar.

Entusiasmada, Santa Teresa não conta com um imprevisto. Enquanto a ordem de Roma não chegasse, estava sob o comando da superiora. E um dia lá vem a madre com uma ordem:

– O Provincial Angel Salazar diz que é preciso ir a Toledo consolar uma nobre que ficou viúva. O irmão dela é um duque que faz muitas doações ao Convento da Encarnação.

Por essa a carmelita não esperava: ter que conviver com a aristocracia mais retrógada da Espanha, logo no momento em que prepara um Carmelo simples e despojado. Mas ordens devem ser cumpridas, mesmo que não lhe agradem.

Teresa da Espanha passa um tempo em Toledo, na casa de Luísa de Lacerda, a que precisa de consolo. Lá, conhece Maria de Jesus Yespes, uma ex-carmelita que abandonara o convento por não aguentar o clima de ostentação e luxo.

A religiosa conta que caminhara a pé, desde Roma, trazendo consigo o breve com a autorização para fundar um convento reformado do Carmo, que viva segundo a regra primitiva.

No encontro, ela fala sobre isso com Santa Teresa e completa:

– Acho que as religiosas devem viver na pobreza absoluta, como Jesus. Só assim se pode dar testemunho.

Teresa d'Ávila gosta muito daquilo. E aquela religiosa, mais tarde, volta a ser carmelita, só que Descalça, e adota o nome de Irmã Maria de Jesus.

Em junho de 1562, terminado o tempo em Toledo, ela volta ao Convento da Encarnação e logo que chega recebe boas notícias. O prédio do novo mosteiro, uma casinha fora das muralhas de Ávila, já está todo adaptado e a ordem de Roma chegara.

Feliz com as notícias, Santa Teresa vai até o Padre Pedro de Alcântara e pede ajuda. É hora de contar ao bispo, que é contra uma nova fundação. E Sua Excelência Reverendíssima diz:

— Padre Alcântara, não será coisa do demônio? De onde vem essa ideia?

— De Deus, senhor bispo. Conheço bem Teresa e tenho certeza de que é a vontade divina.

Enquanto o padre negocia, ela cuida dos detalhes. Os novos hábitos, as esteiras para dormir e as coisas de casa.

No vaivém do Convento da Encarnação, ninguém percebe os rumos que toma Teresa d'Ávila. Mas a permissão para deixar o convento continua obrigatória. E lá vai ela contar à superiora que o convento já existe e está inaugurado. Isso provoca grande confusão!

Todas as autoridades eclesiásticas são contra. Mas ela insiste na ideia de um Carmelo pequeno, só de orações e sem tanta badalação. E tanto insiste nisso, que quatro meses depois obtém a autorização para mudar. Aos 48 anos, deixa para trás a vida num convento enorme para entrar no pequeno Carmelo Renovado. Leva dali apenas o hábito e a esteira de palha para dormir. Com ela, seguem duas carmelitas do Convento da Encarnação e duas sobrinhas.

E, em 24 de agosto de 1562, sob o patrocínio de São José, ela veste o hábito. A simplicidade do local e a vida fervorosa são o ambiente ideal para a oração constante que exige intimidade com Deus, oração contínua com ele e uma vida de família entre as irmãs, que ela estipula serem poucas em cada convento, doze ou treze no máximo. Mais tarde, a santa admite vinte e uma monjas.

A partir daí, adota o nome de Teresa de Jesus.

De olho no futuro

No mosteiro de Petrópolis, o silêncio imposto à Madre Teresa de Jesus permite a visualização de um futuro: um Carmelo leve e transparente, onde as monjas sejam fiéis às regras de Santa Teresa d'Ávila e contribuam para a história.

Em pleno século XX, a religiosa isolada do mundo se dedica integralmente à oração. E pensa numa conferência do Padre João Gualberto às carmelitas de Petrópolis, na festa de Nossa Senhora do Carmo. Ela lembra a data: 16 de julho de 1944. Está com 45 anos.

O tema dessa conferência foi: "Vida contemplativa e a necessidade de multiplicar Carmelos". E tem claro na mente que em determinado momento ele afirmara com ênfase que deveria haver um Carmelo em cada esquina da cidade.

Madre Teresa de Jesus conta: "O efeito foi imediato! Saí da conferência e segredei a Irmã Branca: 'Sabe de uma coisa? Ouviu o que Padre João Gualberto falou? Hei de fazer uma fundação!'".

Ela anota ainda numa caderneta:

> Cinco dias depois, tive coragem de tocar no assunto com o Padre João Gualberto. Cheguei timidamente perto dele e fiz a seguinte pergunta: "Nosso padre, seria motivo de orgulho alguém desejar ser madre fundadora?". Como ele me conhecia a fundo, ligou logo o assunto à sua conferência e me disse: "Madre Teresa, o Espírito Santo falou alguma coisa a partir da minha palestra? Não há o que temer". E prosseguiu: "A

senhora está lembrada do que Santa Teresa conta no Capítulo 17 das Fundações, sobre a Fundação de Pastrana? Ali deixa entrever a sua parte humana, suas fraquezas, mas também a sua grande docilidade a Deus". E Padre Gualberto segue falando: "Ela não queria desgostar o marido da Princesa de Éboli, que a convidara a fazer uma fundação em Pastrana, porque precisava dos préstimos dele junto ao rei. Criar dificuldades com ele seria também dificultar a fundação recente dos padres descalços, que tinha apenas Frei João da Cruz e Frei Antônio de Jesus. Não querendo desgostar a princesa, Santa Teresa não via, por outro lado, como ceder a seu pedido, visto que a Fundação de Toledo, feita com tantas dificuldades, era ainda muito recente. Por isso, ela não poderia retirar-se de lá por enquanto. Lembra, Madre Teresa, qual foi o recurso que Santa Teresa usou? Foi junto ao Santíssimo Sacramento pedir luzes para escrever uma carta à princesa. E Nosso Senhor disse: 'Vai, pois se trata de coisa maior que uma fundação, e leva a Regra e as Constituições'. Essa coisa maior é a segunda casa dos Carmelitas Descalços, que, de fato, se realiza nesta viagem de Santa Teresa d'Ávila. À senhora, que traz o nome dela, eu digo a mesma coisa. Se Deus a chama, vá, porque outras coisas maiores que uma fundação a aguardam!".

Como está em tempo de oração e com muito silêncio à volta, Madre Teresa começa a desenhar o projeto de um novo Carmelo, que terá novos costumes, mais próximos das origens das Carmelitas Descalças. Ela sonha com um mosteiro vivo, leve e transparente, que dê sinal da fé também participando da história.

Nesses momentos, volta-se diretamente ao inspirador da ideia:

– Pai, o tempo passa e nenhum sinal de Vossa Divina Providência. Aqui estou esperando uns palmos de terra para fazer a "casa forte". Enquanto espero, sigo firme e inabalável, porque sei em quem confio. Mas, se o Senhor puder ajudar a ir escolhendo um terreninho para lançar as pedras fundamentais do novo Carmelo, será uma boa providência.

Padre João Gualberto segue cuidando do alicerce daquela mineira destemida. Um dia, antes da missa, diz a ela:

– Madre Teresa, achei uns livros que vão lhe interessar. Tratam dos santos. Eles sempre acham uma saída, mesmo quando todos só enxergam o túnel. Há aqui um bom material também para aprofundar a história dos desafios da vida das Carmelitas Descalças. Se quiser seguir o caminho, é só deixar o Espírito Santo falar.

E arremata:

– Lembre-se de que os gemidos do Espírito são inenarráveis.

Madre Teresa de Jesus fica muito agradecida e reconfortada. E mesmo marginalizada pela imposição da priora, isolada numa clausura, presa às grades, resolve enfrentar a questão. Está com 46 anos, e o jeito é preparar o futuro.

– Meu Deus, quantas coisas boas o Senhor me inspira. Mas preciso de meios materiais para realizar o nosso sonho, já que o tempo todo sonho acordada com o novo Carmelo.

Ela vai sonhando e conquistando adeptos. Além de Irmã Branca, aliada de primeira hora, outras monjas aderem à ideia de um novo convento. Irmã Maria de Lourdes e sua irmã, uma leiga de 50 anos, vinda de Minas Gerais para cuidar da portaria do Carmelo, se animam com o projeto. Maria Martins faz os contatos entre as monjas do lado de dentro e o mundo exterior. Atende telefone, anota recados, recebe as encomendas que passam por uma roda giratória e entram no mosteiro. A roda giratória é como uma porta de banco, só que do tamanho de uma janela, por onde entram as compras e doações para o Carmelo.

Fiel ao espírito crítico, Madre Teresa de Jesus logo acha um apelido para o pequeno grupo: quadrilha.

Confiantes na empreitada, as quatro monjas começam a rezar, atividade que chamam de "assalto ao coração de Jesus". Cada uma lembra e pede ao santo de sua preferência. E clamam a Santa Teresa, Santa Clara, Santo Expedito, São Judas e muitos outros mais...

Dois anos e tanto depois, uma nova priora é eleita. A mestra das monjas, Irmã Inês, já idosa, está preocupada com o isolamento de Madre Teresa de Jesus. Além das freiras, ela fala apenas com Padre João Gualberto. Então, a professora toma uma atitude. Aproveita uma visita da nova priora e de Madre Teresa de Jesus à sua cela e dispara:

– Madre Angélica, agora que começa o seu governo, quero pedir que Madre Teresa seja a porteira interna do Carmelo. Já está na hora de ela ter alguma atividade, além das que já exerceu esses anos todos.

A priora, surpresa, diz que vai pensar.

Dias mais tarde, a mestra, percebendo que suas forças chegam ao fim, chama Madre Teresa e pergunta:

– Onde eu e Padre João Gualberto mais ajudamos você?

– Na minha noite escura, nas horas de trevas, quando a mente se embaralhava... E nosso confessor, com as bem-aventuranças.

– Mas você parece tão insensível...

– Mãezinha, eu me aborreço muito com as coisas que acontecem, mas não demonstro para evitar que o convívio na comunidade passe por altos e baixos. Não tenho do que reclamar, porque eu procuro confusão... Não me chateio com ninguém, porque também sou cheia de defeitos. Essa vida aqui, apesar de amar muito, não é a vida de meus sonhos. Quero colaborar para que o Carmelo seja mais leve e transparente. – E, como numa confissão, prossegue: – A diferença no meu modo de pensar deve incomodar... Por isso, dou motivo para algumas irmãs não me aprovarem. Se quero continuar sendo eu mesma, tenho que suportar isso. Ou se dá a vida por uma causa, ou se desiste dela e se põe ela de lado. A minha está dentro de mim, é um núcleo incomunicável. Ela e Deus, uma coisa só.

– Então, minha filha, deixo-lhe uma tarefa: que você seja a aliança desta comunidade. Um anel é algo circular, sem emendas. Não se sabe onde começa ou acaba. É um todo. Seja assim para suas irmãs. Você conseguirá, porque tem espírito jovial e aberto. Agradeça a Deus por ter passado pela noite escura e pelo dia mantendo o mesmo semblante. Reze muito e escute o que o Pai pede.

– Quero alcançar isso que vocês me ensinam... nem a rigidez nem o relaxamento. A virtude está no meio...

Madre Angélica, sensível, pensa no pedido de Irmã Inês. Dotada de pontualidade britânica, exige tudo na hora certa. Atrasos são intoleráveis. Madre Teresa de Jesus, espirituosa, não perde tempo e diz com humor:

– Madre Angélica é tão firme na pontualidade que, quando morrer, se atrasarem seu enterro, dirá: "Andem, que já passou da hora".

Pensamentos como esse fazem a nova superiora achar engraçado e entender o espírito de Madre Teresa de Jesus. A amizade entre as duas tem origem na gratidão que Madre Angélica tem por uma situação passada. Sua irmã de sangue, monja em outro mosteiro, passava por uma provação e precisava de uma graça. Assim, Madre Angélica pediu orações para sua irmã que sofria e estava muito deprimida. Madre Teresa de Jesus escreveu, então, um bilhete e enviou com urgência à monja amiga que se sentia angustiada, dizendo: "No jardim de Deus há muitas flores, muitas margaridas alegrando a vida, purificando e perfumando o ar. Seu nome é Margarida e sua alma também é uma dessas margaridas que perfumam o jardim de Deus. Cumpra sua missão no jardim do Senhor, 'mesmo de noite'".

Após receber o bilhete, a monja ficou livre da depressão e sua alegria voltou, para contentamento de todos, que ficaram admirados com a graça que não se fez demorar.

Madre Teresa a socorrera com um bilhete convincente que a fez voltar a ter serenidade.

Essa graça obtida através de Madre Teresa e o pedido de Irmã Inês acabam por fazer a diferença. Começa um novo tempo, a noite escura se dissipa e o silêncio interior da margarida do jardim de Deus ocupa o espaço.

Gangorra espiritual

Madre Teresa de Jesus deixa o silêncio por algum tempo e volta ao contato com o mundo externo, após seis anos de confinamento no convento. A portaria interna dá-lhe a oportunidade de ouvir os amigos do lado de fora, sentada atrás das grades no locutório. Ela pensa em começar a cuidar dos negócios do Senhor.

Está com 50 anos, e no ano de 1948 muita coisa acontecera. Padre João Gualberto morrera em janeiro e Irmã Inês do Coração de Jesus, em outubro. Fora um baque. Mas Madre Angélica atende ao pedido da mestra e autoriza o trabalho na portaria interna, pois também acredita que o castigo fora severo demais.

Madre Teresa de Jesus começa então a conhecer novas pessoas e a reencontrar aqueles amigos que a ajudaram na construção do mosteiro quando priora. Lança, então, a ideia de um novo Carmelo.

Dentro de casa, a "quadrilha" reforça as orações e os santos ainda não lembrados vão entrando na lista das novenas.

Mas o tempo passa, dá-se uma nova eleição e a madre anterior volta ao cargo. Para não ficar sem falar novamente, Madre Teresa procura cumprir suas tarefas religiosamente, sem reclamar. Enquanto espera passar o período de três anos de mandato da priora, ela se concentra no estudo e na busca de uma solução que possa materializar o novo Carmelo.

Em fevereiro de 1953, ela tem um sonho. Olhando uma foto do Sagrado Coração, enquanto pede a Jesus um rumo para a nova fundação, sente que ele responde: "Isso quem resolve é o Espírito Santo". Assim é a frase que ela ouve. E, ao acordar, lembra-se de Padre João Gualberto dizendo: "Você fala pelo Espírito Santo".

Rapidamente, corre a contar para a "quadrilha" e, de comum acordo, fica decidido que o Espírito Santo será advogado e síndico do novo Carmelo. E como tal, tocará a causa em frente.

Mas um acontecimento novo quase a faz desistir da empreitada.

O secretário do Padre João Gualberto, Francisco, tem uma irmã que é costureira do Carmelo e muito respeitada na profissão. Viúva, ela tem uma filha para criar. Quando priora, Madre Teresa assumira o colégio da menina, além dos custos de roupas e uniformes, para ajudar a mãe. Depois, acompanhara o crescimento de Ana, até ela se formar e ficar noiva. De um lado, a mãe costura um finíssimo vestido para a cerimônia e, dentro do mosteiro, a religiosa faz uma linda coroa de flores de laranjeira e botões de rosa. No dia do casamento, Ana já maquiada e vestida, a comunidade é chamada no locutório para ver a noiva. E aí, o chão se abre para Madre Teresa de Jesus. A priora a impede de ver a moça e, não satisfeita com a maldade, ainda ordena que ela vá para um canto e diz:

– Aninha casará de verdade, enquanto você vive isso platonicamente com os intelectuais. Casa com eles na imaginação.

Humilhada, arrasada, ela conta: "Aquilo foi além do meu emocional, atingindo o meu eu mais profundo. Foi uma dor intensa, porque aquilo levantava dúvidas sobre minha fidelidade, devassava o mistério do meu pertencer a Deus como carmelita".

O choque é tão grande, que Madre Teresa sai sem palavras. Chora cinco horas seguidas. O peito parece explodir de angústia. Nem rezar direito consegue. Acabada a oração, vai para a cela e desaba na cadeira. Chora mais um pouco e pede a Deus que dê um rumo à sua vida.

Nisso, lembra-se de São José, que também sofrera muito. Então, pede a proteção dele. E no quarto escuro, sente uma presença e ouve a frase: "O poder não está em meus braços?". Rápido, pensa: "É Jesus quem vai me tirar dessa situação". Mais calma com essa certeza, segue em frente.

Cinco meses depois, em 15 de julho de 1953, sente que precisa rezar para mais um santo. Some no Carmelo uma tesourinha muito usada pelas monjas. Irmã Maria de Lourdes ouve a história e diz:

— Vamos pedir a São Geraldo. É infalível.

Já de noite, Madre Teresa de Jesus vai pegar um hábito na lavanderia e, ao lado da peça, encontra a tesourinha. Com o espírito renovado, já emenda um novo pedido:

— Tão grande São Geraldo, nos descubra uma alma generosa para fazer uma doação que garanta a nova fundação.

Animada com a proteção divina, resolve cuidar da parte terrena. Escreve ao bispo Dom Manuel Pedro da Cunha Cintra.

Passado um ano, sem ter resposta, eis que o bispo aparece no Carmelo. É o dia 10 de agosto de 1954.

Teresita conta-lhe o seu sonho: há treze anos se prepara para uma nova fundação.

O bispo de imediato diz:

— Que meios materiais, que auxiliares possui, Madre Teresa de Jesus?

— Conto com a Providência Divina.

– Vamos ter eleições aqui no Carmelo. Espere a chegada da nova priora, para não parecer que quer se livrar da atual. Com a nova direção, poderemos tratar do assunto com mais atenção. Fique tranquila, enquanto espera...

Está adiado o sonho de Madre Teresa de Jesus.

Espera pela hora H

É longo o período de espera de Madre Teresa de Jesus, que se apoia em oração e mais oração. O calendário do Carmelo em Petrópolis parece estender-se para além de onde a vista alcança. Madre Teresa de Jesus segue firme. Onze meses se passam e nenhuma palavra do bispo. Ele vai a Roma, volta, a priora é trocada, e nada...

Resolve, então, "lembrar" Sua Excelência Reverendíssima. Mais dois meses sem resposta. Silêncio absoluto.

De repente, num dia de junho de 1955, um ano após a primeira reunião, o bispo aparece no convento para a festa do Sagrado Coração de Jesus. A priora avisa que o bispo quer falar com Teresita.

Apressadamente, ela passa pela capela, faz uma rápida oração e alcança o locutório. Dom Cintra vai direto ao assunto... Não está precisando de conventos no momento. Já tem três em sua diocese. Ela que espere um pouco mais.

É como uma bomba para Madre Teresa de Jesus. Mas ela arrisca:

— Então devo desistir?

— Não, minha filha. Se aparecer um bispo interessado em uma nova fundação, darei plena licença para vocês.

O bispo não diz claramente, mas, na verdade, não quer se comprometer. A carmelita então decide: quando chegar visita, assim como que quem não quer nada, irá perguntar se, em outros terrenos deste Brasil, não há alguém precisando de um Carmelo.

Com ideia fixa, Teresa retoma as leituras. Animada, resolve pedir toda a energia de Jesus para construir uma nova fundação. Está tão concentrada nisso que acaba dando vexame. Faz o pedido durante a missa e, de tão envolvida que está, mal comunga e desmaia. Na enfermaria, ao saber do acontecido, fica muito sem graça.

– Irmãs, desculpem, fui com muita sede ao pote. A energia dele é forte demais para mim.

Ninguém entende nada.

Um tempo depois, o bispo oferece a ela tomar parte em outra fundação. Ela olha as grades, o próprio véu e responde:

– Muito obrigada, mas não responde às minhas aspirações. Nada me falta aqui. Sou feliz. Como notou São Francisco de Sales, cada convento é um saco de diamantes que vão polindo uns aos outros nos contrachoques. Para mim esses esbarrões têm sido saudáveis.

E para deixar clara sua posição, diz:

– A ideia de um novo Carmelo é para servir ao Senhor. Este é um projeto nosso, para responder ao Divino, não para acomodar o terreno.

O bispo, muito ocupado com o rebanho, nem se digna a responder.

Cansada dos caminhos terrenos, ela resolve fazer um contrato direto com o Sagrado Coração de Jesus. Lembra que o advogado do mosteiro é o Espírito Santo e pede:

– Senhor, dê novo rumo à fundação. Tome a questão sob vossa poderosa direção. Remova os obstáculos, que me coloco a seu dispor.

Passa um tempo e nada ainda de resposta do céu. Com as monjas da "quadrilha", Teresa divide as lágrimas.

Maria Martins, a porteira externa, embora leiga, é muito íntima das "coisas divinas" e também pede:

– "Mãezinha do céu", arruma saída. Protege a nossa fundação.

No começo de 1955, depois de um sem-fim de orações, o bispo responde que está dada a permissão para que sejam consultadas as outras monjas do Carmelo de Petrópolis. Madre Teresa de Jesus escreve em seu diário: "O relógio de pulso de Nosso Senhor bateu hoje o ponteiro justo na hora H. Fui atendida às três da tarde por nossa priora e, mesmo intimidada pela incerteza do resultado, falei de meu antigo desejo e da autorização do bispo para saber o que ela e a comunidade acham da ideia".

Pelas coincidências que não se explicam, Madre Angélica é novamente a priora. A mesma que tirara Madre Teresa de Jesus do silêncio imposto anteriormente. A priora diz que não levantará obstáculo, mas, sabendo o que pensam algumas monjas, é clara:

– Fico admirada com tanta coragem. Mas sou franca: penso que você é ativa demais e não tem lá muita vida interior.

– Minhas ideias sobre a fundação são fonte de distração, é verdade. Mas cuido da roupa de vinte irmãs, faço outros trabalhos sem nenhuma ajuda e, graças a Deus, me sinto muito unida a Nosso Senhor.

Madre Angélica responde:

– O fervor é mesmo verdade. Fico contente em saber que o temperamento vivo e expansivo é só na atividade exterior. Vou ajudar em tudo que for possível. Conseguirei uma boa esmola para a fundação e pode escrever aos amigos para pedir donativos. Faremos um noviciado para preparar a missão.

E a conversa segue, já cheia de planos mais concretos. O Carmelo será dedicado ao Sagrado Coração de Jesus. Madre

Angélica fica satisfeita com isso. E pergunta se ela levará os regulamentos trazidos da França pela congregação.

– Claro, madre! E junto vão também os ensinamentos de "Mãezinha", Irmã Inês, e de nosso santo, Padre João Gualberto.

E a priora segue:

– E a cidade? Onde vai ser?

– Ah, Madre Angélica, andei assuntando algumas, mas meus confessores não as recomendam. No momento penso em Juiz de Fora, que fica entre o Rio de Janeiro e Belo Horizonte. É uma cidade de recursos e há várias comunidades religiosas, principalmente de padres.

Madre Angélica sorri satisfeita e lembra que lá mora Lúcia (Maria da Conceição Ribeiro de Oliveira, que todos chamam de "Mainha", antes fora carmelita no Carmelo de Petrópolis e tomara o nome de Irmã Lúcia do Tabernáculo), grande amiga das carmelitas, que pode ajudar muito. Além do mais, o bispo é muito querido de Padre João Gualberto.

A conversa continua:

– Afinal, quem vai com você para a nova fundação?

Madre Teresa pensa na "quadrilha", gela, mas mantém o segredo:

– Ainda não pensei no assunto. Agora só preciso da aprovação das irmãs. Estou nas mãos de Deus, e ele me proverá, porque a obra é dele.

A priora responde:

– Vemos isso depois. A gente acha que ninguém quer sair, mas, na hora certa, o Senhor escolhe quem ele quer. Não vê meu caso? Há trinta e um anos assumi a responsabilidade pela fundação do Carmelo em Pernambuco e, agora, o Senhor já quer que eu tome parte nessa outra também... São os desígnios de Deus.

Rumo a tomar

Um método bastante heterodoxo para os comuns mortais foi escolhido pela "quadrilha" para definir o local do novo Carmelo: a ajuda divina.

Na verdade, Madre Teresa de Jesus sabe como ninguém que o rumo das decisões pode ser uma surpresa. A escolha da cidade, por exemplo, ela não dissera à Madre Angélica, mas ocorrera de modo inusitado.

Durante o período de consultas sobre os locais possíveis para o novo mosteiro, a ajuda divina fora fundamental.

Ela escolhera a porteira externa Maria Martins, que recebe os telefonemas e recados com os convites, de Norte a Sul do país, para ajudar na decisão.

— Tantas cidades o querem Maria, para onde devemos ir? Vamos pedir luzes, que Santa Teresa nos indicará o local.

— Começo hoje mesmo, Madre Teresa.

A leiga, mais que depressa, olha para a imagem da santa e começa:

— Santa Teresa, fundadora de tantos Carmelos, a nossa Teresa de Jesus quer fundar um. Onde ele será?

E a cada vez, diante da mesma imagem, faz a mesma pergunta. No sexto dia da novena, Maria está repetindo a frase, quando uma pena de caneta se solta das mãos da Santa e cai partida em três pedaços. E a porteira ouve: "A fundação é em Juiz de Fora".

Esbaforida, ela junta os pedaços da pena, corre para tocar a campainha da clausura, e pede para falar com Madre Teresa.

– Já tenho a resposta. A fundação será em Juiz de Fora.

E conta com detalhes a história, ao mesmo tempo em que mostra a pena partida. Madre Teresa conclui:

– Maria, está decidida a cidade.

Diante de métodos tão "próprios" para resolver problemas, fica claro porque a conversa com a priora correra tão bem. As mulheres da "quadrilha" têm proteções que os comuns dos mortais sequer imaginam.

Madre Teresa de Jesus termina a conversa exultante. E anota: "Até aqui, só maravilhas. Senti que entre a priora e eu há alguém invisível que resolve tudo de acordo com os planos divinos. Ficou perfeitamente clara para mim a força do poder da oração".

Este 13 de dezembro ficará na história.

Quatro dias depois, Madre Angélica comunica numa conversa particular:

– As irmãs acham o seu projeto arrojado, mas aceitam, se é este o seu desejo.

O novo ano chega. Na primeira quinzena de janeiro, durante um retiro espiritual, Teresita acaba contando sobre a nova fundação ao padre pregador do retiro. A inconfidência é bem aceita. O religioso acha a notícia "muito alvissareira" e aproveita para dar alguns conselhos: levar duas ou três monjas de Petrópolis e não aceitar nenhuma de outros Carmelos, porque costuma não dar certo.

Madre Teresa conta sobre a "quadrilha", fala da leiga Maria Martins, e diz que pensa levá-la. Recebe total apoio.

– Penso que ela deva ser recebida como iniciante dentro da Ordem das Carmelitas, pois virtude tão firme supre a deficiência de instrução.

Padre Macedo gosta da atitude e elogia. Afinal, Maria Martins vem de uma família humilde, mal sabe escrever, mas tem uma vocação explícita. Madre Teresa abre o coração e confessa:

– Sou um fiozinho frágil e desprovido de força e energia, mas o qual Deus liga e pega, liga à corrente do divino motor e... *Fiat Lux!*

Animada com o apoio e sem receber um telegrama sequer de Sua Excelência Reverendíssima, Madre Teresa capricha numa carta. Após as saudações de praxe, escreve:

> Conversei com a superiora e com as madres. Encontrei o mais fraternal acolhimento. O conhecimento de fazer essa fundação foi uma novidade, mas em nada alterou o recolhimento de nossa comunidade. Duas irmãs que conheço de longa data estão dispostas a ir comigo, e nossa Madre vai indicar ainda mais uma. Quanto às dificuldades materiais – de grande interesse, sem dúvida –, não me perturbam, porque sei que existe um banco infalível. E daí sacarei o patrimônio e tanto quanto for preciso para fundar e levantar a casa dele, que já tem nome: Carmelo do Sagrado Coração de Jesus.

Até hoje não se sabe que ponto da carta tocou o tão ocupado bispo. O fato real é que, dois dias depois, ele vai ao Carmelo e todo sorridente autoriza Madre Teresa a dar os passos necessários no que diz respeito à fundação. E completa:

– Agora vejo que Nosso Senhor quer mesmo que minha filha enfrente essa obra, que abençoo de todo o coração.

Terá o pastor de almas tido uma visão ou a insistência daquela carmelita espevitada dobrou-lhe a paciência? Mistério!

Em todo caso, ela corre até os pés do Coração de Jesus e agradece a tão esperada autorização. Conta que parece despertar de um longo pesadelo e, só então, respira. Para deixar clara a gratidão, escreve ao bispo: "Esperei contra toda a esperança, acompanhando os giros da Providência Divina no desenrolar de seus planos. Treze anos de oração e confiança".

O convento reformado

Teresa d'Ávila começa sua fundação naquele pequeno convento e, com o gesto histórico, marca a reforma da Ordem Carmelita e o nascimento das Carmelitas Descalças. Quatro séculos antes, encontramos a carmelita às voltas com seu minúsculo Carmelo de São José. As irmãs vivem de fiar e costurar para garantir algum dinheiro para a comunidade. O cardápio local é pão, ovo e sardinha. Fiéis aos mosteiros do início, elas mal têm o que comer. Na verdade, vivem de esmolas, mas não podem sair pedindo. Em compensação, a vida é rica em oração e reflexão. Tal como a fundadora acha que os conventos devem ser. Os hábitos também são muito diferentes do Convento da Encarnação. Nada de chamar Teresa de senhora, por ser fundadora, e nada de fazer os serviços domésticos por ela. Todas dividem tudo. Qualquer discriminação é eliminada imediatamente.

No entanto, a fundação não é bem-vista em Ávila, porque as pessoas temem que um convento sem recursos se transforme em um peso para a cidade. O prefeito e as patentes pensam até em demolir o Carmelo, tal a quantidade de insultos e vexames contra a fundadora e reformadora. Segundo o Núncio, o povo a chama de "mulher andarilha e inquieta". Mas o dominicano Bañez consegue demover as autoridades da ideia de demolição.

Santa Teresa não perde a paz em meio às perseguições e prossegue colocando a obra nas mãos de Deus. A fundadora conta em suas memórias:

Durante cinco anos permaneci em São José de Ávila. Foram talvez os anos mais calmos de minha vida; sinto muitas vezes saudade do sossego e da quietude de então. No decorrer desse período, entraram na Ordem moças de pouca idade. O Senhor as tirou depressa das vaidades, trazendo-as à sua Casa, dotando-as de tamanha perfeição, que fiquei confusa.

Em alguns meses, com as novas vocações, as cinco monjas do início já viraram treze. Para alegria da priora, ultrapassam o número dos apóstolos de Cristo.

Para marcar em definitivo a diferença dos mosteiros em moda e seus desvios de origem, Teresa resolve fazer um gesto que entra para a história.

No meio do ano de 1563, durante uma festa religiosa ela tira os sapatos, e tal gesto vira o símbolo da reforma. A partir daí, passam a ser conhecidas como Carmelitas Descalças, em oposição às freiras muito bem calçadas, que vivem em conventos cheios de visitas, com suas conversas irrelevantes, discriminação social, mordomia e pouca oração.

As irmãs do São José passam a andar descalças como postura de renúncia ao mundano e entrega à causa de Deus.

Para completar a reforma, transformam os minúsculos quartos ou celas em pequenas capelas – chamada ermidas – para retomar o espírito dos antigos eremitas. Ali ficam a sós com Deus.

Teresa de Ávila continua tendo suas visões de Cristo. Perto dos 40 anos, conta ter descoberto as doçuras do amor dele: que os prazeres não são apenas espirituais, mas também sensuais, assim como quem fica embriagado de amor.

A santa tem um período de "visões imaginárias" que duram três anos e, em seguida, outro período com novas graças místicas que persistem por mais de três. Um deles, a liturgia chama de transverberação, quando Teresa é flechada por um anjo. Ela descreve:

> Quis o Senhor que eu tivesse algumas vezes esta visão: eu via um anjo perto de mim, do lado esquerdo, em forma corporal (imaginária), o que só acontece raramente. Muitas vezes me aparecem anjos, mas só os vejo na visão passada (intelectual) que falei. Nesta visão quis o Senhor que o visse assim: não era grande, mas pequeno, formoso em extremo, o rosto tão resplandecente, que parecia aqueles anjos muito elevados que se abrasam. Devem ser os que se chamam querubins, já que não me dizem os nomes, mas bem vejo que no céu há tanta diferença entre os anjos que eu não saberia distinguir. Vi que trazia nas mãos um comprido dardo de ouro, em cuja ponta de ferro julguei que havia um pouco de fogo. Eu tinha a impressão de que ele me perfurava o coração com o dardo, algumas vezes, atingindo-me as entranhas. Quando o tirava, parecia-me que as entranhas eram retiradas, e eu ficava toda abrasada num imenso amor de Deus. A dor era tão grande, que eu soltava gemidos, e era tão excessiva a suavidade produzida, que a alma não desejava que tivesse fim, nem se contentava senão com a presença de Deus. Não se trata de dor corporal, mas espiritual, se bem que o corpo também participa, às vezes muito. É um contato tão suave entre a alma e Deus, que suplico à sua bondade que dê essa experiência a quem pensar que minto... Para meu pesar, isso começou a ser divulgado. Quando começa essa dor de que falo agora, parece que o Senhor arrebata a alma e a leva ao êxtase, não havendo como ter mágoa ou padecer, porque o deleite logo vem.

Volta e meia Teresa também tem levitações. As irmãs que acompanham a cena já nem se assustam mais. Só cuidam para que ela não tenha aterrissagens doloridas.

Nesse meio-tempo, a priora, ao ler a vida dos santos e sua dedicação em salvar almas, começa a rezar para encontrar um meio de oferecer sua vida para essa causa. Certa noite, preocupada com o assunto, ela diz que Nosso Senhor aparece e a consola dizendo: "Espera um pouco filha, e verás grandes coisas".

Teresa não tem a mínima ideia de como isso iria acontecer.

Em 1566, o franciscano Francisco de Maldonado visita o Carmelo de São José, após ter passado dez anos como missionário na América, há pouco descoberta. Relata às monjas as condições do novo mundo e as dificuldades da sua missão, antes de fazer exortações piedosas às irmãs e partir, deixando os corações das monjas bem apertados. A santa revela uma tristeza profunda diante da perdição de tantas almas. Que almas seriam? Os índios, os colonizadores? Ela não explica. Só se sabe que a fundadora perde um irmão em conflitos no mesmo Novo Mundo.

Cheia de angústia, a carmelita vai até a capela e, coberta de lágrimas, clama a Nosso Senhor por recursos para salvar uma única alma, já que tantas o demônio leva. Pede ainda ao Senhor que sua oração seja fortalecida, pois outra coisa não está ao seu alcance.

Num dos testemunhos, Teresa sente muita inveja dos que, por amor a Deus, podem dedicar a vida à salvação das almas, mesmo em meio a mil mortes. E explica: "Deus valoriza mais o esforço e a oração para ganharmos para ele uma alma, por sua misericórdia, do que todos os outros serviços que lhe possamos prestar".

Interessante lembrar que sempre o binômio esforço e oração está na raiz dos pensamentos da santa.

Fica sempre com o coração apertado por poder apenas rezar, e não ter outros meios para a conversão das almas, como a pregação e o contato físico e direto. Por isso, ela pensa nos frades descalços, que serão os braços missionários que ela precisa em sua obra. A missão apostólica será o objetivo primeiro da gestação dos descalços.

A crise na Igreja segue forte, o protestantismo avança e a inquisição dirige o seu foco para novas vítimas. Preocupada com a situação geral, e mais ainda com os rumos da Espanha, alguns meses depois, em um dia de 1567, Teresa recebe a visita do superior-geral do Carmelo, João Batista Rúbeo de Ravena, um italiano que também acha que os Carmelos andam fora dos trilhos. Para que se tenha uma ideia do significado, os superiores-gerais moram em Roma e sequer vão à Espanha. Então, ela escreve: "Quando Deus quer, nada é impossível. E Sua Majestade ordenou que ele aparecesse, o que nunca ocorrera até então".

Rúbeo de Ravena fica encantado com a pobreza do convento das descalças e, mais ainda, com a vida de total dedicação à oração que as irmãs levam. E pergunta:

— Já pensou em abrir outros conventos?

— Sim, pensar, eu pensei, mas as dificuldades são enormes. Para fundar este aqui, tive tantas lutas... Além do mais, já tenho 52 anos, e não sei se possuo força física para criar outra fundação.

— Pois deve ter sim, filha. Estamos em um momento muito delicado. Precisamos de reforma. A Igreja vai mal das pernas. A partir de agora, fica dada a autorização, que trago do Papa Pio V, para reformar. Não podemos perder tempo.

— A licença vale também para os homens?

— Sim. Vale.

Teresa d'Ávila faz a pergunta, por achar que a reforma tem que ser para os homens também. E, animada com as palavras do superior, conversa com as monjas e promete:

– A partir de agora, para cada templo protestante, vamos construir um convento reformado.

Depois de uns poucos tempos de paz no sossego da oração, em 13 de agosto de 1567, acompanhada de sete monjas, segue para Medina Del Campo. A cidade, ao norte de Ávila, é das mais ricas da Espanha. O comércio é forte e a fundação tem tudo para dar certo ali. A carmelita, agora com autorização oficial, junta uns trocados e pede que aluguem uma casa sem luxo, mas que seja um Carmelo bem visível. Ela pensa entrar em Medina com toda a festa possível, como merece Cristo, Sua Majestade.

Mas, enquanto viaja de carroça em direção à cidade, tem que mudar os planos. No meio do caminho fica sabendo que a Ordem dos Agostinianos não quer saber de mulheres por perto. A madre, então, divide o grupo. Deixa algumas monjas num povoado próximo e vai com outras sondar o terreno.

Batem às portas dos carmelitas. O Prior Antônio de Jesús Heredia recebe o grupo. No dia seguinte, elas vão ver a casa alugada. Tudo em péssimo estado. Teresa d'Ávila diz às monjas:

– Não vamos desanimar. A capela ficará na entrada, para que Jesus fique bem à vista. Fechamos esta porta, colocamos uma grade com treliça e ficamos assistindo à missa por trás das portas. As celas ficam mais para os fundos.

Foram necessários dois meses para acertar paredes desmoronadas, empurrar terra para fora do prédio, construir as pequenas celas... E o tempo todo se ficava de guarda para que não atacassem o Santíssimo, que se encontrava muito exposto em tais condições. Com tantas pessoas indo e vindo, passando pela frente da casa, ninguém podia garantir que não apareceria um protestante.

E assim é montado o convento de Medina. Enquanto cuidam da reforma, a madre trata das relações com as outras ordens. Diante das exposições dela, os agostinianos prometem não fazer campanha pública contrária. As outras monjas chegam e, em pouco tempo, tudo está arrumado.

O Frade Antônio de Heredia vai diariamente ao convento das carmelitas, a fim de conversar com as freiras. E fica cada vez mais impressionado com o relato de Teresa d'Ávila sobre o convívio com Deus. Pensa em aderir à reforma, mas ela acha que ele não está maduro para a tarefa. Mas, depois de um ano de convivência e muitas provas, a carmelita julga que ele está apto.

Aí começa a reforma no mosteiro masculino. O Prior Antônio Heredia adota o nome de Antônio de Jesus e se considera o primeiro carmelita descalço.

Pouco tempo depois, João de São Matias chega a Medina Del Campo, recém-saído da Universidade de Salamanca. O jovem, perto dos 25 anos, celebra a missa na cidade da mãe. Ao conhecer Teresa d'Ávila, simpatiza imediatamente com os pensamentos dela sobre a pobreza nos conventos e as necessidades de mudança. Ela, por sua vez, acha aquele pequeno frei firme o suficiente para fazer a primeira fundação. Em questão de meses, estão acertados. Ele também será um carmelita descalço.

Diante da situação, Santa Teresa comunica às monjas:

– Pronto. Para a fundação masculina já temos um exército de um homem e meio. Só que o meio é o novo que chegou.

É uma referência a Frei Antônio de Jesus, a quem ela atribui muita vaidade para ser o fundador de um Carmelo Descalço. Já Frei João de São Matias, ela considera a pessoa ideal. Místico como ela, e com o mesmo ideal de agir no mundo anunciando o Evangelho como vida a ser vivida.

Enquanto ele cuida das autorizações para a reforma dos carmelitas, ela segue para uma terceira fundação, depois de haver deixado bem firme o Carmelo reformado de Medina. Nos mesmos moldes do anterior, a madre leva um grupo de monjas e outras ficam para seguir a vida de oração no convento fundado há pouco.

Em agosto de 1568, Frei João de São Matias acompanha a carmelita andarilha a mais uma de suas fundações, dessa vez, em Valladolid, para ver de perto como é a vida reformada na prática. Ela está com 53 anos e muito animada com os novos mosteiros que prevê pela frente. No fim de novembro, para alegria da fundadora, é inaugurado o primeiro convento dos Carmelitas Descalços, e Frei João assume o nome de João da Cruz, hoje um dos santos mais admirados daquele século.

Mãos à obra

De volta ao século XX, com a autorização das pequenas e grandes autoridades eclesiais, Madre Teresa de Jesus, aos 58 anos, está pronta para dar a partida na construção do novo Carmelo. Ainda não há dinheiro para comprar terreno, erguer um prédio ou tocar qualquer coisa. E não existe parente rico para financiar nada. Mas ela entra em ação para conseguir fundos suficientes para comprar o terreno e fazer a construção.

Com a disposição de quem sabe para onde quer ir, a madre escreve um bilhete atrás de uma solução, digamos, nada convencional:

> Meu São José do Poder, estou de mãos vazias e sem um centavo para empreender tão grande obra. Nesta hora, deposito em vossa mão poderosa esta bolsinha, que passa a ser o esmoleiro do novo mosteiro. Precisamos de dois milhões de cruzeiros para o Carmelo Sagrado Coração de Jesus. É essa soma que venho pedir do vosso poder. Para garantia dessa minha súplica, firmo meu nome: Irmã Teresa de Jesus, 9 de fevereiro de 1956.

Em seguida, dobra o papel, põe numa bolsinha de pano e encaixa nas mãos de uma imagem de São José.

Em paralelo, Madre Teresa trata de cuidar dos trâmites terrenos. Faz contatos por cartas com pessoas de Juiz de Fora, para saber se um novo convento será de interesse da comunidade. Escreve a Mainha, que estivera no Carmelo de Petrópolis, com o nome de Lúcia do Tabernáculo, mas que saíra por motivo de saúde. Anos depois, lá está Maria da Conceição Ribeiro de

Oliveira, a Mainha, lendo: "Hoje escrevo em linhas corridas. Depois, quando no reloginho de Jesus soar a hora H, escreverei mais longamente e, então, será visando aos interesses do Pai. Por enquanto, ponha mais óleo na lamparina, numa prece fervorosa".

Mainha entende que a fundação sonhada por Madre Teresa de Jesus está a caminho. E que a cidade está escolhida. Começa a falar com as amigas sobre a bênção que será para Juiz de Fora a chegada de um novo Carmelo.

Uma semana depois, ela recebe outra carta: "Soou enfim a hora marcada pelo Pai. Deste nosso Carmelo uma raizinha vai se estender até as plagas de nosso torrão mineiro. Já se acha em via de realidade o que por muito tempo esteve germinando no silêncio da oração. Contando com todas as bênçãos e autorizações – ou, como dizia nossa Santa Madre Teresa, com todas as patentes –, aí vamos nós". E pede a ela que sonde junto às patentes locais como seria a acolhida de uma nova comunidade religiosa.

Para começar, o bispo da cidade, Dom Justino José de Santana, diz não poder ajudar financeiramente. Ele está construindo a catedral e a prioridade dos donativos dos fiéis vai para o grande empreendimento. Ele acolhe o novo Carmelo com carinho, mas não pode dar ajuda material.

A fundadora não se intimida. Consulta um, escreve a outro, até que propõe a formação de uma comissão para fazer as tratativas sobre o terreno, construção do prédio e levantamento de fundos. Essa parte por baixo do pano, é claro, para não mexer com Sua Excelência Reverendíssima e sua catedral. Muitas são as opiniões; porém, onde conseguir dinheiro, ninguém o sabe.

Paralelamente, Madre Teresa de Jesus começa a batalha para obter a autorização oficial para o novo Carmelo. Muitas visitas depois, a comissão consegue, no fim de novembro de 1956, um "tudo bem" por escrito e ainda com a bênção do Reverendíssimo.

Agora, o novo passo é conseguir como financiar a construção. Novos santos são incorporados às novenas em benefício do novo mosteiro.

Após dezenas de cartas, idas e vindas, a mão salvadora!

Presença do Banco Infalível

As orações da "quadrilha" surtem efeito e o dinheiro aparece: o advogado Celso da Rocha Miranda, que trabalha no Rio de Janeiro e mora em Petrópolis, perto do mosteiro, tem admiração pela vida reclusa daquelas irmãs sempre atrás de grades e véus.

Aos 18 anos, Doutor Celso participara da cerimônia de mudança do antigo convento de uma casa velha, na Avenida Ipiranga, para o prédio novo na Avenida Rio Branco. Durante a missa, Irmã Filomena, dona de uma voz celeste, recitara um poema musicado que marcou muito o rapaz. Ele ficou tão maravilhado, que na hora prometeu: um dia vou fundar um Carmelo. Agora, aos 40 anos, bem-posto na vida, tem essa chance. Além do mais, ele é sobrinho de Jorginho, aquele do sanduíche, que desde a adolescência dos dois seguira muito amigo de Madre Teresa de Jesus.

Doutor Celso, ao saber das necessidades dela, manda a mãe ao convento para dizer que vai financiar a compra do terreno. Maria Luíza Guerra da Rocha Miranda, que criara os filhos com a orientação, primeiro de Madre Maria de São José e, depois, da sobrinha, Madre Teresa de Jesus, corre ao Carmelo radiante e diz:

– Afinal, Madre Teresa, uma carmelita que ajuda uma mãe a educar espiritualmente os filhos tem que ser recompensada. Celso quer doar 600 mil cruzeiros para a fundação.

Resposta emocionada.

– O Banco Infalível do Coração de Jesus está em ação. Ele é a nossa sorte grande, a mão gigante da providência divina do Pai que não falha jamais.

No dia seguinte, o bispo de Petrópolis é avisado da doação. Segue nova carta aos amigos de Juiz de Fora.

Vendo que tudo começa a andar, Madre Teresa resolve cuidar da situação da leiga Maria Martins, a única da "quadrilha" que ainda não é freira. Depois de dez anos de serviços prestados na portaria do convento, ela é a própria encarnação de uma carmelita. Além do que, está nos planos da fundadora, ela seguirá para o novo convento, já que participara na escolha da cidade com tanto fervor.

Decidido o momento, ela procura a Madre e comunica:

– Vou fazer uma fundação. Este Carmelo já tem vinte e duas Irmãs e eu vou levar a Maria. Ela não vai fazer falta aqui.

– Como? Ela chegou aqui com 50 anos, e não foi aceita. Agora, com 60, é que vai entrar?

– Se ela tivesse 70, ainda assim, eu a levaria comigo.

Diante da firmeza de Madre Teresa de Jesus, a outra consente:

– Já que é assim, ela entra aqui mesmo e vai mais preparada para lá.

É bom esclarecer: a leiga não fora aceita dez anos antes porque o convento de finas origens não quis uma mulher pobre, cardíaca e simplória como carmelita.

Em julho de 1957, a superiora reúne o conselho de monjas e expõe o assunto. Maria Martins é aprovada e toma o nome religioso de Irmã Maria Amada.

Vencido esse percalço, Madre Teresa de Jesus volta a pensar em Juiz de Fora. A procura pelo terreno aumenta. Padres, freiras e monges de diferentes congregações passam a dar sugestões.

Um dia, um velho padre, da Congregação do Verbo Divino, sai para uma caminhada, e perto da Academia do Comércio vê uma chácara à venda. Entra e enxerga um pequeno bangalô cercado de um belo pomar. À frente, uma vista da cidade de tirar o fôlego. Atento às necessidades das carmelitas, pensa: "Esse é o local ideal". Volta para casa e anuncia ao irmão de batina:

— Padre Pimenta, Cabral descobriu o Brasil e eu descobri o terreno do Carmelo.

Imediatamente, Madre Teresa de Jesus é avisada em Petrópolis. E logo decide fazer uma inspeção no local para ver se é mesmo o que precisam.

Organiza uma viagem a Juiz de Fora, com Irmã Maria de Lourdes. Com alegria, a comissão local a postos começa a expedição. A maioria gosta do local, só que as freiras acham a casa pequena demais. Mas os olhos da fundadora enxergam longe: atrás há uns lotes à venda. Eles podem ser comprados, e ali dá para fazer nova casa, horta etc.

O engenheiro que fará a obra desenha um esboço das mudanças provisórias, mas necessárias, e as duas voltam com os desenhos para mostrar às madres de Petrópolis e ao benfeitor, Celso da Rocha Miranda.

Uma tarde, Irmã Maria Amada está numa das novenas encomendadas por Madre Teresa, desta vez pedindo pelo socorro para a compra dos terrenos dos fundos, quando toca a campainha. Ela vai atender.

— Quem é o senhor?

— Celso da Rocha Miranda.

Ela rapidamente chama Madre Teresa de Jesus, que expõe a situação.

– Pode comprar o que precisar e me apresente a conta. Está resolvido o problema. Ele concorda também em comprar os lotes de trás para a construção, no futuro, de um prédio definitivo. Até a fundadora fica admirada com o poder das orações daquela noviça. E, na volta, comenta:

– Irmã Maria Amada, que fervor! Eu, com São José do Poder, você com a Mãezinha do Céu, mais as Irmãs Lourdes e Rosa Branca com as devoções delas... vou sem medo. A "quadrilha" está bem protegida.

E ri...

Descalços com o pé na estrada

Teresa d'Ávila, contente com a autorização recebida das altas patentes para fundar novos conventos, conta que Rúbeo de Ravena vê na prática de sua pequena fundação a vontade que ela tem de ajudar as almas a caminharem para Deus.

Ela escreve: "A alma, quando assaltada pelo desejo de servir, não tem condições de contê-lo. A fé e a vontade amorosa de agradar a Deus tornam possível o que pela razão não o é".

O ano de 1568 traz várias surpresas para a fundadora.

Na época, ela está em Medina Del Campo, alegre da vida por ver que as irmãs seguem à risca a vida de austeridade proposta pela regra descalça e que os benfeitores estão provendo o convento do necessário. Nisso, recebe a notícia de que Dona Luísa de La Cerda quer fazer uma fundação em sua vila em Málaga, distrito de Ciudad Real.

Teresa conhece a senhora da nobreza há sete anos, época em que ficara viúva e pedira ao provincial que a carmelita passasse um tempo em sua companhia, pois tinha perdido a alegria de viver. Na época, a santa não entendera o recado de Sua Majestade, que a tirava de seu convento com um pedido desse. Mas, ao consultar as patentes, todos a aconselharam a ir. Então, nos idos de 1561, com a convivência em casa de Dona Luísa, as duas criam laços de amizade. Teresa anota:

> Obedeci ao reitor e, com o que entendera na oração, parti sem medo. Um grande consolo meu era o fato de haver uma

> casa da Companhia de Jesus naquele lugar para onde ia, o que me parecia dar muita segurança, pois estaria sujeita às suas ordens, lá como cá.
>
> Pela vontade do Senhor, aquela senhora se consolou tanto, que passou a ter de imediato pronunciada melhora... Era muito temente a Deus e tão piedosa, que a sua grande religiosidade supriu o que me faltava. Ela tomou-se de grande afeição por mim, e eu também gostava muito dela, por ver sua bondade.

Nesse período, Teresa recorre ao auxílio espiritual do Padre Pedro Domenech, o superior dos jesuítas do mosteiro da Companhia de Jesus. As relações espirituais dos dois são constantes, e ela sente um alívio enorme por ter com quem se comunicar, já que na casa da nobreza a vida de aparências prevalece.

A santa descreve:

> A preocupação de ter a compostura correspondente ao seu estado não deixa essas pessoas viverem; elas comem fora de hora, de qualquer jeito, porque tudo deve corresponder à dignidade, e não ao temperamento. Por isso, desprezei totalmente o desejo de ser senhora – Deus me livre, contudo, da má compostura! –, se bem que aquela, apesar de ser das mais importantes do reino, seja talvez insuperável em humildade e afabilidade. Eu tinha pena, e ainda tenho, de vê-la forçada, muitas vezes, a ir contra as suas inclinações para atender às exigências de sua condição.

Por essa convivência tão próxima com Dona Luísa, Teresa agora, sete anos depois, não pode deixar de atender ao convite dela para uma nova fundação.

A madre narra:

Sabendo que eu tinha licença para fundar mosteiros, a referida senhora começou a insistir comigo para fazê-lo numa vila chamada Málaga. Eu não o pretendia de forma alguma, por ser o lugar tão pequeno que nos obrigaria a ter renda para manter o mosteiro, coisa a que eu me opunha terminantemente.

Mas, o confessor de Teresa, Padre Domingo Bañez, que se opõe à pobreza extrema para as ordens religiosas, a convence dizendo:

– Filha, se tem licença do Santo Concílio, não é bom deixar de fazer a fundação por uma opinião sua, já que lá você pode servir tanto ao Senhor.

Diante dessa posição, ela decide levar, como fundadoras, duas monjas de Medina e cinco da Encarnação de Ávila. Ficam oito dias no castelo (ou "fortaleza", segundo a população local) de Dona Luísa, até que os últimos arranjos para a instalação do mosteiro são ultimados.

E assim, em 11 de abril de 1568, domingo de Ramos, Teresa vai com o povo em procissão inaugurar o Convento de São José de Málaga. Ela lembra: "Com os véus caídos sobre o rosto e capas brancas, dirigimo-nos à igreja do lugar, onde houve uma pregação, levando-se, a partir dali, o Santíssimo Sacramento ao nosso mosteiro".

Com as coisas arranjadas e as novas monjas instaladas, Teresa começa as tratativas para outro pombal. Cinco meses antes da fundação de Málaga, um jovem fidalgo, Dom Bernardino de Mendoza, irmão do bispo de Ávila, oferece a Teresa fazer um mosteiro em Valladolid. Garante dar às irmãs uma boa casa, com horta espaçosa, onde há uma grande vinha e que fica junto ao rio. Ele faz questão de doar a propriedade chamada Rio de Olmos, de grande valor, e a fundadora aceita. Porém, ela tem dúvida sobre o local de fundação, pois fica a mais de um quilômetro do povoado. Depois, pensa que pode fazer a fundação no local e, mais tarde, transferir o mosteiro para a cidade.

Juliano de Ávila e João da Cruz acompanham a carmelita andarilha a Valladolid, para ver de perto como é a vida reformada na prática. Ali eles aprendem sobre o comportamento da ordem vivendo diretamente a experiência de como fazer uma fundação.

No dia de São Lourenço, Teresa inaugura o novo convento descalço. Com alegria, ela toma posse, mas se angustia porque o local é insalubre por ser muito perto do rio. Porém, é o que tem no momento. E nada comenta com as irmãs para não criar desânimo.

Só que a realidade logo aparece. As monjas começam a ficar doentes e têm muita dificuldade de se manter, porque o convento fica longe da cidade.

Uma senhora do local, Dona Maria de Mendoza, socorre Teresa e oferece uma casa no centro, para onde as carmelitas se mudam no dia de São Brás. Uma procissão, com as autoridades eclesiais e muita gente do povo, acompanha as descalças. É uma ocasião para festa na cidade, porque a população sente como uma bênção a chegada de um mosteiro, ainda mais de monjas tão voltadas para a oração.

Um tempo depois, ali se refugia, aos 12 anos, Cassilda de Padilha, uma nobre, noiva, que deseja abandonar os muitos bens herdados para seguir os passos dos irmãos de sangue já religiosos, um jesuíta, uma franciscana e uma dominicana.

A entrada da nova carmelita parece roteiro de filme. Ela aproveita uma visita ao convento com a mãe e, na primeira oportunidade, entra na clausura e declara:

– Daqui não saio mais.

A priora chama o padre, que logo percebe uma vocação clara. Porém, é necessário manter as aparências junto ao noivo, para não deixar a mãe em maus lençóis. Assim, a adolescente volta para casa, e a mãe vai logo contando o incidente aos parentes, a fim de mostrar que não concorda com aquela atitude de criança. Só que o noivo fica sabendo. Mas ela não se dá por vencida.

Com a imagem da mãe resguardada, pois deixa claro que se opõe ao gesto da filha, Cassilda resolve não esperar o noivo voltar de viagem. Na primeira oportunidade, com o pretexto de um passeio, pede aos criados:

– Juntem um feixe de lenha, que vamos levar até a porta do convento. Quando chegarmos, batam na porta e avisem que há madeira para o fogo.

Os criados a obedecem. Ao chegar à frente do mosteiro, ela diz:

– Batam na porta, peçam um copo de água e informem sobre a lenha.

Quando chegam, Cassilda de Padilha desce rapidamente da carroça. Os empregados pedem a água, oferecem a lenha, e a porta se abre. Ela entra correndo e abraça a imagem de Nossa Senhora que está na entrada da clausura.

Logo a priora aparece, a moça suplica e chora muito. Pede para ficar. Os criados batem à porta pedindo que volte, mas nada a demove. Cassilda vai até a grade e pede que eles contem o ocorrido à mãe. Daí em diante, de nada adianta o pedido da mãe e do noivo, quando este volta de viagem. A explicação que dá a todos é que os deixa por Deus. Nem mesmo o uso da força, através de uma provisão real, a demove de sua ideia. Embora levada à casa da mãe por decreto da autoridade local, novamente, na primeira oportunidade retorna ao convento. Dessa vez, tão logo as monjas a veem, entendem que nada há a fazer. Ela recebe o hábito e passa a servir a Deus com enorme contentamento, humildade e desapego.

O convento de Valladolid tem ainda outra religiosa que se destaca pela vivência do carisma descalço. Beatriz de La Encarnación, parente de Cassilda de Padilha, entrara no convento antes dela, e tem uma vida de tanta dedicação, que é considerada uma santa por todos, leigos e "patentes eclesiais".

Beatriz tem uma vida religiosa curta. Toma o hábito em 1569, faz a profissão no ano seguinte e morre três anos depois. Porém, ela deixa um exemplo tal de virtudes, que Santa Teresa passa a utilizar o testemunho de sua vida nas lições às monjas.

A fundadora conta que Beatriz nunca proferira "uma palavra repreensível" e "nunca reclamara de nada". Além disso, tivera um grande zelo pelo bem-estar eterno das almas.

Tudo começa quando Beatriz ouve dizer que alguns hereges serão queimados na fogueira em Valladolid. Ela pede a Deus pela salvação de suas almas e, em troca, promete que irá suportar com resignação paciente todas as provações e sofrimentos de sua vida. Na noite da execução, antes de morrer, os condenados dão sinais de arrependimento. Beatriz sente uma inflamação interna repentina que lhe causa muito sofrimento. E passa a ter um sem-número de outras doenças.

Pois bem, nesse tempo de provações, duas atitudes chamam a atenção de Teresa. Em primeiro lugar, não o sofrimento de Beatriz, e sim a paciência para suportar o padecimento. Depois, a forma como ela exercita a paciência para aguentar tudo que passa.

A fundadora conta:

> O fato é que, tomando informações com as irmãs do convento, não encontrei nenhuma que tivesse visto nela alguma coisa que não fosse de uma alma muito perfeita... Falo de Cassilda e Beatriz, para mostrar a quem tem dificuldades que se esforce para imitá-las e para que todas nós louvemos ao Senhor, que assim faz resplandecer a sua grandeza em umas fracas mulheres.

A outra alegria da fundadora no fim daquele ano é a inauguração do primeiro convento dos Carmelitas Descalços.

Hora e vez dos Descalços

Santa Teresa narra, no livro das fundações, que pensa na fundação do convento masculino dos descalços, porém, ainda não tem autorização das patentes nem condições de conseguir casa, assim, encomenda a questão a Nosso Senhor.

Eis que, então, aquela promessa de Cristo a Teresa – "coisas maiores verás" –, que ela de início não entende, se cumpre.

O padre-geral João Batista Rúbeo é entusiasta da ideia de fundar novos mosteiros, mas a própria santa não tem coragem de pedir pessoalmente a ele a fundação de frades reformados, importante para sustentar espiritualmente o Carmelo feminino. É necessário, porém muito difícil, que o próprio Rúbeo, ao interceder a um pedido do bispo de Ávila pela fundação de um mosteiro masculino, receba do governante da Ordem uma negativa sobre o assunto. A patente teme dificuldades em províncias tão difíceis como a espanhola.

É aí que Teresa entra com sua habilidade. O ponto mais frágil do padre-geral é sua devoção a Nossa Senhora. Escreve a ele e explica, com muito jeito, por que um mosteiro masculino contribuiria para a glória de Deus. De passagem, mostra que qualquer inconveniente não deve ser motivo suficiente para abandonar uma empreitada tão santa. E, para finalizar, toca em seu calcanhar de aquiles e o fisga. Expõe o quanto isso estará a serviço de Nossa Senhora, de quem ele é devoto.

A súplica é certeira. Em 16 de agosto de 1567, de Barcelona, onde se encontra, o padre-geral dá à madre a autorização de fundar dois mosteiros de frades reformados, desde que tenha o consentimento das patentes de Castilla. A fundadora consulta os provinciais nomeados e, com surpresa, recebe a notícia de que eles não têm nenhum obstáculo.

Dessa forma, o trâmite legal para a fundação dos frades acaba sendo bem mais tranquilo que o enfrentado por Teresa para a fundação do primeiro mosteiro feminino. O acontecimento é maior ainda porque um mosteiro masculino será a concretização missionária que ela sonha – embora a fundadora não "veja" ainda como se desenvolverá.

Dias depois da autorização, Frei Antônio Heredia bate na porta do convento de Ávila e pede para falar com a reformadora. Ela vem até a grade e ele, esbaforido, conta:

– Madre, Dom Rafael Mejia Velasquez soube que a senhora quer fazer uma fundação dos descalços. Ele acompanha seu trabalho missionário e dará uma casa, em Duruelo, um lugarejo que tem um pequeno povoado a quarenta quilômetros de Ávila.

Teresa fica muito agradecida e, quando parte para a fundação de Valladolid, aproveita para inspecionar o local. Depois de procurar e procurar, a comitiva encontra a casa. Está em tão péssimo estado, que não dá nem para dormir ali. Vão todos passar a noite na pequena igreja local. Mas a casinha tem um portal razoável, um quarto, um sótão e uma pequena cozinha. E, para não adiar muito as coisas, Teresa decide que o convento começará ali. Pretende fazer a igreja no portal, o coro no sótão e o dormitório no quarto. E, então, segue para a fundação de Valladolid com João da Cruz e as monjas, que lá ficarão após a fundação. Durante os três meses que ele a acompanha nessa jornada, a madre o toma por seu confessor e o instrui acerca do espírito da vida reformada.

Quando os dois voltam, a casa já está adaptada segundo as indicações da fundadora. E, mais importante, as licenças de todas as patentes já estão em mãos. Assim, no dia 27 de novembro de 1568, chegam a Duruelo Dom Antônio, que renunciara ao priorado para seguir a regra primitiva, Frei José, um irmão leigo, e o provincial, Frei Alonso. Teresa diz:

– Frei Antônio chega à sua casinha com o maior encanto do mundo. Já João, de espírito silencioso, parece que sempre esteve lá.

No dia seguinte, o Carmelo é oficialmente inaugurado e dedicado a Nossa Senhora do Carmo. Os três religiosos tomam o hábito dos descalços e renovam a profissão, assumindo os novos nomes: Antônio de Jesus, João da Cruz e José de Cristo. O último tem paradeiro incerto. Mas Frei Antônio e Frei João iniciam a nova vida com entusiasmo. Sequer conseguem ver algum defeito na casa.

Caminham descalços pelo terreno, cultivam ervas no quintal, dedicam horas e horas à oração, e ainda recebem as pessoas do minúsculo lugar.

Na Quaresma de 1569, Teresa passa por lá, a caminho da fundação de Toledo. Chega pela manhã e encontra Frei Antônio, todo alegre, varrendo a porta da Igreja. Ela se surpreende e pergunta:

– Que é isso, meu padre? Que é feito da honra?

– Madre, eu maldigo a época em que a tive.

Ao entrar na Igreja, nova emoção:

> Fiquei espantada ao ver o espírito que o Senhor ali pusera. Não só eu, mas dois mercadores que me acompanhavam desde Medina. Eles não paravam de chorar. Havia tantas cruzes! Tantas caveiras! Nunca vou me esquecer de uma cruzinha de

madeira perto da água benta. Tinha pregada uma representação de Cristo em papel. Parecia produzir mais devoção que uma peça bem lavrada.

E Teresa segue contando as transformações no primeiro convento dos descalços. O coro fica no sótão, cuja metade é alta; dali se recitam as orações, mas é preciso que as pessoas se abaixem muito para conseguir ouvir a missa.

Os monges constroem duas ermidas ao lado do portal, tão baixas que para entrar nelas só agachado ou deitado. Estão cheias de feno e há uma pedra para colocar as cabeças, porque o lugar é muito frio e o telhado quase toca os corpos.

Teresa fica sabendo pelos leigos do Carmelo que é ali que eles ficam de meia-noite às cinco da manhã. Tão embebidos na oração, que se colocam do lado de fora e, no inverno, sequer sentem a neve que lhes cobre os pés. O semblante dos dois é de felicidade.

Com o tempo, os dois começam a pregar em vários locais, a mais de seis quilômetros do convento, pois ali perto não há nenhum mosteiro. A madre fundadora conta: "Num tempo curto, era tamanho o crédito que tinham. que, quando isso chegou a meu conhecimento, fiquei muitíssimo consolada".

Eles andam descalços vários quilômetros, enfrentando neve e frio – porque só depois veio autorização para calçarem alpargatas. Após terem pregado e confessado, voltam bem tarde para comer no Carmelo. Teresa observa: "Com o contentamento que eles sentem, isso nada representa para eles".

Fonte de água viva

O convento dos descalços tem alimentos abundantes, porque, uma vez que pregam cada vez mais longe, mais habitantes desses vilarejos enviam comida. Em pouco tempo, passam a receber cavalheiros para a confissão. Um deles, Dom Luís, conhecido como Senhor das Cinco Vilas – por ser dono das terras desse número de povoados –, constrói uma igreja para uma imagem de Nossa Senhora que viera de Flandres, entre a Bélgica e a França, como doação de parentes. Muito apegado à santa, quando percebe que está próximo da morte, ele a doa a Frei Antônio de Jesus e manda construir para os frades descalços um mosteiro pequeno, em Mancera, com direito a vestes adequadas a religiosos.

A região não tem água e então, para a construção do convento, o prior Frei Antônio reúne na clausura os frades que entraram no convento ao longo dos anos, e diz:

– Precisamos de água. A situação está insustentável.

Nesse momento, levanta seu cajado e sua mão, como que guiada pelo divino, faz uma sinal da cruz com o bordão e aponta um local.

– Cavem aqui. Comecem a cavar aqui.

E acontece um milagre! Tão logo começam a mexer na terra, sai tanta água, que é até difícil conter o poço. E água de qualidade, o que permite ainda que os frades possam beber dela. Assim, terminam a construção do mosteiro e essa água nunca se esgota.

Na mesma ocasião, cercam uma horta, cavam por todos os cantos e não encontram uma gota sequer.

Teresa atribui esse milagre ao bom exemplo de oração e penitência dos descalços, cuja fama de santos alcança a quilômetros de distância. Ela conta que, recebendo a visita de um casal amigo, eles passam o tempo todo falando do bem que os frades fazem a toda a população da região e da santidade daqueles religiosos. A madre afirma:

> Não me farto de dar graças a Nosso Senhor, com imenso gozo interior, porque me parece haver um princípio muito proveitoso para a nossa Ordem e para o serviço do Pai. Os mercadores que foram comigo diziam que por nada desse mundo gostariam de ter deixado de estar ali. Que coisa é a virtude! Mais lhes agradou aquela pobreza que todas as riquezas que possuíam, e eles se fartaram de consolar a alma! Entendi ser aquele mosteiro uma graça muito maior do que a que ele me fazia na fundação de casas de monjas.

Aí ela percebe que é uma das muitas "coisas maiores" prometidas por Jesus!

Ao mesmo tempo, Teresa avalia que monjas e frades da mesma Regra, com os mesmos ideais, a mesma força, o mesmo amor, o mesmo desejo de salvação, a mesma fé, são agora dois ramos de uma só família, sob a mesma bandeira da união com Deus. Por tudo eles se apoiam e abraçam a mesma causa.

No processo de canonização de Santa Teresa, muitos anos depois, um religioso testemunhou que o objetivo da madre ao iniciar a reforma e fundar o Carmelo Descalço era "prestar ajuda para a conversão dos hereges e infiéis e para o crescimento da Igreja, por meio da oração e de todos os meios possíveis".

Reta final

Doutor Celso compra o terreno e os lotes, em nome do Carmelo Sagrado Coração de Jesus. Novas cartas seguem para Juiz de Fora com as instruções do que é o mínimo necessário para o Carmelo temporário.

Madre Teresa não se aguenta de tão feliz, e escreve:

> Agora, obras e mais obras, além dos trâmites jurídicos para que o Doutor Luiz represente o Carmelo e cuide das licenças e documentos junto aos órgãos públicos.

Pensa nos véus, nas grades e no calvário passado e segue:

> Contamos os dias que nos aproximam da realidade. O nosso Carmelo tornado vinha do Senhor, plantado em terras amenas, na "terra do ouro". Nossos corações exultam de júbilo por ter um lugar a mais onde palpita o coração de nosso Jesus adorado... Mas, para chegar aí, quantos sacrifícios. Que arrancada... Mas tudo por ele.

O clima em Petrópolis é dos melhores. Nos intervalos de orações, afazeres e hora do recreio, as irmãs fazem o que podem para ajudar. Umas confeccionam paramentos, outras cuidam das compras e outras ainda vão aos guardados em busca de objetos úteis, como turíbulos, estantes de missal etc. Todas querem ter participação no novo Carmelo.

Madre Natividade, especialista em finanças desde a construção do prédio novo de Petrópolis sob o priorado de Madre

Teresa, e uma grande amiga, se desdobra em aulas e lições sobre os bens e os negócios. Diante dos custos altos e da pobreza reinante, é preciso multiplicar o dinheiro.

Madre Angélica, como priora, ajuda no que pode. Desde a autorização para as compras até os pedidos de doações.

As respostas às cartas começam a chegar de todo lugar. Cheques e dinheiro com pequenas e grandes contribuições. Em apenas dois meses, 164 mil cruzeiros já tinham sido levantados para as pequenas compras. Os ricos são pródigos nas doações em dinheiro ou objetos, como cálices de prata, crucifixos, castiçais e candelabros das mais finas procedências.

Madre Teresa envia instruções detalhadas sobre o tamanho das celas, para que tenham cama, criado-mudo e guarda-roupa. Um espaço interno para cozinha, refeitório, lavanderia, capela e mais um quintal arborizado nos fundos, para que as irmãs tomem um pouco de sol e equilibrem tão austera clausura. Ainda na parte de trás é preciso um muro alto, distante do mosteiro trinta metros no mínimo. Na parte da frente é importante também um afastamento externo de vinte metros da rua, a fim de manter o isolamento necessário à vida de orações. Lembra também de um espaço para o capelão em outra casinha. Além disso, é bom que o jardineiro more nas imediações do convento, para fechar os portões e zelar pela entrada.

As respostas da comissão voltam e novas cartas vão por alguns meses.

As negociações com Sua Excelência Reverendíssima seguem os trâmites legais, sem mexer nos tostões da catedral, claro. Até que, no fim de fevereiro de 1958, Madre Teresa de Jesus recebe um telefonema da cúria mineira comunicando que a Sagrada Congregação, uma entidade de Roma, invisível, mas poderosa, aprovara a fundação do Carmelo. A "quadrilha" comemora com agradecimentos sem-fim aos santos de devoção.

Dois meses depois, em 23 de abril de 1958, nova emoção. Irmã Maria Amada, com mais de 60 anos, finalmente toma o hábito. Usa um vestido cujo véu tem quatro metros de comprimento e uma coroa de lírios perfumada. Tudo presente de amigos e parentes entusiasmados com a escolha de Maria Martins. Madre Teresa de Jesus olha e diz:

– Esta coroa parece de rainha. Agora, Irmã Maria Amada, a "quadrilha" está completa.

Uma festa e tanto para comemorar a cerimônia.

Na carta seguinte, novos detalhes sobre as necessidades das carmelitas. Madre Teresa escreve:

> Quanto às palhas, para as primeiras noites, basta colocar umas três sobre as tábuas, recobertas com os lençóis. Como você conseguiu a doação dos cobertores, é só colocar em cima. Estou levando as colchas marrons que devem recobrir as camas. Como tudo tem um jeito especial para as carmelitas, veremos as definitivas quando chegarmos aí. Daqui uns dias seguem os lençóis, fronhas e travesseiros, junto com as grades de ferro do locutório e confessionário.

Fala das grades com grande intimidade. A partir daí, as conversas em Petrópolis são sobre caminhões e mudança.

Irmã Maria Amada se prepara para o noviciado. Segue aprendendo como ser boa carmelita, já que nos contatos com a oração ela é mestra. Reza e tudo se ajeita. Como parte do aprendizado, descobre também como a alma humana, às vezes, consegue trair até os rígidos princípios carmelitanos.

Uma tarde, ela sente forte cheiro de café vindo da cozinha. Nisso, encontra Madre Teresa e diz:

— Oh, Madre, que vontade eu tenho de tomar um café! No noviciado é só mate, de manhã até a noite...

— Espera um pouco...

Com pena da amiga, vai até a cozinha e fala para a freira encarregada:

— Vou levar uma xícara de café para a Irmã Maria Amada. Ela está com muita saudade de um cafezinho.

— Não pode, não. Ela é noviça. Tem que se acostumar. Não vou abrir precedente.

Madre Teresa volta e diz:

— A Irmã não deixou.

— Não tem importância. Ofereço esse sacrifício ao Senhor.

A fundadora pensa nas normas que desde a adolescência é obrigada a aguentar e fala:

— Maria Amada, lá em Juiz de Fora você terá um bule de café bem grande. Vai tomar quanto café você quiser.

Os preparativos seguem em Petrópolis, e as obras vão sendo finalizadas em Juiz de Fora. As grades para o locutório já estão na cidade e, no dia 20 de julho de 1958, Madre Teresa vai até a cidade fazer a inspeção final.

Na volta, com o entusiasmo de sempre, escreve satisfeita a uma das amigas da comissão mineira:

> Quantos carinhos do Senhor em nossa última visita. Como tudo está encantador naquele minúsculo mosteiro! Gostamos demais de tudo... Nossa chácara é um encanto do Éden. As irmãs pedem que o padre não se esqueça de abençoar os pomares e a horta antes da mudança, para que deem sempre muitas frutas e verduras. Frutas são o melhor. Elas chamam um bando de passarinhos. Afinal, não comemos carne. De alguma coisa temos que viver.

O contrabando

A imprensa de Juiz de Fora já começa a registrar a chegada de um novo mosteiro. Madre Teresa de Jesus segue dando instruções para acomodar as últimas necessidades das carmelitas.

Os preparativos se aceleram. Além da "quadrilha", a priora resolve levar também a noviça Irmã Ana Lúcia, que é uma artista, mais as Irmãs Clemência e dos Anjos, que são jovens, para ajudar no trabalho mais pesado.

Madre Teresa começa a organizar as caixas, caixotes e baús que vão fazer parte da mudança. Alguns serão usados de imediato, outros depois, à medida que forem arrumando o Carmelo. Com alegria, ela vai anotando o que há em cada baú. Alguns serão abertos pela comissão de Juiz de Fora, antes ainda da chegada das religiosas.

Ao ver a barafunda em que está metida, bem-humorada escreve a uma das amigas:

> Temos muita coisa para arrumar. Não sei onde vamos guardar toda essa nossa bagagem. E olhe que não são cacarecos, não. Bendito seja Deus nos seus dons, pois tudo é bom e ótimo. O caminhão vai carregado com explicações sobre o que você precisa abrir. Na mala grande vai uma garrafa de champanhe dada por nossa priora. Com ela, desejo que sejam brindados os fundadores e colaboradores do novo Carmelo. Junto na mala vão coisas importantes, peças da sacristia. As chaves estão no sacrário. Fique com a cópia para ajudar o padre a abrir o segredo, caso não consiga. Junto vão as hóstias feitas por nossa

querida Irmã Estefânia. Peça ao padre para consagrar, pois ela faz questão de que sejam as primeiras consagradas no novo convento.

Não se esqueça de colocar cadeiras para as famílias. Algumas têm pessoas bem idosas. Penso que muita gente ficará do lado de fora na missa vespertina, não? Acho bom pensar em irradiar o sermão do bispo para fora. Último detalhe: o sino deve ser tocado de balanço – repique –, quando a procissão estiver chegando ao mosteiro.

E segue no mesmo entusiasmo:

Ah! Estava esquecendo... Realmente os caixotes assustam por conta do volume. E você me pergunta sobre o número deles. Para facilitar, estão todos numerados, inclusive as malas. Mas veja só... Quem nos vê falando desses baús todos, números, o que abre na cidade, o que vai para o Carmelo, pode pensar que estamos falando de coisas esquisitas. São tantos os detalhes, que até parece contrabando!

Mas, vamos fazer o quê? Temos que pensar em tudo. Para terminar, estão dizendo que do Rio e de Petrópolis vão duas nobres comitivas para acompanhar as "selvagens". Como você vê, a "quadrilha" dá o que falar.

Em 24 de agosto escreve a última carta a Mainha. Tudo está previsto nos mínimos detalhes, até mesmo a hospedagem dos convidados e suas famílias.

Os jornais de Juiz de Fora começam a publicar notícias falando sobre a inauguração. Os convites, impressos em papel simples, mas com toda a pompa, são enviados para outras ordens religiosas e para as famílias da cidade. O texto, assinado pela comissão que trabalhou pelo sonho durante dois anos, diz:

Temos o prazer de convidar V. Exa. e família para a inauguração do Carmelo do Sagrado Coração de Jesus, no dia 31 de agosto, às 16 horas, saindo uma procissão com o SS. Sacramento da Capela da Academia de Comércio em direção ao Mosteiro.

Ass.: Maria da Conceição Ribeiro de Oliveira,
Maria Antônia Penido Monteiro,
Cecília Ribeiro de Saint Brisson,
Maria Elisa Ribeiro de Oliveira,
Gilberto Lara Rezende
e Luiz Gonzaga Ribeiro de Oliveira.

Artigos e mais artigos nos jornais tratam da importância de ter um mosteiro de carmelitas na cidade. O grande dia vai chegando. Um novo bispo auxiliar está na cidade. Dom Justino ficara doente e fora substituído. No meio da tarde do último dia de agosto de 1958, Dom Geraldo Maria de Morais Penido comanda a procissão solene, acompanhado das cinco carmelitas que irão morar em Juiz de Fora e seguido por uma multidão. No convento, ele reza missa campal assistida pelos fiéis, várias irmandades e congregações religiosas, inclusive carmelitas de outros estados. Irmã Maria Amada ficara para terminar as instruções da formação inicial e, só depois, mudará para Juiz de Fora.

O bispo da diocese abençoa a casa sob as vozes do Coral dos Pequenos Cantores de São Domingos e declara: "Esperamos as novas vocações que irão realizar a vida de monjas autênticas, no espírito carmelitano e teresiano".

Postas as novas Regras, baseadas simplesmente no amor, a fundadora vê inaugurado o Carmelo do Sagrado Coração de Jesus em Juiz de Fora.

Ela está com quase 60 anos. Uma parte do seu sonho vira realidade.

Os jornais do dia seguinte destacam a cerimônia e abrem espaço para reflexões sobre a presença das carmelitas na cidade. Um deles registra:

> O mosteiro é um templo de oração perene. Quando a fé é robustecida pela presença de Deus nos corações humanos, não há ideal mais nobre do que contemplar os mistérios do Senhor de dia até a noite, todo o tempo e todas as horas.

Madre Teresa de Jesus começa um caminho sem volta. Nos dois primeiros meses, Irmã Maria Amada, em Petrópolis, fica à espera da licença para a transferência. Ela queria muito ter ido com a fundação, pois seria a oportunidade para abraçar os parentes. Fala até com o bispo, que pondera:

— Maria, você vai perder uns meses de noviciado por causa de um café ralo e da família?

— É o mesmo café ralo que Vossa Excelência Reverendíssima vai beber de quinze em quinze dias, em São Paulo, quando vai abraçar sua irmã. Ela é de seu sangue e o que corre nas veias passa pelo coração, não é verdade?

Espantado com tamanha sinceridade, o bispo responde:

— Maria, fica minha bênção para você.

E sai rapidamente.

Quando é divulgada a assinatura das patentes, Irmã Maria Amada chega a Juiz de Fora para ficar. A acolhida é fraterna. Na porta da clausura encontra um altar todo enfeitado, com a imagem de Nossa Senhora do Carmo e um cartaz que diz: "Jesus é sempre Jesus, nunca deixou de ser Jesus". Frase simples, mas que ela lembra ter usado quando criança pobre diante da irmã, na roça de algodão. Lisa pedira para estudar e Maria Martins, órfã de pai, viúva, respondera de coração:

– Você pode, Jesus é Jesus e nunca deixou de ser Jesus.

Palavra de criança roceira de muita fé que acabara reproduzida na porta da clausura. Ali, emocionada com a recepção, e ainda recordando a infância, ela sente cheiro de café. Entra no refeitório e vê um bule enorme e fumegante com uma xícara ao lado.

Madre Teresa de Jesus chega perto e diz:

– Maria Amada, esse café é todo seu. Pode tomar quanto quiser.

Com lágrimas nos olhos por conta da delicadeza da priora, ela conta: "Tomei duas xícaras seguidas, para acabar com a secura de café que eu estava".

Madre Teresa de Jesus compreendeu a fraqueza da velhinha.

Com gestos como esse, a superiora deixa claro que o Carmelo de Juiz de Fora não seguirá aquelas normas esmagadoras. A tradição europeia será renovada.

Anos de paz

Em Juiz de Fora, os primeiros tempos do Carmelo Sagrado Coração de Jesus são gastos para pôr ordem na casa. Uma pequena construção dentro de uma chácara, em cima do morro, dividida em celas onde estão adaptadas portaria, sacristia, capela e coro. No quintal, um extenso pomar com mangueiras, abacateiros, goiabeiras, mamoeiros, bananeiras, ameixeiras e parreiras de uvas.

Ao lado, as irmãs começam a fazer a horta, de onde tiram as verduras para o sustento. Como porteira interna, feliz da vida, a noviça Irmã Maria Amada recebe com paciência as pessoas que vão buscar no convento um pouco de alívio para suas dores. E nas conversas com a priora, comenta sobre os rumos que as coisas do mundo lá fora vão tomando.

Quando fica só, faz colchas de crochê, centros de mesa e bolsas que são vendidos para ajudar no sustento do Carmelo. Diz que seus trabalhos são feitos de linha e jaculatórias. A cada ponto uma exclamação: "Meu Jesus, eu te amo!".

Madre Teresa de Jesus promove reuniões de estudo e encontros frequentes de aprofundamento da vida espiritual. Ela sente que ali conseguirá fazer um Carmelo simplificado, transparente, ideia que persegue há quase quarenta anos. O que ela passa é fundamentado no amor, despojamento e humildade.

Por esse tempo, começa a lembrar com insistência de uma conversa com o Padre João Gualberto, que dissera: "Do mesmo modo que Santa Teresa d'Ávila pediu luzes e seguiu em frente para fazer a reforma, se Deus chama, vai. Até porque outras coisas maiores que uma fundação a aguardam".

Quanto mais medita na conversa, mais certeza tem: as "outras coisas" têm a ver com o Carmelo simplificado e transparente.

As novas vocações começam a chegar e a fundadora confirma a impressão de que está no caminho certo. Sem pressões e com toda a calma, o pequeno mosteiro se prepara para forjar um grupo de carmelitas realmente descalças.

Os confessores, capelães, conferencistas e os dominicanos também aparecem para auxiliar na caminhada.

Frei Alano Porto de Menezes se coloca à disposição. O pai dele, deputado Joaquim Furtado de Menezes, fundara a Conferência dos Vicentinos em Belo Horizonte e fora amigo do pai de Madre Teresa. José da Costa Moreira recebera sempre em sua fazenda o amigo, quando ia tratar dos assuntos dos vicentinos.

Outra figura importante na vida do Carmelo de Juiz de Fora é Frei Domingos Maia Leite, que a fundadora carinhosamente chama de padrasto.

Ele acompanha tão de perto a rotina do mosteiro, que diz:

– Madre Teresa, esse seu Carmelo veio para humanizar os marmanjos dominicanos.

E a fundadora, brincando, retruca e diz que está com "ciúme de mentirinha" por causa de outras filhas espirituais que ele tem. Anos depois, ele escreve da França, no mesmo tom brincalhão: "... para a querida enteada, muito amada entre todas as filhas e mais que elas. Do seu padrasto, Frei Domingos".

Em 1962, as irmãs começam a ter problemas de saúde. A alimentação deficiente da comunidade, ainda muito pobre, é motivo de preocupação. O médico então receita carne para combater a deficiência de proteínas e a anemia.

A priora escreve ao bispo Dom Geraldo Moraes Penido, que, solidário, comunica imediatamente a situação ao superior-geral. Ele pede que a Ordem abra mão de certas austeridades, ainda mais em países subdesenvolvidos como o Brasil.

É a época da renovação proposta por João XXIII. O papa, que nascera Giuseppe Roncalli, em Sotto Il Monte, reúne um Concílio no Vaticano em 1962 e sua encíclica do ano seguinte, a *Paz na Terra*, tem repercussão universal. Ele renova a instituição no começo dos anos 1960 e, para muitos cristãos e homens de bem, ele é o papa mais amado do século.

João XXIII prega um período de ar puro para a Igreja e janelas abertas para o mundo. Como o agora Papa Francisco, que bafeja nova primavera para a instituição. Só que a resposta do preposto-geral, naquela época, mostra como as patentes fazem ouvidos moucos. Com o olhar postado no velho mundo, envia esta obra-prima:

> As carmelitas que moram em regiões tropicais podem usar roupas que não sejam de lã. Como é muito quente o clima nos trópicos, as vestes internas podem ser mais leves. Mas não devem esquecer a pobreza e a austeridade professadas.
> Quanto ao uso da carne, a abstenção continua em vigor, a não ser em casos médicos e nas fraquezas, essas também são razões para se comer carne.
> Quanto ao telefone, pode ser instalado desde que fora da clausura e com um fio de extensão. Assim, a ligação pode ser passada para a priora, para dentro da roda, em caso de necessidade urgente.

Resumo da história: em pleno clima de Vaticano II, as recomendações do papa são simplesmente ignoradas...

Por essa época, Irmã Maria Amada, já com a profissão temporária, faz a solene, outra etapa na vida de uma carmelita. E ganha um cálice para a missa que comemora sua entrega total a Deus. Ela conta emocionada: "A Mãezinha do Céu é tão delicada comigo. Veja que graça! Conseguir nessa idade tudo com que sonhei desde menina pobre".

Apesar da instrução limitada, os olhos da cidade descobrem naquela carmelita miúda uma força e tanto. E muitos fiéis sobem em direção ao mosteiro para se aconselhar e pedir orações de tão poderosa religiosa. A luz do Carmelo de Juiz de Fora se irradia para os simples mortais. Pobres, ricos, velhos ou moços, todos encontram conforto naquela casa minúscula.

E Irmã Maria Amada comenta por carta a uma amiga de infância:

> Que coisa horrível está o mundo, hein? Aqui no Carmelo, casa de oração, chega tanta gente chorando para pedir alívio para os seus problemas! Só respondo que tudo se resolve com o terço na mão. Se esse povo soubesse a força que tem a Ave-Maria, não precisaria subir o morro até aqui. Rezava lá embaixo mesmo. A Mãezinha do Céu, que é toda delicadeza, com certeza atende.

Madre Teresa de Jesus, por essa época, anda preocupada com a recorrência de certos assuntos...

A descoberta, uns bons dez anos antes, de que as regras da comunidade carmelita vieram de regulamentos franceses e não da Santa Madre Igreja, martela sua cabeça. Que coisa! Uma carmelita contemporânea de Santa Teresa d'Ávila, quatrocentos anos antes, determina tudo sozinha, assim ou assado. Pois é... E ali estão as mesmas regras que desde mocinha ela acha antigas demais para o mundo moderno.

Pensa ainda na surpresa que tivera ao ler Madre Madalena de São José: "Quando nos regulamentos se diz da nossa Ordem, leia-se Ordem na França". Significado: os regulamentos não são oriundos de Santa Teresa d'Ávila, mas adaptados aos costumes e à cultura dos Carmelos na França.

Nessa altura, Madre Teresa descobre a necessidade da inculturação, de viver de acordo com as raízes do local em que se nasce. Ela nem imagina que um dia, na América Latina, haverá uma conferência em Santo Domingos, na República Dominicana, na qual um dos pontos importantes será justamente a inculturação. Os profetas são mesmo assim. Deixam-se levar pelo Espírito Santo de Deus, e antecipam-se aos séculos, dão seu recado. Madre Teresa, uma profetiza, continua atuando através de sua obra.

Em 1965, quer o Divino que, depois da história do jejum da carne, apareça uma mulher desesperada. E o Carmelo de Juiz de Fora de novo sai das normas. O rigor da clausura exige silêncio absoluto, véus, chaves e grades de pontas enormes, como as que aparecem hoje nas casas inseguras das grandes cidades.

Durante o dia, o portão da entrada fica aberto. Ao fim da tarde, uma vizinha do mosteiro fecha tudo e as irmãs ficam trancadas para as orações e ocupadas com as tarefas do fim da jornada.

A tradição manda que o portão seja fechado, sem falta, às seis da tarde. E, a partir daí, Irmã Maria Amada sai do locutório, onde cuida da portaria do mosteiro.

Ninguém sabe o porquê, mas um dia o esquema não funciona. Num entardecer, uma visitante consegue entrar. Ela toca a campainha e uma irmã atende. A religiosa passava pela parte interna da portaria, quando ouve um choro desesperado, clamando:

— Vocês amam depois das seis ou vocês também têm hora para amar?

A porteira, então, chama a priora Madre Teresa de Jesus, que olha o relógio e pensa: "São seis e quinze da tarde, não dá para atender".

A porteira interna insiste, mas a priora cumpre o horário. Só que aí ouve o mesmo choro convulsivo e muda de opinião.

Comovida, pede que a mulher passe para o locutório ao lado, onde a mulher pergunta:

— Aqui também não amam depois das seis?

A priora não entende. Mas percebe o desespero e resolve abrir a cortina para ouvir o drama. A mulher começa a contar a história com uma das mãos fechada. Sempre defendera o marido junto à família, que não gostava dele. Alegam que ele desperdiçara a fortuna que ela recebera dos pais. Mas a mulher tinha opinião diferente. Acreditava apenas que ele não possuía tino administrativo. Mas, agora, ela acabara de descobrir que o marido tinha uma amante e uma filha de cinco anos. O chão lhe fugira.

— Num convento, a senhora não tem ideia da dor da infidelidade, porque a senhora não casou.

— Minha filha, nós somos pecadoras, e Jesus Cristo, que era inocente, foi traído por um discípulo.

A mulher, que chora desesperadamente, cessa o choro e mais calma conta:

— Pensei em acabar com minha vida. Mas minha formação não permite. Só Deus pode tirar a vida. Aí, achei que indo procurar a ajuda de freiras, elas, com suas orações, poderiam me ajudar a afastar a ideia de suicídio. Foi aí que procurei um convento. E a resposta foi que as irmãs não recebem depois das seis! Meu desespero aumentou, mas resolvi tentar outro lugar e aqui estou. Ainda bem que vocês não têm hora para amar.

A priora entende, então, a pergunta sobre amar depois das seis.

Uma irmã que entrara no locutório e estava atrás da madre percebe que a mulher tem a mão fechada e sinaliza à priora sobre o percebido. A priora, então, pergunta:

– O que tem aí na sua mão?

– Comprimidos para me matar.

As monjas contam então onze comprimidos inteiros, mais outros já dissolvidos pelo suor. Elas conversam um pouco mais com a mulher, que, já tranquilizada, promete resistir à dor.

Naquele gesto de abrir as mãos, Madre Teresa de Jesus compreende que a mulher teria se envenenado ali mesmo, na portaria do Carmelo.

Ela conta o fato à comunidade na hora das orações e pergunta:

– O que Deus quis nos dizer com este fato que acaba de acontecer? Ele nos fala através dos fatos e acontecimentos da vida. Isso significa o quê?

Antes que alguém fale, a priora termina:

– Não me respondam. Respondam a si mesmas depois de ouvir o Senhor na oração.

É a primeira reunião feita após o horário determinado há quatro séculos por uma monja carmelita. A partir desse dia, depois das orações e da leitura espiritual, um encontro com a comunidade discute as interpelações da vida à luz do Evangelho, de Santa Teresa e dos sinais do tempo, e aponta rumos para que as filhas de Santa Teresa guardem a fidelidade ao espírito dela e ao Evangelho. Nessa época, começa um estudo aprofundado do espírito do Carmelo, à luz da Palavra de Deus, de Santa Teresa e de João da Cruz, e com ajuda e embasamento dos dominicanos, que dão aulas para as carmelitas todas as segundas, quartas e quintas-feiras.

A comunidade decide que as carmelitas descalças de Juiz de Fora vão atender a todas as pessoas que precisem de amor, antes ou depois das seis. Acontece aí a primeira atualização no rigor dos horários, apoiada na Regra do Carmelo, que diz: "a necessidade não tem lei".

Ancorada na voz do "Espírito Santo", como dissera o tutor espiritual, Padre João Gualberto, e apoiada pela orientação dos teólogos dominicanos, Madre Teresa de Jesus mostra a cada dia, diante de pequenas circunstâncias, a liberdade de espírito para agir diante da realidade em que está inserida. Com a comunidade, a priora argumenta:

— Nunca entendi porque se precisa de tanto peso da estrutura para viver como amigas íntimas de Deus. Pio XII já dizia que o espírito do conservadorismo causa prejuízo. Por isso, minhas irmãs, fiquem tranquilas com as alterações dos horários, porque estamos vivendo um momento especial da nossa história e do país. Pois é disso que se trata. Temos que trabalhar para um Carmelo segundo o espírito de Santa Teresa, nossa mãe, e no hoje da história.

Chegam os tempos duros do golpe militar de 1964. O Carmelo é cercado por setenta soldados. É a era do chumbo. O principal objetivo deles é invadir o convento dos dominicanos que fica ao lado do Carmelo. Além dos frades, lá estão cem alunos que iniciam sua experiência na opção de uma vida dominicana. Ali funciona também um centro de estudo de alto nível, muito frequentado pelos intelectuais e agentes pastorais.

Dom Geraldo Penido, muito zeloso e amigo do Carmelo, sabendo que as monjas estão expostas às consequências do golpe militar pelo fato de a capelania do mosteiro estar aos cuidados dos dominicanos, após a saída dos soldados e do coronel, vai ao Carmelo passar por escrito a transferência da capelania para os jesuítas, que não estão tão implicados politicamente. Madre Teresa responde com delicadeza e carinho:

– Senhor bispo, compreendo seu zelo e o quanto o senhor protege e quer o bem desse Carmelo, mas quero com humildade agradecer-lhe a transferência da capelania para os jesuítas por causa dos riscos que no momento vive o nosso país, riscos estes a que estaremos expostas. Os dominicanos foram nesses anos todos de nossa fundação não só capelães, mas também benfeitores, confessores, orientadores espirituais, professores e amigos de todas as horas. Queremos estar ao lado deles pela oração, pela união da própria sorte, submetidas inteiramente à vontade do Pai. – E segue: – Senhor bispo, ser amigo enquanto tudo vai bem, isso também fazem os fariseus, mas ser amigo na hora do sofrimento, dos riscos e desafios da vida, só seguidores de Jesus Cristo são capazes. Nós queremos ser seguidoras de Cristo.

– Madre Teresa, a senhora sabe escutar Deus. Se ele pede que a senhora passe esses riscos, eu também quero escutar o que Deus quer do Carmelo que está sob minha responsabilidade. O Espírito Santo nos iluminará, mas a decisão é sua. Quem sou eu para impedir o que Deus pede de seu Carmelo.

O mosteiro torna-se um porto seguro para as aflições de pais e parentes dos perseguidos, sobretudo, das esposas de professores da universidade, benfeitores do Carmelo, que estão presos e sendo torturados. Eles chegam ao Carmelo a qualquer hora do dia e da noite. Nesse tempo especial de guerra, o Carmelo vive na prática o amar depois das seis – o Carmelo não tem hora para amar, ama também depois das seis.

Todos querem ter as orações das carmelitas como respaldo contra os desmandos da ditadura. E Madre Teresa responde incansavelmente:

– O Carmelo é a casa do povo, onde todos têm vez e voz.

Diante de tanta busca de ajuda espiritual, Irmã Maria Amada é cada vez mais procurada na portaria interna e reconhecida pelos dons que demonstra junto aos que procuram consolo.

A luz que irradia dali começa a atravessar os muros do convento. Boa parte da cidade sabe que subindo o morro, naquela casinha humilde, existem religiosas, das quais ninguém vê o rosto, mas que todos conhecem pela força das orações.

Madre Teresa reflete com a comunidade a necessidade de uma vida interior intensa, de uma liberdade de dentro, para que as monjas do seu Carmelo sejam mulheres maduras, livres para sofrer e amar.

Em junho de 1965, Madre Teresa escreve o Ato de Aclamação ao Sagrado Coração de Jesus, constituindo-o prior "In Perpetuum" do Carmelo dele.

O bispo Dom Geraldo Penido acompanha de perto o trabalho das carmelitas e incentiva a participação delas na vida da comunidade, o que parece uma contradição, já que vivem atrás dos véus.

As novas vocações aparecem e ele apoia. O zelador do convento, irmão idoso de Irmã Maria Amada, precisa de um quartinho ao lado do Carmelo e ele autoriza. E completa:

– É uma graça divina ter o Chiquinho, irmão das Irmãs Maria Amada e Maria de Lourdes, aí ao lado.

E diante de uma consulta de Madre Teresa de Jesus sobre um aparelho de toca-discos, responde com humor:

– Pode adquirir o aparelho e os discos de cantochão. Meu raciocínio é o seguinte: se podem aprender o cantochão, poderão também usar os meios para isso. Que mal farão os belos discos de cantochão?

O cantochão é conhecido como canto gregoriano, porque foi estruturado por São Gregório. É um som tradicional da Igreja Católica, com ritmo livre, baseado em textos litúrgicos em latim.

Diante da autorização, as irmãs treinam firmes os novos cantos para suas missas diárias. Melodias que enchem o pequeno convento.

Ao mesmo tempo, acompanham com reuniões as mudanças conciliares. As assembleias de bispos do mundo todo, para discutir questões de fé, não são tão frequentes como na Idade Média.

O último Concílio acontecera cem anos antes. E no século XX, há então o Vaticano II, que começa em 1962 e dura até 1965. A discussão maior é como seguir as tradições da fé católica, diante de tantas mudanças no mundo.

As monjas do Carmelo estão animadas com as alterações propostas pela Igreja. Entendendo o momento que estão vivendo, Madre Teresa de Jesus escreve:

> O que faria hoje em dia nossa Santa Madre Teresa, com aquela inteligência comparada às vastas praias do mar? Com que senso iria acompanhar o andamento do Concílio a partir da palavra do Papa João XXIII? Um "pequeno Pentecostes", sob o impulso do Espírito Santo? Que renascimento vem por aí?

João XXIII assumira o trono de Pedro em 1958. Ao convocar o Vaticano II, entra na história pela revolução que cria dentro da Igreja Católica. É respeitado como o papa do século pela profundidade com que entendera o espírito de nosso tempo.

As irmãs lembram as palavras dele em diferentes circunstâncias: "A Igreja é uma senhora que vê no espelho sua face enrugada e desgastada pelo tempo. Precisa descobrir quais as rugas que envelhecem sua face".

No Carmelo Sagrado Coração de Jesus, essas palavras ecoam fundo. São transportadas para a vida do convento, e vão de encontro com o pensamento de Madre Teresa sobre a necessidade de arejar a vida no Carmelo.

Em 1965, o Papa Paulo VI, que substituíra João XXIII, escreve ao geral dos carmelitas. Fala sobre a renovação conciliar, e o superior começa uma série de consultas sobre a Lei Fundamental do Carmelo. No mundo todo, as comunidades debatem e respondem de forma individual e coletiva sobre as mudanças que julgam necessárias.

As monjas em Juiz de Fora participam das discussões, elaboram documentos e recebem sugestões interessadas do Bispo Penido.

Madre Teresa leva a fundo a reflexão com sua comunidade. Tempos mais tarde, as carmelitas têm uma radiografia da situação e escrevem num documento:

> A clausura rígida, a esta altura do século XX, supõe bom poder aquisitivo. Senão, como conseguir dinheiro para pagar uma porteira externa, um hortelão, e os encargos sociais decorrentes? Mesmo que fosse um salário mínimo, com a inflação é impossível sem renda. Como conciliar a vida carmelitana de pobreza com essas necessidades?

É necessário pensar numa forma de vida do Carmelo fiel ao essencial, ao carisma, ao espírito de Santa Teresa, mas adaptado às necessidades de tempo e lugar.

Descalças a caminho de Toledo e Pastrana

Teresa de Jesus segue na missão de fundar uma constelação de "pombais". Dessa vez, em Toledo. Como sempre, aparece alguém "do nada" e oferece ajuda para que continue em suas fundações. Nesse caso, não é diferente.

Em fase anterior à instituição de Valladolid, um mercador viúvo, muito devoto, ficara sabendo pelo jesuíta Pablo Hernández que ele deseja muito uma fundação em Toledo, pois pensa deixar o cargo da paróquia do lugar. Muito doente, o rico comerciante, chamado Martín Ramirez, promete o mosteiro, mas piora de saúde, e então nomeia o irmão, Alonso Alvarez Ramirez, para cuidar das tratativas do novo convento.

Quando está em Valladolid, Teresa recebe cartas de Alonso e do Padre Hernandéz que contam sobre a morte do benfeitor e dizem que, se ela quer fazer mesmo a fundação, deve se apressar.

Por essa razão, a madre chega a Toledo em 23 de março de 1569, véspera de Nossa Senhora da Encarnação, acompanhada de duas monjas da fundação de São José de Ávila. O grupo se hospeda em casa de Dona Luísa de La Cerda, onde Teresa ficara outras vezes. Elas são acomodadas numa ala do palácio tão retirada da vista dos outros, que a fundadora conta que é como se estivessem no convento.

Alonso Alvarez se põe a servir a fundadora para procurar uma casa junto com seu genro. Mas, embora tenham vasculhado a cidade, nada de encontrar uma moradia que servisse de convento.

Ao mesmo tempo, Teresa luta para conseguir a autorização do governador (o arcebispo da época) e do Conselho da cidade para a sua fundação. São muitos emissários indo ao religioso e voltando sem uma solução. Nem mesmo a interferência de Dona Luísa a favor do pedido tem resultado.

A madre, sem saber o que fazer, resolve tomar uma atitude. Afinal, veio pela nova fundação. Decide falar com o governador. Vai até uma igreja perto de onde ele mora e manda um recado dizendo que suplica falar com ele. Por dois meses, todas as tentativas haviam falhado.

Quando Teresa vê a autoridade de frente, é como se o divino tivesse tomado conta dela. Despeja:

– É um absurdo haver mulheres querendo servir com tanto rigor, perfeição e recolhimento, e alguém que não passa por nada disso e vive em meio aos prazeres ficar tentando impedir uma obra que tanto servirá a Nosso Senhor.

Diz isso e muito mais, ancorada na certeza vinda da força que recebe de seu Senhor. Fala com tal firmeza e propriedade, que convence a patente. Antes de se despedir, ela recebe a licença.

Sai dali toda contente, como se tudo estivesse solucionado, mesmo tendo nas mãos apenas três ducados, com os quais compra dois quadros, dois enxergões e uma manta. Ela narra: "Da casa, nem lembrança. As tratativas com Alonso Alvarez não deram em nada".

Nessa hora, o mercador Alonso de Ávila, ao saber da aflição da priora, promete procurar a casa. Porém, cai doente.

Dias depois, na missa, chega um rapaz muito pobre e aborda a santa:

– O Frade Martín Cruz, quando veio aqui, pediu que eu fizesse tudo o que a madre precisasse. Garanto que farei tudo que estiver a meu alcance. Porém, só posso oferecer minha pessoa. Meu nome é Andrada.

Teresa relata: "Agradeci e achei muito curioso – minhas companheiras ainda mais; que ajuda é essa que o santo nos envia, já que os trajes dele não são adequados para tratar com descalças?".

Na situação de ter a licença, mas sem a casa, a fundadora resolve aceitar o auxílio de Andrada. As monjas riem muito e alertam que, se fizer isso, todos saberão do plano.

A fundadora esclarece:

– Não darei ouvidos a ninguém, porque o rapaz, sendo enviado por aquele franciscano servo de Deus, merece minha confiança. Além disso, tenho a impressão de que ele não veio por acaso.

Teresa chama o moço, pede total sigilo e conta o que se passa. Pede uma casa para alugar. Andrada acha muito fácil.

E, no dia seguinte, quando as monjas assistem à missa na Companhia de Jesus, chega Andrada com a notícia de que conseguiu a casa. É bem perto dali, e as irmãs podem ver se serve, já que ele está com as chaves. Assim é feito.

As irmãs chegam e a casa é muito boa. Nessa hora, a fundadora narra ter ficado espantada com os caminhos de Deus: "Há meses pessoas muito ricas varreram Toledo em busca de um lugar e nada conseguiram. E veio esse rapaz, muito pobre, e quis o Senhor que logo a achasse".

Teresa, escolada por conta das experiências anteriores, resolve tomar posse antes que algo interrompa a fundação. Andrada sai para avisar a dona do imóvel e volta com a notícia de que está tudo certo. Comunica a elas que podem trazer as coisas. A priora diz que elas têm apenas dois almofadões cheios de palha, nos quais deitam os colchões da cama e uma manta. O espanto do rapaz é tal, que as monjas ficam surpresas com tanta franqueza. Dizem à fundadora que, vendo tanta pobreza, o rapaz não iria mais querer ajudar. A fundadora não dá importância, porque sabe que Andrada estará ali até que a obra do Senhor esteja completa.

Assim acontece. Durante toda a noite, o rapaz ajuda as monjas nos preparativos, junto com alguns operários que trouxera. Passam a noite fazendo isso. Na hora de montar a igrejinha, sobra apenas uma sala, à qual se chega pela porta de uma pequena casa ao lado, também alugada para as irmãs, mas que ainda tem algumas moradoras.

No momento em que começam os barulhos para abrir um buraco onde será a porta, as vizinhas se assustam e começam a gritar. Com muito custo, elas são acalmadas pelas monjas. Amanhece e, quando chega o horário da missa, ela é celebrada de imediato. É o dia 14 de maio de 1569, e está fundado o quinto convento das descalças.

Quando a dona das casas fica sabendo que lá há uma igreja, é um Deus nos acuda. Mas, com a promessa de que as freiras irão comprar o imóvel mais tarde, a mulher se conforma.

Só que a batalha maior está por vir. Quando os membros do Conselho local tomam conhecimento de que o convento está pronto, sem que tenham concedido a licença, é declarada uma guerra. Teresa conta:

> A indignação foi geral. Eles foram até a casa de um importante membro da igreja local, Dom Pedro Manrique, a quem eu já contara tudo, e ameaçaram fazer e acontecer. Estavam aturdidos com o atrevimento de uma mulherzinha, que, contra a vontade deles, fizera um convento.

Dom Pedro finge que não sabe de nada, e os acalma dizendo que em outras fundações já realizadas a priora sempre tivera as licenças das patentes locais. Como o governador que autorizara estava em viagem, era bom aguardar.

Dias depois, uma bomba: chega uma pena eclesiástica que exige o fim das missas até que apareça a autorização para que as monjas fundem o convento. Teresa coloca Dom Pedro a par da situação e ele, já na posse dos documentos, mostra as licenças devidas. Com isso, a priora evita maior contato com os membros do Conselho e consegue apaziguar os ânimos.

As irmãs passam alguns dias com muito frio, apenas com os almofadões e as capas de uso das descalças. Parece inacreditável que as freiras vindas da casa de Dona Luísa estejam em tamanha pobreza. O fato é que Teresa não pedira ajuda, pois tinha horror a ser um peso para alguém. Ela assinala que o consolo interior e a alegria que sentem diante da privação são enormes e recompensadoras.

Só que esse período dura pouco. Logo, Alonso Alvarez e outras pessoas bem posicionadas começam a fornecer ao convento bem mais do que as monjas necessitam. Teresa fica entre a cruz e a espada, porque a condição para a fundação dada pelo governador exige a manutenção da pobreza.

A solução vem com a doação da capela-mor a Alonso Alvarez, que, em retribuição, compra a casa para as monjas por uma fortuna. A partir daí, são quinze dias para arrumar a igreja, colocar grades e outras coisas necessárias para a vida contemplativa.

No dia 28 de maio, quando as irmãs se reúnem para a refeição, chega ao convento uma mensagem da princesa de Éboli, com quem Teresa tratara, há tempos, da fundação de um mosteiro em Pastrana. O criado diz:

– A princesa solicita a presença da senhora o mais rápido possível. Ela diz que precisa de uma fundação logo.

Teresa sabe que a única herdeira de uma das mais poderosas casas nobres espanholas tem interesse em fundar um novo mosteiro. Só não contava que o desafio viesse tão rápido.

A madre fica preocupada por ter que deixar o mosteiro recém-fundado, após ter combatido tanto. Teresa acha perigoso abandonar as monjas à sorte, além de estar recebendo naqueles dias as novas irmãs que ficarão em Toledo.

Antes de sentar para escrever à princesa, coloca-se diante do Santíssimo Sacramento para pedir que o Senhor a ilumine na hora de explicar, pois quer responder de modo a não ofender a nobre benfeitora. Nesse momento, ouve do Senhor: "Vá, leve a Regra e as Constituições, pois essa nova fundação envolve mais coisas do que uma simples fundação".

Como sempre faz diante da tomada de decisões, Teresa vai ao confessor, não sem antes pedir ao Senhor que o ilumine também para dar o melhor conselho. Sem dizer o que ouvira em oração, ela conta sobre o chamado da princesa. E, mesmo diante das preocupações da madre fundadora, Padre Vicente Barrón julga oportuno que ela vá. Teresa, então, decide ir.

Deixa Toledo acompanhada de outras monjas e vai até Madri, parte do caminho. Lá, passam a noite num convento de franciscanas, e Teresa ouve falar de um ermitão que deseja conhecê-la, pois está por se decidir em qual ordem ingressará após a decisão do Concílio de Trento, que exige filiação dos mendicantes.

A madre pede para falar com ele imediatamente, visando ter mais um frade para o convento dos descalços. Na conversa, percebe que ele tem os mesmos ideais das Regras Carmelitanas e o convida. Mariano de São Bento fica de pensar e, já na manhã seguinte, ele fala com a fundadora:

– Madre, a senhora me convenceu. Estou inclusive muito espantado em ver que em uma noite mudei de opinião. E ainda mais, convencido por uma mulher.

Teresa narra: "Ali eu entendi o que o Senhor me dissera em oração: 'Aquilo envolve mais coisas que a fundação'".

A partir de então, Mariano de São Bento leva uma vida de testemunho que influencia muitas pessoas, favorece e ampara os descalços.

De início, conta a Teresa que ganhara do príncipe Ruy Gómez, marido da princesa, um terreno para construir um eremitério em Pastrana e que agora deseja que o local seja um convento da Ordem, para ali tomar o hábito.

A madre fica radiante, porque tem duas licenças para fundações e até ali só tem o convite para o mosteiro da princesa de Éboli. Envia o pedido de duas licenças para as patentes locais, o provincial Padre Alonso González e Padre Angel de Salazar. Consegue as licenças e parte para Pastrana.

As monjas são recebidas pela princesa e pelo seu marido Ruy Gómez, com muita alegria. Alojadas num aposento separado, as religiosas ficam na cidade por três meses, cuidando das duas fundações. Teresa sofre muito com as exigências da princesa, que em nada lembram a pobreza das descalças. Só com muita ajuda do príncipe, a fundadora consegue manter os princípios da Ordem em pé.

Com as licenças obtidas pela madre, Ambrósio Mariano de São Bento, com uns 60 anos, e seu amigo de vida eremita, João de Narduch, de 43, serão os primeiros noviços a entrar no convento dos Descalços.

Com a situação difícil na Europa, a Espanha atraíra muitos eremitas de outras partes, mas as patentes exigem agora que se filiem a alguma ordem.

Frei Ambrósio conta à santa sua vida de intendente da casa real da Polônia, seus dois anos de cadeia, acusado de participação num assassinato, seu tempo de soldado dos exércitos do Rei Filipe, até que decidira viver como eremita nos ermos da Serra del Tardón, em Córdoba. Ao saber da decisão do Concílio de Trento de não permitir o eremitismo solto, pensara dirigir-se a Roma para impetrar um indulto para os ermitãos, já que os eremitas não se adequariam à vida de obediência e estrutura das Ordens religiosas.

Foi aí que a santa conseguiu persuadi-lo. Eles ficam entusiasmados um com o outro, e, como dito, para seu próprio espanto, é convencido a ser monge descalço por uma mulher.

João Narduch, o outro eremita, no Carmelo Descalço toma o nome de João da Miséria. Passara parte de sua vida em vários eremitérios da península, em fuga de convívio com as pessoas e, por fim, encontrara Frei Mariano. Conta à Santa Teresa como veio da Itália até a Espanha sem saber como, parecendo que os anjos o trouxeram. Segundo ele, tendo um dia saído de sua terra natal, chegara, de repente, na terra abençoada pela pregação de São Tiago de Compostela e pela presença da Virgem do Pilar!

Teresa convida, então, Frei Baltasar de Jesus para ser o superior.

Ao mesmo tempo, chama Isabel de Sán Jerônimo e Ana de Jesus, do convento de Medina, e Jerônima de San Agustín, do convento da Encarnação de Ávila, para a fundação das descalças.

Assim, em 1569 são fundados dois conventos. O masculino, na Quaresma daquele ano, e o feminino em 22 de junho. Frei

Baltasar concede o hábito a Padre Mariano de São Bento e a João da Miséria como irmãos leigos, porque não querem ser ordenados. Desejam estar com os menores dos menores.

O mosteiro de descalços é fundado na ermida de São Pedro, que o príncipe Ruy Gomes colocara à disposição de Ambrósio Mariano nos arredores de Pastrana.

A inauguração é em 2 de julho de 1569. Logo após a fundação, toda a vila toma ciência da presença dos descalços e aos frades associam-se Gabriel da Assunção e Bartolomeu de Santo Alberto, dois jovens de Pastrana.

O convento é pensado para receber os noviços que, em pouco tempo, lotam a casa, especialmente outros eremitas, atraídos por Frei Mariano.

A casa de Pastrana será uma casa símbolo deste início da reforma entre os frades, que irão implantar um estilo de vida extremamente penitente. Voltados para o rigor do jejum, do silêncio, da oração e do trabalho, em tudo mostram extrema pobreza, inclusive nas vestes e nos utensílios.

No mosteiro feminino, as monjas são muito bem tratadas até a morte do príncipe, em 29 de julho de 1573. A princesa, viúva e enlutada, pede a imediata entrada no Carmelo das Descalças. Naquela época, era muito comum que leigos se encantassem com a reforma e desejassem participar dela. Mas nem todos tinham vocação para isso...

E aí começa uma fase de martírio no Carmelo. De um lado, a princesa não se acostuma ao isolamento das monjas e, de outro, a priora está proibida pelo Concílio de dar a liberdade que ela quer. O impasse chega a tal ponto que, em janeiro de 1574, a princesa sai do convento, mas segue perseguindo as irmãs. Diante do conflito e da aflição das religiosas, a fundadora pede aos amigos que tirem o convento de Pastrana e que se funde outro em nova cidade.

Na madrugada de 6 para 7 de abril, as monjas abandonam o convento e deixam tudo que a princesa deu para trás. Levam apenas os poucos pertences pessoais. A população fica pesarosa; porém, a fundadora dá graças aos céus quando conseguem se mudar. Uma nova fundação já as aguarda!

Novos rumos

Início das reformas no Carmelo Sagrado Coração de Jesus, em Juiz de Fora. As mudanças são físicas e de conteúdo. Em 1970, começa a construção do novo convento. As irmãs ficam na própria casa, apertadas em cubículos, enquanto os pedreiros derrubam as partes da frente para a ampliação. Aquelas grades de pontas de ferro, com pequenas treliças, saem. Entram outras. Mas não por muito tempo.

Com o andamento das reformas, a superiora – que conhece bem as vantagens e desvantagens de uma vida totalmente encerrada por grades – resolve com a comunidade que é hora de trocar aquelas peças medievais por uma mesa fixa, que separa o lado de dentro do Carmelo de quem está fora. É uma das três formas sugeridas por um documento da Igreja.

Ao chegar o momento de pôr no chão os próprios quartinhos das monjas, elas vão por uns dias para uma casa de retiro dos dominicanos. Na volta, Irmã Maria Amada conta, animada como uma criança:

– A maior surpresa! A parte de cima já está feita. São dez celas, três banheiros, enfermaria, o escritório de nossa madre e o refeitório.

Essa parte do mosteiro é construída com donativos dos pais de uma das monjas. Os doadores, pessoas de muita fé, contribuíam sempre que Madre Teresa encontrava-se sem recursos. Mesmo não tendo dinheiro naquele momento, vendiam o gado que tinham, ou uma gleba de terra, para socorrer o Carmelo.

Quando o dinheiro chegava, Irmã Maria de Lourdes do Cristo Rei, que era a ecônoma, dizia com entusiasmo e palmas: "Salve a mãe terra e as sagradas vacas que nos tiraram do sufoco. O povo da Índia tem suas razões...".

Tudo isso constitui para a Irmã Maria Amada a maior surpresa. E ela fala sobre os detalhes da construção que a encantam:

— A minha cela é verde-claro, janela e porta em cinza, teto branquinho e tem um armário de parede envernizado. A minha cela é o meu céu, porque fica bem perto da capela, onde passo minhas horas felizes perto do Senhor.

Na porta de cada cela há um versículo bíblico. Na dela está escrito: "Maria conservava todas essas palavras, meditando-as no coração" (Lc 2,19).

Quem sabe da devoção da doce velhinha pela "Mãezinha do Céu", percebe como Madre Teresa cuidara dos detalhes das coisas aqui na terra.

Nessa hora, Irmã Maria Amada lembra que, na véspera de sua entrada no Carmelo, Madre N, com zelo peculiar, faz-lhe uma advertência:

— Maria, você vai entrar no Carmelo onde já está uma irmã de sangue, a Irmã Lourdes. Você que a criou, educou e fez tudo, tudo por ela, fique atenta. É perigoso tentar proteger ou ter alguma preferência, uma amizade particular.

— Madre... Na vida, às vezes, a gente vê os perigos que os outros estão correndo e não enxerga que também é humana, e se arrisca aos mesmos perigos.

A velhinha, sem a sabedoria livresca, de seu jeito, passa a sabedoria divina através de imagens simples observadas na natureza.

A zelosa madre faz a mesma advertência à Irmã Maria de Lourdes dentro da clausura. E a reação é outra:

— É madre, esse perigo correu Santa Teresinha, que teve não apenas uma irmã de sangue no Carmelo, mas várias.

Ironia? Mas essa é a realidade humana. E os santos também eram humanos.

Passada a emoção inicial das monjas com o novo convento, havia um problema: o fim da construção trouxera um pouco de conforto às carmelitas, mas deixara dívidas das obras e um rastro de pobreza para a manutenção.

Com donativos de alguns amigos, as carmelitas conseguem pagar as dívidas que restam das obras.

A comunidade não tem rendas fixas e muitas monjas estão idosas. O trabalho artesanal, que antes contribuíra para o sustento, já não consegue concorrer com as peças fabricadas pelas máquinas dos tempos modernos. A exigência da sociedade de consumo não tem mais nada a ver com as pequenas obras de arte feitas por mãos delicadas. As toalhas, colchas ou sapatinhos de bebê agora são feitos industrialmente. Diante do impasse, a comunidade resolve pedir a Dom Penido licença para assumir as funções de portaria, compras e outros trabalhos fora do mosteiro. Dom Geraldo, com o pé bem situado na realidade, consente.

Preocupada com a qualidade da vida carmelita e adiante de seu tempo, Madre Teresa de Jesus consegue, em quase dez anos, a queda gradual do jejum que deixa as irmãs doentes, a troca gradativa das grades por outras mais largas e assim, aos poucos, elas passam a atender as pessoas através do balcão. É o fim das grades sem sentido e a quebra da clausura rígida. Ela cansara de saber de monjas que chegaram a morrer à espera da licença de Roma para a hospitalização.

A priora fala do tempo presente com o mesmo espírito livre que tivera ainda adolescente e com a certeza de que está construindo o Carmelo leve e transparente tão longamente sonhado: "As adaptações são lentas para o meu gosto, mas feitas de acordo com as necessidades da vida. O sopro do Espírito Santo sempre presente".

A "quadrilha" cresce e recebe novas vocações com alegria. Irmã Maria Amada, mesmo sendo uma contemplativa, ao tomar conhecimento das dificuldades internas e do que vai pelo mundo afora, comenta sobre o custo de vida:

– O mundo mudou muito. Não é mais o mesmo de quando nasci. Sabe por que isso? Ninguém reza mais.

Assim, de maneira simples, ela avalia a revolução dos costumes. Sobre o fim das reformas, escreve: "A nossa vida é um céu. Quando surge algo difícil, logo penso: isso veio do céu, para me levar ao céu. Assim, vou sorrindo para tudo e tudo vai passando".

Madre Teresa de Jesus faz de tudo para diminuir as despesas e saldar as dívidas. Mas, como as épocas difíceis reúnem muitos transtornos, um dia, uma chuva de granizo destrói os telhados, as vidraças e a horta. Irmã Maria Amada comenta:

– Que luta! A Irmã Maria de Lourdes fica agora sem a horta que deu tanto trabalho. Mas vamos aceitar a vontade de Deus e não a nossa. É hora de acolher mais esse trabalho com um sorriso, porque tudo no mundo é passageiro e não vale a pena fazer cara feia.

Nessa época, muita gente da cidade vem ouvir às 9 da manhã, no silêncio da capela, as Irmãs Rosa Branca e Maria Amada rezarem o terço. Do lado de dentro elas seguem firmes, conta após conta do rosário. De fora, as pessoas acompanham o ritual.

É uma oração universal. Pelos padres velhinhos, pelos cercados de tentações, pelos infelizes etc. E depois, a reza segue pelas famílias, pelos lares desajustados, pelas mães rejeitadas, pelos pais sem saúde para trabalhar. Um terço completo para todas as necessidades. Oásis para todo tipo de desespero.

No horário de intervalo das monjas, muitas vezes, Irmã Maria Amada recorda músicas de infância e, acompanhada pelo irmão Chiquinho, o jardineiro, canta:

> Morena, minha moreninha
> Tu és do campo a rainha
> Tu és senhora de mim
> Tu matas todos de amores
> Com a cesta apanhando flores
> que colhes no teu jardim.

E recorda o que diziam dela quando criança: "Maria, no meio de todos, é a menina mais assanhada da fazenda". E, em seguida, diz:

— Agora, Maria é a velhinha mais assanhada deste Carmelo.

Madre Teresa de Jesus, feliz com o espaço de amor que é o Carmelo, pobre, mas de alma carmelitana como deve ser, participa da alegria. As monjas vivem num lugar que se preocupa com o povo, e são felizes na escolha que fizeram de entregar a vida a Deus.

Mas o sufoco da vida terrena teima em aparecer. Madre Teresa, que já era a ecônoma do mosteiro, procura Irmã Maria Amada. Fora do horário da portaria interna, ela fica no coro, às voltas com Deus. A priora fala:

— Estamos precisando muito de uns trocados para comprar mantimentos.

A freira velhinha entende o recado e começa:

– Mãezinha do Céu, Madre Teresa não tem dinheiro para comprar o que colocar na panela. Dá a ela o necessário para suprir o sustento de suas filhas. Alimenta-nos, para ficarmos fortes para amá-la.

Mais prática, a priora senta no escritório e escreve dez cartas aos donos dos armazéns da cidade pedindo um quilo de donativo. Chama um amigo e pede que distribua as cartas. Ele combina de fazer o favor no dia seguinte.

Naquela mesma tarde, a campainha do convento é tocada. Lea, uma amiga das carmelitas, chega com uma perua lotada de mantimentos e conta:

– Estava no armazém fazendo compras e pensando em trazer uns biscoitos para vocês. Meu pai entra e pergunta: "O que você faz por aqui, Lea?".

Ela saíra do hospital, depois de uma cirurgia difícil, e disse ao pai: "Estou comprando alguns biscoitos para as irmãs do Carmelo". "Pois enche essa perua e leva para as irmãzinhas. Sem as orações delas, você não estaria viva."

O sucesso das preces de Irmã Maria Amada, como sempre, é imediato. As compras se espalham pelo refeitório. As monjas, escoladas na penúria, mal acreditam.

Irmã Maria Amada, diante da fartura, comenta:

– Eu não disse, Madre Teresa? A delicadeza da Mãezinha do Céu é perfumada. Agora, a panela vai ferver dois meses...

Com tais evidências, a priora agradece. Aquela "quadrilha" – ela já desconfiava, mas agora tem a certeza – é mesmo coisa divina.

Por essa época, Madre N, aquela que cismara com Madre Teresa em Petrópolis, comemora cinquenta anos de vida religiosa. Numa prova de que o passado não deixara mágoas, a priora, em Juiz de Fora, põe o Carmelo a trabalhar.

Em meio às dificuldades, as monjas fazem mensagens, docinhos e lembranças como as que se manda a parentes queridos. As irmás em Juiz de Fora realizam tudo com carinho para as Bodas de Ouro em Petrópolis. Toda a decoração em lírios, feita em cetim, confeccionada por Irmã Clemência, é enviada para Petrópolis para as bodas e grande festa de Madre N. Tudo de fino gosto. Mas com uma dúvida na cabeça. Na hora certa, Madre Teresa de Jesus esclarece:

– De tudo na vida há de se tirar lições. Mesmo tendo ela me causado muitas e profundas tristezas, do sofrimento aprendi que cada um tem suas razões. E só cresce quem entende o que lhe foi dado viver. Os defeitos nunca estão de um lado só, quando há dificuldade entre duas pessoas. Só o perdão é capaz de deixar o coração livre. Enquanto o ressentimento adoece, o perdão cura.

Nem todas as monjas acham tudo assim tão natural. Mas, se a madre, que fora preferencialmente atingida conseguira perdoar...

Em agradecimento, a tal madre manda uma carta cheia de gratidão e fraternidade. A certa altura escreve:

> Madre Teresa, eu sabia que precisava conviver com você, uma mulher que não tem fingimento. Agora, a cada dia, me preparo para o encontro com o esposo. Deve ser maravilhoso vê-lo face a face. Seu exemplo me ajudou a ver o quanto Deus nos ama como somos.

O coração aberto de Madre Teresa garantira um final feliz para a história iniciada há tanto tempo.

Os primeiros anos da década de 1970 também trazem outro aprendizado. As irmãs idosas descobrem que não têm nenhuma garantia quanto à aposentadoria. Os jovens, filhos de frequentadores do Carmelo e benfeitores, já universitários, percebem que alguma coisa tem que ser feita. Uma circular para os amigos expõe a situação e pede ajuda ao menos para o INPS* das monjas. A resposta é imediata. Muitas contribuições chegam para garantir a velhice das carmelitas. Por conta desse movimento, é fundado o "Grupo de Amigos do Carmelo".

A agitação toda acaba revelando às irmãs outro universo. As filas no INPS, as esperas para atendimento e as agruras das internações em hospitais. E a vivência na prática das dores do mundo, antes protegida atrás de muros e grades. Agora, a mística da vida religiosa é vivida em nova dimensão. A contemplação, que até então garantira um distanciamento do mundo exterior, é sentida participando dele.

A realidade dos sofredores não passa apenas para dentro do convento. É conhecida agora pelas irmãs que têm de enfrentar a fila para receber a aposentadoria. É a sobrevivência num espaço hostil e até então desconhecido.

Cada momento desses é pacientemente meditado pela comunidade e dividido com o bispo, o "santo" Dom Geraldo, que tudo entende e tudo abençoa. A oração assume uma profundidade nunca experimentada antes. As carmelitas estão diante de novos motivos para a contemplação.

Resolvido o problema das irmãs mais idosas, entre sufoco e ajuda para manter o pão de cada dia, as monjas vão seguindo.

Novas vocações aparecem. Duas delas vindas de outras congregações, com autorização de Dom Penido. Quando parece que elas já têm uma identidade, nova trovoada à vista.

---

* O Instituto Nacional de Previdência Social – INPS foi criado por Eloah Bosny, em 1966. Em 1990, o INPS se fundiu ao Instituto de Administração Financeira da Previdência e Assistência Social – IAPAS para formar o Instituto Nacional de Seguridade Social – INSS. (N.E.)

Esperança de renovação

O Concílio Vaticano II traz novos ares para as congregações religiosas e Madre Teresa de Jesus, em reflexões na comunidade, identifica a necessidade das mudanças nas quais tanto acredita.

Em 25 de dezembro de 1961, o Papa João XXIII convoca o Concílio, através da bula papal *Humanae salutis*. E, com rapidez surpreendente para o ritmo da Igreja, ele é inaugurado em 11 de outubro de 1962.

O Concílio, realizado em quatro sessões, só termina no dia 8 de dezembro de 1965, já sob o papado de Paulo VI.

Nas quatro sessões, mais de dois mil padres, convocados de todo o planeta, discutem e regulamentam vários temas da Igreja Católica com o auxílio de assessores e teólogos. As suas decisões estão expressas em quatro constituições, nove decretos e três declarações elaboradas e aprovadas pelo Concílio. Apesar da boa intenção de atualizar a Igreja, os resultados, quase cinquenta anos depois, ainda hoje não são totalmente aplicados.

Nessa época, Madre Teresa de Jesus anota num caderno suas lembranças da caminhada até Juiz de Fora e de seu primeiro confessor.

> Recordo que, um ano após a minha profissão solene, tive com nosso Padre João Gualberto uma longa conversa sobre o meu pensamento contra fechamentos e recebi muito apoio dele.
>
> Nessa troca de palavras, me disse que eram raras as pessoas com quem o Espírito Santo tinha liberdade de falar, como ocorria comigo, e completou: "Irmã Teresa, não ofereça nunca resistência à voz do Espírito Santo que simplifica todas as coisas".

Desde esse dia, comecei a pensar num Carmelo mais simplificado.

A madre segue:

Relembro também certo dia, depois de dez anos consecutivos de priorado (1942), que, quando eu passava o cálice para a missa, na roda da sacristia, o Padre João Gualberto me perguntou sobre o futuro.
"E agora, Madre Teresa, o que a senhora vai fazer depois de dez anos de tanta atividade? A comunicação com tantas pessoas que a fizeram crescer! Sua amizade com Durval de Morais, Eurípedes Cardoso de Menezes, Coelho Netto, Jackson de Figueredo, Alceu Amoroso Lima, Doutor Lourenço, seus amigos e tantos outros... Eles aumentaram muito a sua cultura, a senhora não acha?" "Sim", respondi. "E agora?" (silêncio). "A senhora vai começar a fazer o trabalho das raízes. Se elas vão dar flores e frutos, serão para o Reino. A senhora não se preocupe. O importante é começar já o trabalho das raízes que, apesar de escondido, é fundamental para a planta."

Ela segue na anotação que lembra o passado e explica sua posição após tanto tempo.

Em 1951, em Petrópolis, eu li a vida de Madre Madalena de São José, primeira carmelita francesa, discípula de Madre Ana de Jesus, contemporânea de Santa Teresa na Espanha. E ali descobri, com muita surpresa, que fora ela, Madre Madalena, que redigira toda aquela documentação. Isto fez com que eu pudesse relativizar o valor daquela regulamentação. Não tinha sua origem na Santa Madre, mas na adaptação da Ordem na França.

Da concepção da ideia que deu origem ao projeto da fundação do Carmelo até a aprovação desse projeto pelas autoridades, bispos e superioras, decorreram onze anos e meio marcados pela virtude da esperança, de intensa oração e estudos. Foram anos de maturação da semente.

O Carmelo Sagrado Coração de Jesus, fundado em 31 de agosto de 1958, já traz, apesar da simplicidade da casa, todo o rigor de leis da tradição carmelitana, via Carmelo de Petrópolis. Mas, com o passar do tempo e com as reflexões feitas em comunidade, a partir dos problemas que surgem a cada passo, as monjas conseguem lentamente fazer algumas mudanças.

Em 1962, com o desenrolar do Concílio, Madre Teresa sintetiza tudo o que sentira desde 1921, com apenas 23 anos de idade. Portanto, desde cedo, ela já trouxera dentro de si as insígnias mineiras que flutuam na bandeira: *Libertas quae sera tamen*.

Na sequência dessa reflexão, a fundadora narra:

> De lá, daqueles anos idos até hoje, eu medito nessas palavras do Padre João Gualberto e cada vez mais me convenço de que essas "outras coisas" que Deus quer de mim, aqui em Juiz de Fora, é que eu trabalhe sem desfalecimento para fazer "um Carmelo simplificado". Temos que trabalhar para um Carmelo segundo o espírito de Santa Teresa, nossa mãe.

Naquele mesmo ano de 1962, aparecem outros problemas de saúde na comunidade e o arcebispo autoriza a inclusão da carne nas refeições.

Com o desenrolar do Concílio Ecumênico Vaticano II, muitos questionamentos chegam através dos documentos lidos e refletidos em comunidade. Madre Teresa repete a pergunta:

> Santa Madre Teresa viveu o Mistério da Encarnação. O que faria hoje, em nossos dias? A partir da palavra de ordem do

Papa João XXIII, que diz querer um pequeno Pentecostes... ar puro, janelas abertas? Assim, minhas irmãs, deixemo-nos envolver por esse ar puro, essa brisa suave que tanto encantou nosso Pai Santo Elias, e que hoje chega até nós. Queremos viver o "Pequeno Pentecostes" sob o impulso do Espírito Santo.

Madre Teresa e as irmãs se esforçam, então, em descobrir as "rugas" que envelhecem a face do Carmelo Contemplativo no mundo atual.

Em 3 de junho de 1965, o Papa Paulo VI escreve ao padre-geral sobre a renovação conciliar. A partir daí, o próprio religioso dá início a uma série de questionários sobre a Lei Fundamental do Carmelo, pede e exige a opinião das comunidades e de cada uma das monjas sobre o assunto.

Em 1968 há um Encontro de Mestras de Noviças, promovido pela Ordem, no Rio de Janeiro. Numa das reuniões que trata de assunto da clausura, Madre Teresa, a mais antiga carmelita presente, levanta-se e diz claramente:

– As grades são necessárias para três tipos de pessoas: primeiro, para as crianças, a fim de protegê-las, por ainda não terem responsabilidade; em seguida, para os loucos, porque estão alienados da realidade; e, em terceiro, aos presos (ladrões, assaltantes, criminosos), porque são perigosos e prejudicam a sociedade. Nós não estamos em nenhuma das três opções. Este fato faz lembrar que eu, ainda adolescente, já sacudia as grades e dizia que se pudesse quebrava tudo!

É uma manifestação interior, explicitada com tal segurança, que as monjas também passam a se questionar. Esse é só mais um episódio, dos muitos, em que Madre Teresa defende um Carmelo leve e transparente.

Novo pombal à vista!
Salamanca

Terminadas as duas fundações de Pastrana, Teresa volta a Toledo, em 22 de julho de 1569, onde permanece por alguns meses.

Nesse tempo, o reitor da Companhia de Jesus, Martín Gutiérrez, de Salamanca escreve à fundadora e diz que um convento seria muito bem-vindo naquela cidade.

A madre avalia que o povoado é muito pobre e hesita em fundar um mosteiro sem renda. Mas, durante um período de oração, lembra que Ávila também tem as mesmas características e que nunca falta nada para as monjas de lá. Em seguida, entende ainda que as irmãs, em pequeno número, podem trabalhar para sustentar o Carmelo com as próprias mãos.

Decidida a encarar mais um desafio, ela pede licença ao bispo local, Dom Pedro González de Mendoza, que, diante da insistência do reitor de Salamanca, concede a autorização.

Teresa procura então uma senhora amiga e pede que alugue uma casa. Depois de um tempo, aparece uma que ainda está ocupada por estudantes, mas com a promessa de que se mudarão tão logo chegue o novo inquilino.

Na surdina, a fundadora leva apenas a companheira, Dona María Del Sacramento, para garantir sigilo. Pelas experiências anteriores, acha melhor só levar as monjas quando tudo estiver acertado. Narra Teresa:

Tive muito cuidado quanto ao sigilo, para que, até a posse, nada se percebesse. Tenho já experiência do que o demônio faz para perturbar a fundação de mosteiros. E, embora Deus não tenha permitido sua ação no princípio, porque queria a fundação, mais tarde foram tantos os sofrimentos e contrariedades que duram até agora (cinco anos depois da fundação).

Chegam a Salamanca ao meio-dia de 31 de outubro de 1570, véspera de Todos os Santos. A maior parte da viagem é feita à noite, com muito frio, porque muitas vezes nevava o dia todo. Além disso, Teresa tem vários problemas de saúde que atrasam a viagem.

Na cidade, a fundadora para numa pousada e pede a um mercador que procure informações sobre um homem de boas referências chamado Nicolás Gutiérrez, responsável por retirar os estudantes da casa alugada. Ele é pai de seis monjas do Convento da Encarnação de Ávila. Os rapazes ainda estão no local. Então, Teresa explica ao senhor Nicolás a importância de entrarem logo para que não descubram a presença dela. Ele faz as tratativas e, no fim do dia, as duas conseguem entrar.

A casa está em péssimo estado de conservação. Nesse momento, a fundadora agradece a Deus por estar sem o Santíssimo Sacramento, que ela até essa fundação considerara fundamental expor para dar como realizada a posse de um novo convento. Trabalham a noite toda limpando e arrumando os cômodos. Os conhecidos do senhor Nicolás trazem palha para usar como cama e algumas roupas para aquecer do frio.

No dia seguinte, logo pela manhã, é rezada a missa e está fundado o sétimo Convento de Carmelitas Descalças de San José.

Teresa, em seguida, já manda buscar duas monjas em Medina Del Campo, uma em Valladolid e outras três em Ávila.

A madre lembra que ela e a companheira passaram a noite toda sozinhas, e ri muito com os medos de María Del Sacramento por ser o dia de Todos os Santos, coisa "assombradora". Além disso, ela achava que algum estudante ficara escondido. Por via das dúvidas, se trancam num cômodo só com as palhas.

A casa é grande, com um amplo pátio central, porém, mal dividida. Mas o convento ali está instalado. Ao saber da notícia, algumas monjas franciscanas da vizinhança – que Teresa imaginava que pudessem se incomodar com a presença das descalças – surpreendem. Enviam roupas e esmolas para as irmãs que vão chegar e prestam toda a assistência. Mais um sinal de Sua Majestade!

O mosteiro funciona na casa por mais de três anos, mas tem que ser deslocado porque o local é muito úmido e frio, o que causa doenças nas monjas.

Em 28 de setembro de 1573, véspera de São Miguel, as monjas se mudam para uma nova casa, alugada com calma e com a igreja já construída inclusive. Aí, no dia do santo, a solenidade é completa, com a introdução do Santíssimo Sacramento em clima de solenidade, muita música e devotos de toda a vizinhança.

As monjas vivem ali por nove anos, até que em 1582 conseguem uma casa definitiva. Teresa conta que antes elas sofreram com as pressões do proprietário, mas nunca reclamaram de nada. Pelo contrário, enfrentaram tudo com alegria.

Não às mudanças

Passa certo tempo de pequenas inovações em Juiz de Fora e Madre Teresa de Jesus começa a receber sinais de que a abertura promovida no Carmelo encontra resistência.

Em 1970, o mosteiro é construído com muitos sacrifícios. O custo de vida sobe constantemente. O trabalho artesanal das irmãs é incapaz de fazer frente a uma sociedade de consumo cada vez mais industrializada. Fica patente à comunidade que a clausura rígida se torna inviável. Onde conseguir recursos para pagar um salário mínimo a uma porteira, a um hortelão? E o valor aumenta todo ano! As monjas são obrigadas a assumir a função de porteira, a se mobilizarem para as compras na cidade etc., bem como a se inscreverem no Instituto Social de Previdência Social e tomarem seu lugar nas filas do INPS.

Diante dessa realidade, a comunidade percebe que na prática existe também uma mística em tudo isso: o engajamento da carmelita dentro da história do comum dos homens, do pobre. Passam, então, a participar da vida real da humanidade sofredora; sua oração toma, desse modo, um conteúdo mais engajado. Habituadas à vida da clausura estrita, e agora em contato maior com a vida das pessoas, elas fazem, de toda esta realidade humana, matéria para a sua contemplação.

A partir de 1972, algumas irmãs em Juiz de Fora percebem sinais de que a renovação no Carmelo Sagrado Coração de Jesus não está sendo bem recebida por alguns outros conventos. Uma carta para Irmã Teresinha, carmelita há 13 anos e entusiasmada com a visão da priora, sinaliza o perigo:

Irmã, mal eu falei que tinha vindo daí, e começaram as perguntas. "É verdade que lá não tem grades? É verdade que saem muito?" "É verdade que atendem depois das seis? É verdade, é verdade?" "Sim. Elas têm um bispo muito competente e equilibrado que está à frente de toda a situação e apoia tudo porque sabe a qualidade da vida contemplativa que lá se vive."

Calam-se as vozes do atraso, por um tempo. Em 1974, Madre Teresa de Jesus vai a Belo Horizonte participar de um encontro de contemplativas e volta preocupada. Diz numa carta a um padre amigo.

> Vivi lá, de um modo novo, a Encarnação, Paixão e Morte de nosso Senhor. Falam contra nós na Congregação dos Religiosos do Brasil e vejo o Carmelo de Juiz de Fora ser queimado diante dos outros. Mas, quando somos interpeladas pelo Espírito de Deus, no mais profundo de nosso ser, nem os limites de nossos irmãos, nem os nossos próprios nos fazem parar. Pelo contrário, nos lançam cada vez mais na certeza: aquele que nos ama primeiro, nos sustenta e nos conduz.

Em seguida, Irmã Teresinha é eleita priora do Carmelo de Juiz de Fora, e passa a ser uma das coordenadoras do Encontro Nacional das Carmelitas Descalças. Trabalha sem parar para organizar uma reunião produtiva.

Na época, um jovem frade, amigo do Carmelo, recém-saído dos cárceres da ditadura militar que governava o Brasil desde 1964, escreve às monjas agradecendo tantas e tão especiais preces. Ele recebera apoio, orações das Carmelitas e cartas de Madre Teresa de Jesus durante os anos de cadeia. Quando preso em 1969, junto com Monsenhor Marcelo Carvalheira, as freiras, sabendo pelos parentes como funcionam as coisas depois do golpe, rezam muito para que não sejam torturados e mortos.

No Rio Grande do Sul, uma divisória de madeira separa os dois religiosos. Em Juiz de Fora, Madre Teresa, ao saber da situação decreta:

– Para Deus não há interferências. Vamos rezar até que nossas forças permitam.

E as orações entram noite adentro, seguidas pelas rezas da manhã. Ninguém percebe o cansaço. A noite emenda no dia. E o Carmelo segue a rotina sempre com orações pelos presos.

Com Frei Betto já livre, Irmã Teresinha escreve ao dominicano sobre o encontro das carmelitas e conta estar fazendo pesquisas para ampliar as discussões. Como ele é perito em pesquisa e tem uma visão ampla da realidade do Brasil e do mundo, ela pede ajuda para fazer um levantamento pastoral de cada diocese onde há um Carmelo, para que tenham uma visão da resposta diferenciada de cada igreja local. Mapas e estatísticas são criados para servir de subsídio aos debates. Porém, as diferenças entre os coordenadores do evento são grandes. E os esforços se tornam inúteis. O encontro é cancelado por ordens superiores. Das padarias que vão fornecer o café da manhã, até os médicos para os primeiros atendimentos, se necessário, tudo é em vão e dispensado. As diferenças de mentalidade não se ajustam.

Frei Betto escreve:

> Imagino o sofrimento de vocês. Sofrimento que experimentei na carne: ser difamado, desprezado, caluniado, marginalizado e condenado. Mas foi aí que encontrei o caminho da cruz. Caminho de profunda libertação para quem se entrega no amor do Senhor. Nessa entrega, entendemos porque "o jugo é suave e o fardo é leve". Não lamentem esses acontecimentos. Alegrem-se. Lembrem-se: felizes vocês quando sofrerem perseguições por causa do meu nome. Terê, quem vive nas trevas não tolera a sua luminosidade. Seja sempre assim.

Uma amiga do Carmelo, Maria Junqueira, psicóloga, também escreve à Madre Teresa:

> Acho que as trevas a que Frei Betto se refere não são as trevas do pecado, mas as sombras daqueles que são carentes, cuja história lhes negou a possibilidade de serem felizes com a felicidade dos outros. Por que isso acontece? Creio que nenhum psicólogo vai responder. É mistério de Deus! Madre Teresa querida, a senhora, como contemplativa, vai entender profundamente o que falei nessa carta. E muito... muito mais a senhora entende de Deus.

E para Irmã Teresinha, outras linhas.

> Há poucas pessoas radiantes e luminosas como você! Não se deixe ofuscar por um malogro. Isso faz parte da vida... Por nada deixe de ser você mesma. No dia em que perder a espontaneidade, vai empobrecer todos nós. Deus nos coloca num processo prolongado que dura, às vezes, a vida inteira. Coragem!

Por essa época, Dom Geraldo Penido, atento à resistência que começa a atingir as carmelitas, e conhecedor de quem são aquelas almas com as quais convive há mais de quinze anos, escreve à Madre Teresa de Jesus, refletindo sobre vários documentos.

A respeito do encontro das carmelitas cancelado à última hora, ele conta que todos só ficaram sabendo depois. Irmã Teresinha propusera encenar *Morte e Vida Severina* no fim da reunião. Isso fora a gota d'água. A intriga correra solta. O braço direito da Madre era uma das coordenadoras. E levar adiante o encontro significava apoio à abertura experimentada pelo convento de Juiz de Fora. Dom Geraldo analisa:

> Boa essa carta de Irmã Teresinha, explicativa sobre o encontro adiado das carmelitas. Franca, sincera, humilde. Espero que

contribua para tornar o Carmelo de Juiz de Fora menos badalado, mas, sobretudo, para maior união e entendimento entre as carmelitas dos diversos lugares. Vamos rezar para isso?

Sobre o documento do superior, que Madre Teresa mandara para conhecimento dele:

> Muito suculento. Muito equilibrado, mas com várias coisas a serem esclarecidas. As respostas do padre-geral às perguntas das religiosas são muito boas. Mas, também é verdade que, vez ou outra, ele escorrega, quando percebe o aperto da pergunta. Muito válida a colocação de "pluralidade" nos Carmelos. Porém, para mim é nebulosa ainda. Pelo menos, tem sido excelente escapatória, como recurso de emergência, até se ver como vão ficar as coisas. Apela-se para o pluralismo e... deixa-se o barco correr. Pelo menos na Igreja de Deus tem sido assim. E a confusão reina, ficando largo campo entregue à criatividade de cada um. É a razão pela qual acho a pluralidade uma espada de dois gumes.

E acrescenta:

> Estranhei que o padre-geral achasse anormal a maioria dos Carmelos estarem nas mãos dos bispos. Anormal? Não é isso o ideal na Igreja do Vaticano II? Por outro lado, seria normal deixar treze mil carmelitas entregues à sua própria sorte, uma vez que ele mesmo reconhece que não há padres suficientes para isso?

E para encerrar:

> Madre Teresa, refleti um pouco e cheguei a essa melancólica conclusão: nos Carmelos ainda não se sabe como será feita a renovação. Por outro lado, é muito consoladora essa teimosa fidelidade a Santa Teresa. Falta no documento uma reflexão sobre a manutenção financeira dos Carmelos. Ou isso não é problema?

Diante dos argumentos de Dom Penido, que acompanha tão de perto a caminhada da comunidade, e de tão generosa figura humana, a fundadora sabe que precisa continuar a renovação, de acordo com as "interpelações da vida contemplativa no mundo de hoje", como afirma o próprio bispo.

Aos 77 anos, mais de sessenta dentro da vida religiosa, ela já não se espanta com facilidade. Acostumada às várias armadilhas do ambiente, procura receitas precisas para quase tudo. Quando uma monja tem "visões", por exemplo, a receita é a de Santa Teresa d'Ávila: "Um bom bife, minha filha".

Mas a calejada priora, uma noite, tem um sonho muito esquisito. Mesmo ela que não é de se espantar, fica preocupada. Madre Teresa conta o sonho:

> Eu estava longe de minha cela, quando uma irmã vem correndo me chamar. Olhei pela janela, vi um tipo muito esquisito, parecia um homem gigante, cor de terra, cabelos espetados, que gritou: "Vamos acabar com este Carmelo". Ao que eu, apavorada, respondi: "Não irá, não, ele é do Sagrado Coração de Jesus". Ao ouvir esta resposta, a figura tombou num capinzal.

Em 1976, Irmã Teresinha é reeleita priora para mais um triênio.

O confessor do Carmelo, Frei Alano Porto de Menezes, está em viagem e de Conceição do Araguaia escreve:

> Que alegria! Irmã querida, não olhe mais para trás. É tudo novo. Ponha mão à obra, escorada na oração. Precisamos encarnar aí nesse torrãozinho uma Igreja verdadeiramente contemplativa, toda feita de "mulherzinhas ruins", como dizia Santa Madre Teresa. Essa qualidade vocês já têm, não acham?

Mas nem tudo corre como antes. Depois do sonho de Madre Teresa de Jesus, a situação se complica para as carmelitas em Juiz de Fora.

Até ali, o convento segue cheio de vocações, enquanto os outros minguam pela perda de candidatas que não aguentam os noviciados fechados e fora do tempo. A rotina de um Carmelo pobre segue o próprio ritmo.

Depois do sonho, parece que as coisas todas perdem o rumo.

As vocações, antes tão firmes, começam a dar problemas. Algumas monjas, vindas de outras congregações, onde também não se acertaram antes, apresentam questões vivenciais sérias.

Uma delas tem problema emocional, difícil de ser cuidado. Apesar de toda a ajuda, inclusive psiquiátrica, para uma possível adaptação, nada resolve. Ela sai e na despedida diz à Madre Teresa:

— Quando eu abrir a boca, vou estraçalhar vocês todas.

— Este Carmelo é do Sagrado Coração de Jesus. Quem nos estraçalhar vai atingir o próprio Coração de Jesus, o dono da casa.

Outra, não satisfeita, questiona a vida dentro do Carmelo. Todo tipo de ciúme e mesquinharia vem à tona e a freira se encarrega de passar os mexericos para outros Carmelos. Essa irmã também sai do mosteiro.

Nessa hora, Madre Teresa se lembra do alerta dado pelo confessor Padre João Gualberto: "Não leve religiosas saídas de outras congregações, nunca dão certo".

Lembra e sente o erro na alma. Mas já não pode fazer mais nada. Diante do fato consumado, para expressar a dor da ingratidão, ela usa um salmo:

"Aqueles que comeram no meu prato, levantaram o calcanhar contra mim". Diante de Deus e minha consciência tenho certeza de que o Carmelo dá o seu máximo. Respeitar a liberdade é deixar que o livre-arbítrio do outro o leve a nos injuriar. Esse também foi o caminho do Mestre.

Mas, àquela altura, o leite está derramado e os comentários entre os Carmelos fervem.

E como desgraça, ao chegar, sempre arrasta sombra, chega a notificação de mudança do bispo. Dom Penido vai para Aparecida e, em seu lugar, vem Dom Juvenal Roriz.

Numa visita à cidade, antes da posse, um padre muito amigo das carmelitas, Alberto Ferreira Lima, leva o novo superior para conhecer o convento. Madre Teresa de Jesus recebe a visita num corredor estreito. Mal vê Padre Lima entrar com seus quase dois metros de altura, dispara a falar:

– Meu filho, que alegria! Você aqui! Veja só, essa nossa Igreja não tem mesmo juízo. Imagina que mandam um bispo, filho da cidade, Dom Fazza, para Foz do Iguaçu, e para cá um forasteiro de Goiás. Por tudo que ouvimos falar, vai ser difícil. Ele não tem a mínima ideia de nosso jeito mineiro de ser. Com mentalidade diferente, só vai fazer coisa errada.

Com o espírito animado de sempre, fala sem parar. Aflito, Padre Lima pega no ombro dela e diz:

– Madre Teresa, olha aqui.

Ela estica os olhos e, diante da figura, cumprimenta:

– Ah! Você é o motorista do Padre Lima, muito prazer.

Não, não é. Está ali o novo bispo em pessoa. De estatura muito baixa, o Padre Lima muito alto, Madre Teresa não se deu conta da presença do bispo. Presença minúscula.

Aí começa a antipatia de Dom Roriz pelo Carmelo. O homem do poder sente-se ferido.

A sorte é que toda moeda tem dois lados, e sempre alguém aparece para aliviar a situação.

O dominicano Frei Betto é, de novo, figura presente. Numa carta, em resposta ao amigo, Madre Teresa de Jesus agradece:

> Betto, cada carta é uma bênção, um oásis no deserto. Como aquele verso: o irmão ajudado pelo irmão é como uma cidade fortificada. E cá estamos nós em Juiz de Fora, no morro da Graça, aguardando o maná da Palavra do Pai que você reparte conosco. Senti que a pedagogia de Deus é especial com você. Só quem sofre e é injustiçado é capaz de rezar para abrir o próprio coração para que os outros mantenham os deles abertos. É isso mesmo, a compreensão é a oração mais perfeita que a gente faz.

E no fim da carta, bem no estilo Madre Teresa de ser, recomenda: "Não abafe o espírito. Deixe que ele fique livre para espalhar as coisas do Pai".

Outra figura amiga, nos tempos de difamação, é o capelão do Carmelo, o dominicano Frei Alano Porto de Menezes. Indicado para confessor das irmãs na época de calmaria, ele aguenta firme o tranco, quando as águas ficam revoltas. E lembra um dia em que Madre Teresa, exausta, teve um momento de fraqueza.

Braços cruzados sobre a mesa fixa que separa a clausura, num gesto de desânimo ela diz:

– Acho que estou perdendo a fé.

– Madre, nesses momentos de escuridão, como diz São João da Cruz, é que devemos reafirmar a fé. Ela fica cada vez mais pura.

Abatida, em silêncio, a priora levanta e sai.

Frei Alano fica impressionado. Porém, no dia seguinte, movida pelo tal motor *Fiat Lux*, ela retoma a luta.

Quando a fervura da panela parece baixar, o novo bispo toma posse, em agosto de 1978. E já vem acompanhado de secretária, pronto para enfrentar a cidade e as mais de vinte congregações de freiras e padres. Não se sabe se pela característica da vida carmelitana ou por aquele primeiro encontro com Madre Teresa, o fato é que elas são os primeiros alvos.

De início, sem perguntar nada sobre a história do Carmelo Sagrado Coração de Jesus, já manifesta antipatia pela comunidade. Mas a situação fica difícil mesmo é para Irmã Teresinha. Ela entrara no convento ainda adolescente e acompanhara toda a caminhada das carmelitas em Juiz de Fora. Perspicaz, senso crítico aguçado, jovem, bonita, inteligente e, além do mais, disposta a levar adiante a renovação do Carmelo. É demais! Como aguentar tal firmeza? Uma afronta ao senhor bispo!

Esse relato é muito parecido com outro vivido há quatrocentos anos. Mostra que a Igreja aprende pouco com a própria história.

Milagre em Alba de Tormes

A fundadora mal termina a fundação de Salamanca e já recebe uma visita: o contador do Duque de Alba, Francisco Velásquez, e sua esposa, Teresa de Lays, estão ali porque desejam fazer uma fundação em Alba de Tormes.

Pega de surpresa, Teresa não parece disposta a aceitar, porque novamente ela pensa que, sendo a cidade muito pequena, as monjas precisarão ter renda, e a madre não vê isso com bons olhos. Porém, como em fundações anteriores, procura o confessor. Frei Domingo Bañes ri dela e diz:

– Madre, como o Concílio permite ter renda, não é bom deixar de fazer um convento por essa razão. Pois a senhora sabe que isso em nada impede as monjas de serem pobres e muito perfeitas. Já fundou outros mosteiros nas mesmas condições.

Convencida pelo confessor, ela procura informações sobre o casal, a fim de ter certeza para onde vai mandar suas monjas. E ouve uma história inexplicável para os mortais comuns.

Teresa de Lays é filha de nobres, fidalgos de "sangue limpo", ou seja, sem ascendência judaica nem moura. Quando os pais já estão com quatro filhas, nasce mais uma menina. A decepção é tão grande, que batizam a criança e depois abandonam a menina de três dias, de manhã até a noite, sem nenhum cuidado. Quando a babá noturna chega, ao saber do fato, vai alvoroçada ver se a menina está morta. No entanto, quando a mulher a toma nos braços e diz: "Como, minha filha, não és cristã?", criticando o abandono da pobre. A criancinha levanta a cabeça e responde: "Sim, sou."

E mais não fala até chegar à idade em que crianças normalmente começam a balbuciar as primeiras palavras.

Há um espanto geral. E, a partir daí, a mãe enche de cuidados a filha e diz que deseja muito viver para ver o que Deus fará da menina.

Essa criança, Teresa de Lays, ao chegar à idade adulta, na época de casar, recebe um pedido de Francisco Velásquez. Sem nem ter visto o rosto dele, aceita. Além de virtuoso e rico, o moço passa a dedicar à esposa toda a atenção do mundo. Apenas uma coisa incomoda o casal: Nosso Senhor não dá a eles a graça de ter filhos.

Após promessas e mais promessas, ela concentra seus pedidos em Santo André, que, dizem, é bom articulador nessa área. Orações e mais orações, até que, certa noite, ela não sabe se desperta ou adormecida, tem uma visão.

Vê que está numa casa em cujo pátio, abaixo de um corredor, há um poço. Naquele lugar aparece um prado verdejante cheio de lindas flores brancas. Perto do poço, surge a figura de Santo André, na forma de um homem muito belo. Quando o vê, Lays sente uma enorme alegria. O santo então diz: "Outros filhos são esses, distintos dos que tu queres".

Ela, de imediato, acredita que ali está a vontade do Senhor, e associa a frase à criação de um mosteiro.

Espantada com a visão, pensa por um tempo e percebe que desaparecera o desejo de ter filhos. Tem certeza, então, que a vontade de Deus é de que faça o convento. Diz isso ao marido, que fica muito alegre, pois, além de um bom homem, gosta de agradá-la. Começam a procurar um local onde construir o Carmelo.

Nessa altura, a duquesa de Alba manda chamar Francisco Velásquez, que é contador, para ocupar um cargo em sua casa. Ele aceita e compra uma casa em Alba, para onde manda a mulher em seguida.

Teresa de Lays vai, porém, chateada por não gostar da cidade. Ao ver a casa então, desanima mais ainda. Embora bem situada e ampla, não tem acomodações suficientes. Vai dormir bastante aborrecida.

No dia seguinte, ao entrar no pátio pela manhã, vê o poço igualzinho ao da aparição de Santo André (que existe até hoje). O local é simplesmente o mesmo da visão. Ela muda a impressão anterior, de imediato. Fica muito contente, pois tem certeza de que aquele deve ser o local do novo mosteiro. Conta ao marido, que rapidamente começa a comprar as casas próximas até que formem uma propriedade bem grande.

Enquanto isso, Lays inicia uma série de conversas junto a padres e outros religiosos para decidir de que Ordem será o convento. Ela quer que seja de poucas freiras e muito recolhidas. Todos os consultados a desanimam e sugerem que faça outras obras sociais. Dizem que os mosteiros estão cheios de mulheres infelizes e descontentes.

Diante dessas informações, ela resolve desistir. Ao conversar com o marido sobre as consultas feitas, o casal decide doar boa parte do dinheiro para um sobrinho que vai casar e, outra parte, para obras de caridade.

Tudo acertado, a mão divina entra em ação.

Em poucos dias o rapaz fica doente e morre. A partir daí, Lays resolve que por nada no mundo se esquecerá do convento.

Um tempo depois, o seu confessor, um frade franciscano, em viagem tem notícia das fundações dos mosteiros de Nossa

Senhora do Carmo. Ele pede o máximo de informações e, ao voltar a Alba, chama a moça e diz:

– É possível fazer um convento exatamente como você pensa. Existe uma madre, de nome Teresa, que vem fundando Carmelos, com poucas monjas e que levam uma vida totalmente reclusa. Procure por ela em Salamanca, pois acaba de fundar o Carmelo na cidade e ainda está por lá.

E aí está o casal diante de Madre Teresa. Após muito tempo de negociação, pois a priora não aceita que as monjas dependam de ninguém, há o acordo. Eles doam apenas o suficiente para as irmãs e entregam a própria casa para ser o convento. Esse gesto comove a todos, pois, o casal vai morar em uma casa muito menor.

Assim, no dia 25 de janeiro de 1571, no dia da Conversão de São Paulo, as carmelitas colocam o Santíssimo Sacramento em exposição e o Mosteiro de Anunciação de Nossa Senhora das Carmelitas Descalças é inaugurado em Alba de Tormes. Teresa de Jesus completa:

– Para honra e glória de Deus, um convento onde Sua Majestade é bem servida. Queira ele que assim seja cada vez mais.

O tempo passa e as monjas ficam conhecidas em todas as cidades e regiões em volta das fundações. A santidade dos Carmelos se alastra como fogo em um paiol carregado de pólvora. Santa Teresa resume o estado de ânimo dos mosteiros:

> Com o começo da povoação desses pombaizinhos da Virgem Nossa Senhora, começou a Divina Majestade a mostrar suas grandezas nessas mulherzinhas fracas, ainda que fortes nos desejos e no desapego das coisas perecíveis, que deve ser a coisa que mais une a alma ao seu Criador, estando ela com a consciência limpa... Como tudo o que essas almas praticam e

tratam sempre tem vínculo com ele, Sua Majestade também parece não querer deixar de estar com elas. Isso é o que vejo agora e, com verdade, posso dizer. Temam as que estão por vir e lerem isto; e, se não virem o que agora há, não o atribuam aos tempos, pois para Deus conceder grandes favores a quem o serve deveras qualquer tempo é tempo... São tantas graças que o Senhor concede nessas casas que, se há uma ou duas a quem o Senhor leve ainda pela meditação, há outras que alcançam tamanho progresso que chegam a ter arroubos. A outras o Senhor favorece de modo distinto, permitindo-lhes ter revelações e visões que mostram claramente ser de Deus; em nenhuma casa existente deixa de haver uma, duas ou três dessas irmãs.

Santa Teresa fica conhecida por todas as cidades em que inaugura seus Carmelos. Ela convive com pobres e nobres, sempre acolhendo uns e outros que precisam de seu amparo. Quando chega aos lugares, a multidão se acotovela para ter a oportunidade de ver de perto o seu rosto. Muitos se decepcionam ao ver uma mulher bonita, robusta e alegre, totalmente ao contrário do que imaginavam: uma velha penitente, magra e feia.

Teresa leva tudo isso na conta de salvar pessoas. Espalhar seus "pombais" para conquistar mais e mais "mulherzinhas" que pela santidade vivida nos Carmelos atraem muitas almas para Sua Majestade.

Luta contra o bispo

No século XX, passados os anos frutíferos, o Carmelo de Juiz de Fora passa a ser alvo das investidas do novo bispo contra as carmelitas. O local já é referência de bênçãos, para desgosto de Dom Juvenal Roríz.

Irmã Maria Amada continua cada vez mais sendo solicitada para confortar todo tipo de problema. Casos financeiros, familiares, sentimentais, qualquer assunto é da alçada da velhinha e de sua "Mãezinha do Céu".

Um dia, chega ao locutório um senhor de certa idade, todo sem graça.

— Até hoje vivi para minha mãe que era idosa. Agora, ela morreu e não sei viver sozinho. Perdi a alegria de viver. Vim pedir suas orações para arrumar uma companheira porque não sei como fazer isso.

— Filhinho, não fique triste. A Mãezinha de Céu está escolhendo uma esposa para o senhor. Quando descer daqui do convento vai encontrar uma moça perto da sua idade que vai sorrir. É ela a escolhida para abrir a sua casa e encher tudo de luz. Reze. A Ave-Maria tem um poder desconhecido.

Conformado, o homem enxuga as lágrimas, agradece e vai embora.

Meses depois, ele volta feliz da vida.

— Irmã Maria Amada, naquele dia, ao chegar lá embaixo, como a senhora dissera, eu vi na rua uma mulher que me abriu um sorriso daqueles. Nunca vou esquecer. Pois trocamos umas palavras, passamos a nos ver e gostamos um do outro. Casamos e sou muito feliz. Como foi a senhora que arrumou este casamento, viemos agradecer. Aqui está ela.

Irmã Maria Amada, toda alegre com o papel de casamenteira, abençoa o casal e se prepara para receber novos pedidos.

Em outra ocasião, chega um juiz de Direito aos gritos. As irmãs até se assustam com o desespero do homem.

– Ouço falar da senhora e venho pedir orações. Estou para enlouquecer com uma dor no olho que ninguém consegue curar.

– Filhinho, não se preocupe. Você não vai enlouquecer nem ficar cego. A Mãezinha do Céu vai te curar.

Explicando o poder da oração e rezando a Ave-Maria vai passando a mão no olho doente.

– Volte para casa porque a Mãezinha vai ser sua enfermeira e curar o seu olho.

Doutor Plácido se acalma e desce para o Fórum onde vai despachar. Sente novamente as dores aumentando e procura o oculista mais próximo, pois não aguenta o sofrimento. Nem dá tempo de ir atrás do médico que trata de seu caso.

Pede preferência no consultório e é atendido pelo médico Marcelo Infante. Ao começar o exame, o profissional descobre um corpo no fundo do olho.

– Tem que operar já.

– Mas, doutor, ninguém da minha família sabe sequer que estou aqui.

– Não importa. É uma anestesia local.

O oftalmologista chama a enfermeira, aplica o anestésico e retira do olho uma linha de catgut, com dois centímetros, deixada por uma cirurgia anterior. O organismo não absorvera o corpo estranho e viera a inflamação, que provocava a dor. Depois de limpar bem o local, o médico faz um curativo e o sofrimento passa na hora.

Alguns dias depois, com o fim dos curativos, uma bela surpresa. O juiz está enxergando direitinho. Como é pessoa conhecida na cidade, faz questão de contar no jornal a própria história.

No fim de 1978, Madre Teresa de Jesus faz 80 anos. Recebe homenagens dos amigos do Carmelo, que, a essa altura, já passam das centenas. Pobres, ricos e aflitos em geral, que têm naquele convento uma segunda casa. Como repete sempre a homenageada:

– Aqui é a casa do povo, onde todos têm vez e voz.

Tirando esses refrescos dados pelo divino, as coisas terrenas se complicam para os fiéis. Dom Juvenal segue firme: afasta auxiliares nomeados pelo bispo anterior e desmonta serviços de ação social da Igreja para economizar. Chamado de bispo financista pela comunidade, sem poder revidar, desconta seu recalque nas carmelitas. E ensaia uma ameaça: levar as irmãs de volta a uma clausura medieval.

Em agosto de 1979, Madre Teresa de Jesus e Irmã Glória vão a Belo Horizonte para o Encontro dos Carmelos. Numa entrevista com o padre-geral, Frei Felipe Sainz Baranda, a priora conta sobre a abertura feita de acordo com o Concílio Vaticano II. O superior ouve quieto. Ao fim da conversa, Madre Teresa pergunta:

– E agora, diante da pressão do bispo, o que devemos fazer?

– Continuem. Pois a Igreja está caminhando para uma remodelação das clausuras rígidas.

A priora volta feliz com a conversa.

Mas a pressão continua e a fundadora anota, no fim de 1980.

> Já vivi 45 anos num Carmelo fechadíssimo, onde tudo favorecia o cumprimento das leis, inclusive a estabilidade econômica e financeira. E durante esses 22 anos aqui em Juiz de Fora, vivi o reverso da medalha. Diante de Deus e da minha própria consciência, posso dizer que a vida contemplativa não depende da clausura.
>
> A clausura é um fator da história e não do nosso relacionamento com Deus. O clima do silêncio, recolhimento e espírito de ermo, indispensável à nossa vida de união com Deus, é necessário; mas isto se pode conseguir sem precisar estar atrás de grades, chaves e altos muros. Elisabete da Trindade já dizia que, se Deus não enchesse nossos claustros e nossas celas, tudo seria vazio! Mas, como ele nos completa, nossa vida é um céu antecipado.

Dom Juvenal Roriz, àquela altura, começa a ter preocupações com a força daquele pequeno mosteiro na cidade. Os preparativos da guerra são montados.

Tempos bicudos. O Carmelo do Sagrado Coração de Jesus em Juiz de Fora entra no alvo imediato. Para dar uma pálida ideia de quem é a nova autoridade, basta contar que, um ano antes, reunira padres em sua diocese para apoiar Dom Sigaud, um bispo conservador, que movera um processo contra os progressistas Dom Tomás Balduíno e Dom Pedro Casaldáliga. É uma pessoa com essa visão que agora dirige a diocese. A primeira providência que toma ao chegar à cidade completa o quadro. Dom Juvenal demite toda a cúpula do Seminário Arquidiocesano. Segundo ele, "passara a vassoura", sem avisar ninguém. O reitor sabe da decisão pelos jornais.

Em seguida, começa uma cruzada pessoal contra as congregações. No caso das carmelitas, sem visitar as freiras, sequer sabendo o que fazem, ele resolve ficar com o prédio do Carmelo. Diante da marcação, as irmãs recorrem às orações.

Um dia, de improviso, aparece no Carmelo, com a chamada proposta duvidosa.

O financista quer o convento que fica num ponto estratégico, morro acima, no fim da principal via de Juiz Fora, e é visitado pela maior parte da cidade. Em troca, propõe confinar as irmãs numa paróquia. Qual ele não diz, nem ninguém quer saber. Madre Teresa, escolada, pergunta:

— Para quê? — E emenda: — Aqui, o Carmelo foi construído com o suor das irmãs. Toda noite, quando nem havia acesso, as monjas passavam o tijolo de mão em mão, de baixo para cima do morro, para que os pedreiros às sete da manhã achassem pelo menos mil tijolos na parte de cima para construir o prédio. Por isso, não é apego ao convento, mas queremos saber o que vai ser feito disso que foi construído com tanto trabalho.

Dom Roriz sai sem dizer mais nada. Mas age.

Usa uma brecha do Direito Canônico, o cânone antigo, e pede o Carmelo como se fora construído com os bens da comunidade eclesial de Juiz de Fora. Está tão apressado em pôr a mão no patrimônio alheio, que nem pergunta a origem.

Na época, ele diz a quem está perto:

— Madre Teresa de Jesus é arrogante, desobediente e não tem humildade.

Não imagina que um convento de monjas idosas vá se manifestar. Acha que dará o bote e fim de papo. Mas não sabe com que mulheres está mexendo...

Julgando que um déspota esclarecido possa anular mais de sessenta anos de vida contemplativa na surdina, o bispo abre um processo em Roma. E traz imenso desgosto para as carmelitas.

Chega um documento da Santa Sé determinando que as irmãs entreguem o prédio onde moram. Ele pertence ao bispo, que está precisando do local para fins pastorais.

Ao voltar do Vaticano, crente da vitória, avisa ao Carmelo. A brutalidade é tal, que Madre Teresa de Jesus perde a voz no ato e permanece sem fala durante dez dias. Mas não deixa suas atividades. Para se comunicar com as irmãs, usa bilhetes. Recados estes, às vezes, jocosos para que as carmelitas não percebam nem avaliem o tamanho do abalo diante da novidade. Como uma verdadeira matriarca, segura o leme do Carmelo e, mesmo sem fala, mantém o espírito de sempre.

Num dos bilhetes que envia às monjas diz: "Com todo o respeito! Goiano pé de chumbo, calcanhar de frigideira, quem foi que te deu licença para se meter com mineira".

E assim vai falando com a comunidade, com muita liberdade, para manter a calma e não abafar a alegria, trocando o conflito pelo bom humor.

Mas para o mundo de fora do mosteiro nunca toca no assunto do bispo, porque diz: "Devemos seguir a Palavra de Deus. Não podemos ferir o pastor para não dispersar as ovelhas".

Em outro bilhete às suas filhas escreve: "Tão logo me volte a voz, iremos à luta".

Aconselhadas por Dom Isnard da Gama, bispo de Nova Friburgo, Rio de Janeiro, que, além de monje beneditino, bispo e advogado de renome, mesmo antes de sua entrada no mosteiro, disse a Madre Teresa de Jesus:

— Se a senhora provar com uma declaratória em cartório que o Carmelo não foi construído com os dons da comunidade eclesial de Juiz de Fora, seu Carmelo poderá ter legalmente o patrimônio de volta.

E assim acontece. Depois de muitas inalações, exercícios e orações, Madre Teresa volta a falar. No mesmo dia, convoca Irmã Teresinha (a escudeira) e Irmã Lourdes, membro da "quadrilha", para uma viagem ao Rio de Janeiro. Falam com o presidente da Conferência dos Religiosos do Brasil. Padre Décio Teixeira confirma: a lei canônica é clara. Se o Carmelo fora construído com bens da comunidade eclesial de Juiz de Fora, nada haveria a fazer.

Sabendo que o convento fora uma doação, o trio corre para o escritório do Doutor Celso da Rocha Miranda. Sem almoço, num fim de tarde, conseguem falar com ele. O fundador do Carmelo está com viagem marcada para Londres. Mas, diante da angústia de Madre Teresa, cancela tudo.

Ouve com atenção o que ela conta, e diz:

– Madre, é muito fácil. Temos como provar que o dinheiro para a compra do sítio, onde foi fundado o Carmelo, foi doado por mim e minha mulher. Vamos ao cartório.

De posse da papelada, que deixa bem clara a doação para as carmelitas, elas voltam ao jurista eclesiástico. Diante da documentação que não deixa dúvidas, Padre Décio monta um dossiê de defesa das irmãs e manda para Roma.

Aflitos meses de orações, até que chega a sentença da patente. O Cardeal Pirônio, responsável pela análise do processo no Vaticano, despacha: "Senhor Arcebispo, devolver o prédio. A propriedade é das carmelitas".

Na verdade, elas nem haviam saído do Carmelo. Na pobreza em que vivem, nem têm para onde ir. E diante da sentença, a cobiça do bispo é interrompida.

É a primeira vez no mundo que um arcebispo perde no Vaticano contra subalternos. Nas palavras de Madre Teresa: "O Vaticano deu ganho de causa a um 'bando de mulherzinhas ruins', como dizia nossa fundadora, Santa Teresa d'Ávila".

Mas ele não desiste. A derrota só aguça o seu orgulho ferido.

Época de chumbo

Disposto a cumprir seu intento, contra o Vaticano e todas as leis, o bispo utiliza de artifícios para aterrorizar as carmelitas.

No fim de 1980, Dom Roriz procura as irmãs para tratar de questões administrativas. Elas não percebem direito aonde ele quer chegar, mas ficam preocupadas.

Rápido no gatilho, ele apoia uma das freiras que deixara o Carmelo. De imediato, aceita as vagas acusações feitas contra as monjas. Encontra nisso a desculpa que procura para destruir um trabalho de vinte anos.

Com depoimentos reunidos de maneira aleatória, inclusive de pessoas desconhecidas, instaura um processo contra o Carmelo. As acusações são de conversas até de madrugada, quebra da clausura e outras maldades do gênero. Não satisfeito, vai pessoalmente a Roma depor contra as monjas.

Uma freira egressa, vinda de outra congregação, demonstra curiosidade de escutar as monjas no locutório, conversando tarde da noite, com esposas e familiares de presos políticos, que tinham seus entes queridos presos e torturados e se sentiam em verdadeiro desespero. O Carmelo era um pronto-socorro espiritual nesses anos de chumbo. Era época de guerra no país, e o que o Carmelo fazia era uma exceção e não uma prática normal.

Nessa altura, Madre Teresa tem claro que o problema não é zelo pelo aperfeiçoamento espiritual do mosteiro, e sim interesse no patrimônio das Carmelitas, já que uma simples questão doméstica, como ocorre em centenas de irmandades, vira mais uma queixa no Vaticano.

É a primeira vez no Brasil que um convento inteiro é processado. O caso vai parar, novamente, nas "altas patentes".

Madre Teresa descreve:

> Estamos sofrendo muito e achamos que este é um momento de graça. Sentimos que entramos em uma nova história. Não sei se maiores sofrimentos nos aguardam. Só sei que não devemos temer. Aquele a quem servimos não nos faltará com sua graça e a sua força. Em 67 anos de vida carmelitana, tenho bastante experiência do quanto o sofrimento amadurece e produz constância. Já vi de perto na minha vida a glória da cruz. Talvez o Senhor queira nos dizer que já cumprimos nossa missão aqui e devemos partir como Abraão, sem planejamento, apoiadas só na Palavra de Deus. Aqui temos tudo. Amigos, segurança, apoio financeiro dos benfeitores nas horas mais difíceis. Temos nome e simpatia da cidade. O Carmelo é realmente muito querido.

A fundadora segue desabafando:

> Temos a lucidez de que outra diocese só nos receberá por caridade, na fé, porque não temos nada para oferecer. Jamais sairíamos daqui por causa do bispo. Nenhum acontecimento exterior nos levará à decisão de abandonar tudo. Sairemos, sim, a qualquer hora, por causa do Senhor, de sua Santíssima Vontade. Viemos para cá por causa dele e só pela vontade do Pai sairemos. Estamos na escuta do Senhor.

Os visitadores são enviados por Dom Roriz para fazer todo tipo de investigações, verdadeiros inquéritos policiais militares (IPMs) com as carmelitas. E para finalizar, aparece um último visitador apostólico dos carmelitas, vindo de Roma.

Os dias ficam muito difíceis. Mas o ponto positivo é que ele reconhece que uma comunidade unida como aquela ninguém derruba. Em um momento, chega até mesmo a falar para a comunidade:

– A união que produz resistência é inquebrantável.

As carmelitas avaliam que ele é um bom homem, mas muito inseguro, pois está no meio do "sanduíche": de um lado o Carmelo, de outro, o bispo.

Ele não pode fazer o que Dom Roriz quer e, além do mais, vê a determinação de Madre Teresa de permanecer firme com sua comunidade e dar a vida pelo seu ideal. A situação é tal, que ela ameaça até a sair do mosteiro e ir morar numa choça de capim, mas não se curvará à injustiça.

Em maio de 1981, o bispo comunica às carmelitas que o caso está entregue à Santa Sé. A "solução", insiste, será dividir as irmãs. Umas ficam e outras irão para novo convento. Madre Teresa de Jesus sente o chão fugir dos pés. E entrega os pontos numa carta ao visitador apostólico:

> A proposta de dividir a comunidade é inaceitável. Dom Roriz é uma figura do mal. O que ganha com esta perseguição? Não queremos. Nenhuma irmã mais quer viver na diocese dele. Somos muito unidas e o bispo traz muito sofrimento a todas. Pelo amor de Deus e de Santa Madre Teresa, deixe a gente sair daqui e ir para outra diocese. Aqui vamos morrer de sofrer com esse bispo. Queremos saber de que nos acusa Dom Juvenal. Queremos dar nossa versão. Ninguém aguenta tantas calúnias levadas à Ordem Carmelitana e à Sagrada Congregação. É uma injustiça. Isso não é evangélico.

Em seguida, emenda o raciocínio.

> Nosso Carmelo é autônomo, não depende do critério nem do zelo de quem quer que seja. Não aceitamos a maldosa

fiscalização. Isso nunca foi fraternidade. Para que serve as pessoas ficarem fechadinhas em uma clausura rígida, se o espírito está correndo pelo mundo levando fofocas? Se, como dizem, este mosteiro não é um convento porque optou por uma clausura mais aberta, dentro das normas do Concílio Vaticano II, e tem as devidas licenças, os outros Carmelos nada têm a ver com o nosso. Queremos, sim, ser carmelitas, porém, com menos rigidez que a do século XVI. Não há regra sem exceção. Por isso, nós pedimos autorização para viver a nossa vida como estamos vivendo.

Em resposta, a comunidade recebe do visitador apostólico a seguinte proposta:

— Se vocês romperem com os dominicanos, que são avançados, e com alguns bispos liberais, limpo o nome de vocês em Roma.

As monjas ficam estarrecidas. A mais quieta delas, Irmã Branca, rompe o silêncio e fala com firmeza:

— Onde fica nossa consciência diante de Deus? Se nosso nome está sujo em Roma, foi pela maledicência alheia, não por nosso comportamento. Temos as imperfeições comuns a todos os conventos, mas nada de especial.

Pálido e nervoso, o visitador fala, já saindo porta afora:

— Não adianta querer ajudar vocês. Não mudam mesmo e continuam sendo muito unidas.

Diante da pressão e da clara necessidade de tomar novo rumo, as monjas se debruçam em orações e passam a ler em comunidade o livro *Batismo de sangue*, de Frei Betto. A fundadora chora em certas passagens. Um dia descreve:

— O sofrimento dos dominicanos é familiar a todas aqui, porque também sabemos o que é sofrer.

O calvário

A comunidade está nessa situação angustiante, quando durante um intervalo para a merenda da comunidade, às 18h30, toca o telefone. Frei Carlos Mesters, um teólogo amigo, pede para falar com a madre. Ela passa um bom tempo falando com ele. Irmã Branca, pergunta:

– Que tanto fala nossa madre, que não volta?

A resposta vem em seguida. A fundadora volta toda alegre, com um sorriso de felicidade, apesar do rosto sofrido, e diz:

– Nas palavras de Frei Carlos Mesters, nós lançaremos nossas redes. Durante a nossa conversa, ele insiste que devemos falar com Dom Vital, bispo de Itaguaí. Sinto que o Sagrado Coração de Jesus fala através de Frei Carlos. Espero, confiante no Senhor, que Itaguaí venha a ser para nós a terceira cidade de que fala o Evangelho: "Quando vos perseguirem numa cidade, fugi para outra. E se vos perseguirem nesta, tornai a fugir para uma terceira – Mateus 10,23". Agora, mãos à obra.

Em seguida, quando o padre capelão chega com o provincial dos dominicanos, Frei Mateus Rocha, ela bate palmas e diz:

– Eureca! Temos uma saída.

E conta sobre o telefonema. Depois, repete:

– Agora, mãos à obra. A esperança é a última que morre! Esperar contra toda a esperança é o nosso lema. Vou procurar uma amiga que mora lá, irmã Maria Luísa Saade. Vou ter o apoio dela. Os dominicanos dão aval à ideia. Agora, é hora de tratar da nova fundação.

Depois dos três visitadores canônicos, quando chega o apostólico nomeado para ver o que de fato acontece no local, a maioria das pastorais pede audiência com ele. O recado é um só: se a imagem das irmãs for ferida, a imprensa de toda a América Latina irá tomar conhecimento do que o bispo está fazendo em Juiz de Fora.

E então, o feitiço vira contra o feiticeiro. Dom Vital Winderink, vendo que as acusações não têm fundamento e impressionado com o sofrimento das irmãs simples e indefesas, oferece acolhida na diocese de Itaguaí, de acordo com a sugestão de Carlos Mesters. E ainda promete receber as religiosas com toda a dignidade.

Nesse momento, as monjas avaliam que ele é o anjo de Elias. As Escrituras contam que o profeta exausto de tanta luta e sofrimento se joga ao chão e pede a morte. É quando, então, aparece um anjo e diz: "Elias, levanta e come porque ainda resta uma grande caminhada".

A oferta de um novo porto, em Itaguaí, parece às irmãs a atitude de um anjo de carne e osso. Depois de muitas reflexões e orações, a comunidade em peso decide pela mudança.

Novo processo é encaminhado aos superiores. Ele pede a transferência de cidade das carmelitas para que façam uma nova fundação. O bispo de Juiz de Fora faz o que pode para prejudicá-las. Não por amor às irmãs, óbvio, mas porque àquela altura já está com a imagem desgastada na cidade. Outras congregações, como as vicentinas, estão desanimadas com as atitudes do bispo. Mesmo assim, ele consegue colocar obstáculo à transferência do Carmelo para Itaguaí, a qual é negada.

Madre Teresa de Jesus fica desolada. E desabafa numa carta.

É difícil começar tudo de novo. Mas estou disposta a dar minha vida pela renovação da vida religiosa. Quero que ela seja capaz de ver a face do Cristo estampada no rosto dos homens de hoje, sobretudo na América Latina e no Brasil.

A fidelidade a Deus, à minha consciência e ao carisma do Carmelo está hoje em primeiro plano. A nossa dimensão profética tem que ser capaz de dar uma resposta que o tempo pede. E essa resposta tem que aparecer mesmo no meio de muita dor e contradição.

Não podemos ser covardes. O medo não vem de Deus. Na fortaleza do Espírito Santo está colocada a nossa coragem.

Em seguida, chama as monjas e prega:

Sem dúvida, em Itaguaí, atravessaremos um deserto, mas tiraremos força na certeza de que no deserto há um oásis, pois, como diz Dom Helder Camara: "O deserto é fértil". Santa Teresa afirma que todos beberão a água viva, nem que seja um filete, pois o Senhor não a negará àqueles que procuram a contemplação com coração sincero. Já que "no deserto se esconde algum poço", que o Carmelo de Itaguaí seja esse poço.

A travessia do nosso novo Carmelo precisa da consideração santa que te guardará, como diz nossa Regra. Todos os sofrimentos dessa nova etapa serão vividos como "noites passadas em má hospedaria", como dizia nossa Santa Madre Teresa. Poderemos encontrar nessa hospedaria má comida e má bebida. Mas o importante é o objetivo a ser atingido. É preciso começar sempre. Sejamos generosas!

Não tenham cuidado com isso e aquilo outro, com o nome do nosso Carmelo etc. Deixem todo esse espaço para que o Espírito Santo cuide de nós. Nunca seremos disponíveis para Deus e para os irmãos, se não formos audazes. A audácia é um ato de coragem.

Sejam corajosas e, ao mesmo tempo, espertas, fiéis a Deus e livres como filhas dele. Sabemos que existem espertos maquiavélicos, trapaceiros, pois somos vítimas deles. A nossa esperteza deve partir de um coração sábio, unido ao Senhor.

Não se preocupem porque somos poucas. Muitos estão dizendo que o nosso Carmelo vai se acabar. Não ouçam os falsos profetas. Creiam e esperem contra toda esperança. Deus é fiel. Pensem sempre que o Reino de Deus é fermento de boa qualidade, a quantidade não importa. Uma pequena porção leveda toda a massa. Se o nosso testemunho, a nossa presença têm significado para os irmãos, mesmo sendo poucas, somos muitas no plano do Pai.

Permaneçamos desarmadas, acolhendo tudo contemplativamente, como outras Marias, na diocese de Itaguaí, nada pedindo, nada recusando, fazendo de tudo, mistério de Jesus Cristo, seguimento dele, que não quis outra coisa a não ser a vontade do Pai.

Acho que essa atitude interior para nós será o cumprimento da segunda haste do tripé da Santa Madre, que é o despojamento. Não tenhamos dúvidas de que, se formos pobres e despojadas, teremos também grande amor de umas pelas outras e seremos humildes. Acho que aí está toda a síntese do ideal carmelitano e teresiano.

Dentro desta visão realista, não podemos duvidar: todas, e cada uma de nós, terão que pagar um alto preço. Como desde o início da fundação tenho repetido para vocês inúmeras vezes: "qualquer coisa fora da cruz é ilusão".

Lembram o que Santa Teresa disse, reunida com suas filhas, no início da fundação? "Minhas filhas, meu desígnio é que, cumprindo a Regra da Bem-aventurada Virgem Maria do Monte Carmelo e os Conselhos Evangélicos com toda a perfeição possível, estejamos em estado de salvar as almas e sustentar a Igreja".

E num fôlego só, Madre Teresa continua:

> Quando li *Le Banquet Sacré*, ao encontrar essa frase, senti toda a minha responsabilidade de carmelita. Hoje, digo a vocês, nesta preparação de mudança para a diocese de Itaguaí: além do desígnio da Santa Madre que acabo de citar, acrescento que é também o meu desígnio. Que cada uma de nós deste Carmelo Sagrado Coração de Jesus, seja para o bispo, padres, religiosos e povo de Deus daquela cidade do Rio de Janeiro, sejamos outras Marias acompanhando-os no seguimento de Jesus em tudo.
> Vamos fazer como Santa Teresa, que, para resolver a situação de conflito com a princesa de Éboli, abandonou o convento de Pastrana na madrugada e partiu com as monjas para uma nova fundação.
> Assim, realizaremos a nossa missão de carmelitas: sinalizar a Mãe do Redentor, a contemplativa por excelência.
> Que cada dia nosso, seja o dia da generosidade!
> Que cada ano nosso, seja o ano da generosidade!
> Que a nossa vida seja vida de generosidade!
> Obras são amores e não boas razões!

Trovões assinalam turbulências

Na Espanha, Madre Teresa de Jesus já fundara Málaga, em 1568; Toledo e Pastrana, em 1569; Salamanca, em 1570; e Alba de Tormes, em 1571.

No fim daquele ano, o céu fica carregado de nuvens. Um opositor dos novos Carmelos vira alta patente. O novo superior dos carmelitas, Frei Angel de Salazar, assume o cargo disposto a colocar um fim nas fundações da madre e o comissário apostólico, Mestre Frei Pedro Fernández, ordena a volta de Teresa para o Convento da Encarnação:

— Você vai voltar para o seu Carmelo. Chega de andar pra lá e pra cá. É hora de assentar um pouco.

Chocada, Teresa ainda ouve que será a nova superiora do Convento da Encarnação. Aquele lugar que ela conhece tão bem. Lá passara trinta anos, e sabe como ninguém a batalha que terá pela frente. Aquele bando de monjas, cento e trinta na época, mais parentes, amigos etc. Não será fácil.

Como não tem opção, aceita o desafio. E logo manda um recado: todas as pessoas estranhas, amigos, empregados e acompanhantes devem sair do Carmelo. Lá dentro, só as freiras. Também, de imediato, a rejeição. As monjas não a querem como priora. A vida por lá está muito boa.

Para piorar, Fernández toma medidas que incendeiam ainda mais a resistência das irmãs, pois pede que o próprio provincial vá para a posse junto com a fundadora.

Teresa chega com a cidade de Ávila em polvorosa. Alguns do lado dela, acham que o Carmelo precisa da reforma, outros não querem nem ouvir falar em controle de entradas e saídas.

O povo, sabendo de tudo, se agrupa na porta do mosteiro no dia em que Teresa d'Ávila deve tomar posse como priora.

É 14 de outubro de 1571, um domingo.

Vestida com a capa branca e com uma imagem de São José nos braços, acompanhada de três frades, ela senta à porta do mosteiro e aguarda até que os policiais consigam fazer as freiras abrir a passagem. Nada feito. Do lado de dentro, as monjas gritam contra a presença da religiosa, e seus gritos são ouvidos por toda a cidade de Ávila. Finalmente, alguns dos homens que acompanham o provincial entram por uma janela lateral e abrem a porta pelo lado de dentro.

Teresa entra no coro do mosteiro com seus acompanhantes e vê uma cena assustadora: o provincial fazendo gestos ameaçadores contra as monjas, com o objetivo de conseguir que elas fiquem quietas. As irmãs vaiam e gritam que não querem a nova priora.

Assim que a situação se acalma, ela convoca um Capítulo Conventual para o dia seguinte. Na hora de iniciar a cerimônia, Teresa coloca a imagem de Nossa Senhora no lugar a ela reservado como priora. A monja tem uma vela na mão e, voltada para as irmãs espantadas com a atitude, diz:

– A partir de hoje ela será a priora desse convento.

É o gesto para apontar que o poder temporal pouco importa.

E com posturas como essa inicial, ela começa lentamente a organizar a vida do mosteiro sem imposições nem repreendas. Além de tudo, deixa claro que não precisam ser descalças.

Começa a mudar os costumes e nas conversas com as monjas tenta incentivar cada uma a desenvolver o que tem de melhor. Sempre destaca que a capacidade de amar é o único dom que todas têm em comum.

Descalços e voadores

O tempo vai passando e um dia a priora decide mudar os confessores.

Pede ao visitador Frei Pedro Fernández a presença de João da Cruz. O religioso a atende. A madre, que atraíra o frade para fundar seu primeiro convento de descalços, pela primeira vez convive no mesmo espaço com ele. João da Cruz está inteiramente envolvido no movimento de reforma de Teresa.

Em 1571, ele participara da fundação do mosteiro feminino de Alba de Tormes, no início do ano, e em 1º de novembro, fundara o masculino, o Convento da Virgem do Carmo, em Alcalá de Henares, com a intenção de que muitos universitários entrem para a reforma, segundo os desejos de Teresa de Jesus. É o primeiro colégio dos descalços, e João da Cruz o seu primeiro reitor. Seu método formativo está sintetizado na célebre frase a ele atribuída: "Religioso e estudante, religioso avante".

Dez anos depois, o colégio muda o nome para São Cirilo, em comemoração solene da autonomia dos descalços, que ficam livres dos de pano, os calçados. No século XVII é publicado o *Cursus philosophicus complutensis*, índice do alto grau alcançado pelos estudantes na casa de formação dos descalços.

Também em novembro de 1571, no dia 24, os frades ainda fundam o Convento de Altamira, na província de Cuenca.

E, assim, em 1572, chegam a Ávila dois carmelitas descalços de inteira confiança: João da Cruz e Frei Germano. Durante três anos eles estarão juntos, ela como madre priora, ele como confessor. Uma experiência diferente para João da Cruz.

Ao conhecer os novos confessores, as irmãs rebeldes recuam. Ternos, em vez de julgar as monjas, começam a perguntar o que vai dentro de cada alma.

Já está claro que um deles, apesar de ser muito diferente da madre, é o preferido. Frei João da Cruz não tem o temperamento brincalhão de Santa Teresa, mas sim enorme afinidade de alma com ela.

Vários testemunhos relatam fatos inusitados da convivência dos dois místicos na tarefa de ajudar às irmãs na sua vida cotidiana e interior.

Em meio ao árduo, mas gratificante trabalho junto às monjas rebeldes, para servir a todas com carinho, principalmente as mais necessitadas de ajuda física ou espiritual, os dois pequenos gigantes vivem uma intensa relação, entre altíssimos e alegres diálogos, cujo retrato mais fiel é a imagem passada para a história dos dois levitando no parlatório, enquanto conversam.

As monjas contam que, um dia, estão os dois conversando, quando começam a levitar. Entram em êxtase e vão subindo, subindo, até as cabeças baterem no teto. Assim ficam por um tempo, até que começa a descida. A madre, envergonhada com a cena, para não deixar o santo sem graça, brinca com as freiras:

– Da próxima vez tomem uma atitude. Amarrem meus pés em alguma coisa no chão.

Essa convivência centrada nos assuntos de Deus traz benefícios ao ambiente do Convento da Encarnação. A vida das monjas já não é mais aquela dispersão constante de antes. Ainda não se tem um Carmelo reformado, pelo tamanho e história do passado, mas se tem um rumo que lembra a origem carmelitana. O Carmelo da Encarnação permanece calçado até o começo do século XX, quando o bispo local pede a Santa Maravilha de Jesus que ali faça uma nova reforma.

O superior pensa parar Santa Teresa, enquanto ela está em Ávila. Mas se engana. Em março de 1574, lá está ela na estrada, junto com São João da Cruz, rumo a Segóvia, onde vai inaugurar mais um convento das descalças, o Carmelo de São José de Segóvia. Antes, passa por Salamanca, a mando de Frei Pedro Fernández, para auxiliar na mudança das monjas da casa alugada para a outra que receberam de doação dos amigos.

A essa altura, frades e monjas descalços já são conhecidos nas cidades em que estão pela vida austera e exemplos de santidade. Os frades acompanham enterros, procissões e orações públicas. E com essas atitudes, escrevem um novo tempo na história da vida religiosa da Espanha.

Em outubro do mesmo ano, acaba o mandato de priora e Teresa de Jesus volta ao Carmelinho de São José. Por essa época, conta ter tido uma visão e dá por consumado seu casamento místico com Jesus. Declara que tudo fará em sua honra: "Uma alma, neste último estado da vida mística, é mais ativa do que antes, em tudo o que diz respeito ao serviço de Deus".

A mística teresiana é pautada no chamado "amor esponsal", calcado no Cântico dos Cânticos. É uma espiritualidade que procura unir a alma com Deus, como um casamento sagrado, que se dá na sétima morada da alma, segundo Teresa conta no livro *Sete moradas*.

O modelo para isso inclui alusões às Cartas de São Paulo, aos Evangelhos, e ao Cântico dos Cânticos, atribuído ao rei Salomão. É o amor entre o amado e a amada. O texto é muito censurado no século XVI por ser não somente um poema lírico, mas também erótico. O casamento sagrado, ou *hierogamos*, é uma prática muito comum nas religiões matriarcais do mediterrâneo e para os cristãos espanhóis do século XVI.

É descrito como aquele amor que paira sobre todos os outros, de beleza indescritível, forte e dominante, que o autor de Cântico dos Cânticos louva: "Quão formosa e quão aprazível és, ó amor em delícias" (Ct 7,7). É este o amor que Jesus concede à alma esposa, e é este o amor da alma sincera por Jesus.

É esse amor que Teresa declara ao confessor sentir por Sua Majestade.

Ego do bispo atropela em Segóvia

Com a situação serenada no Convento da Encarnação, Teresa de Jesus vai a Salamanca, como mencionado anteriormente, para ajudar as monjas na mudança de casa. E ali recebe um pedido da população e do bispo de Segóvia: querem um convento descalço na cidade.

A madre escreve então ao comissário apostólico, mesmo sabendo que ele é contra novas fundações. Só que para sua surpresa, ele autoriza.

A fundadora entra em contato com uma senhora viúva muito devota que mora em Segóvia e pede que ela alugue uma casa. Depois dos problemas em Toledo e Valladolid, Teresa quer evitar imprevistos. Ela acha melhor procurar casa própria só depois do convento já fundado, pois o Senhor logo o abastece. E também permite às monjas escolher lugares mais apropriados.

Juana de Jimena, muito contente com a notícia, não só aluga a casa como providencia o necessário para as monjas e para a igreja.

Mas a viagem até Segóvia é de muito sofrimento para a fundadora, que tem febre e vários problemas de saúde. Ainda assim, tão logo as coisas da casa se arranjam, no dia de São José o Santíssimo Sacramento é colocado na igreja.

Uma das patentes locais não gosta nada dessa ousadia. Manda suspender as missas e ainda ameaça mandar prender João da

Cruz, que acompanha Teresa junto com Juliano de Ávila e Antônio Gaytán. O último já segue a fundadora desde o primeiro convento dos descalços.

O provedor fica tão furioso, que coloca um guarda na porta da igreja para conferir se nenhuma missa é rezada.

Teresa pede que alguém chame parentes de Isabel de Jesús, irmã de Andrés Jimena, que são conceituados na cidade. Pede a eles para irem até o provedor contar que ela tem licença do bispo. Na verdade, ele sabe da licença, como dirá depois à Teresa, mas exigia ter sido informado antes sobre a fundação. Após o incidente, o provedor permite que a madre faça as missas, porém, leva o Santíssimo com ele.

A situação fica mantida de 19 de março a 24 de setembro de 1574, quando a fundadora compra uma casa com dinheiro de doação. Madre Teresa de Jesus acompanha Isabel de Santo Domingo, a nova priora, que toma posse da casa em meio ao rico cerimonial de praxe.

Alguns dias depois da fundação, Juliano de Ávila e Frei Gaytán trazem de Pastrana, em cinco carroças, as quatorze monjas que abandonaram o Carmelo em razão da pressão da senhora de Éboli. Elas agora terão, em Segóvia, um convento reformado de acordo com as regras carmelitanas.

Mas nem tudo é calmaria. A casa fica numa região em litígio e as monjas têm que negociar com os religiosos da Ordem das Mercês, que, por um bom dinheiro doado por fiéis, finalmente lhes dão sossego.

Teresa, então, retorna ao Convento da Encarnação, onde entrega o seu cargo de priora no dia 6 de outubro, data em que termina seu triênio naquele mosteiro. Dali, ela ruma de volta para o convento reformado de São José.

A resistência

No Brasil, após tanto sofrimento e um período de reflexão, com o apoio dos amigos, as carmelitas resolvem, mais uma vez, resistir aos desmandos. Montam um novo processo recorrendo da decisão contra a transferência para outra diocese. Junto, seguem cartas de bispos amigos explicando as verdadeiras razões do pedido. Em anexo ainda, cartas de diferentes pessoas das comunidades cristãs e da sociedade de Juiz de Fora interferindo a favor das irmãs. Algumas cartas estão no encerramento deste livro.

No fim de 1981, a documentação está pronta e segue para Roma. No maior cinismo, o bispo desmente na imprensa que as monjas se preparam para mudar.

Madre Teresa reúne a comunidade e aprofunda as reflexões:

> Minhas irmãs, este Carmelo vem, desde muitos anos atrás, tentando uma renovação gradativa, conforme o desejo da Igreja e do Concílio Vaticano II. Esta mudança é feita através da escuta de Deus, através dos fatos e acontecimentos da vida, pois é aí que ele se revela.
> Em nada abrimos mão dos valores essenciais do Carmelo: oração, experiência de Deus, humildade, pobreza e fraternidade, que são intocáveis. Toda renovação tem sido feita na tentativa de adaptar os valores acidentais às coisas secundárias, às condições modernas do tempo e lugar. Foi sempre preocupação nossa dar um testemunho contemplativo à escuta da realidade da Igreja local. Por isso, estivemos sempre em comunhão com o Arcebispo Dom Geraldo Maria de Morais Penido, homem equilibrado e exigente, que durante vinte anos tem sido um pai, um amigo e um irmão.

Vocês sabem que a formação que procuramos dar às noviças e postulantes sempre tem como base o valor da pessoa, a liberdade e a criatividade, a responsabilidade, a sinceridade etc. Na minha longa experiência de vida religiosa, na qual muitas gerações já passaram por minhas mãos, sei que este modo de formar é um risco, mas um risco que se deve correr.
Dar liberdade a pessoas que não se conhece pode ser perigoso, mas é ainda o maior critério para seleção. Quem não é autêntico, não aguenta viver em liberdade por muito tempo sem mostrar a verdadeira face, ao passo que num regime onde se controla tudo e onde não se dá liberdade é possível ocultar personalidades falhas por toda uma existência. Essa é a experiência que tivemos com algumas vocações, saídas de outras congregações e de outros Carmelos.
Como Santa Madre Teresa d'Ávila, me orgulho de ser filha da Igreja. Quero que o resto da minha vida esteja em função da Igreja, mas da Igreja de hoje. O passado tem seu grande valor, eu o vivi, mas já passou; nosso compromisso é com o hoje e o amanhã.
Lutarei sem desfalecimento para viver a vida do Carmelo hoje, e quero, com toda a determinação, contemplar o rosto de Cristo no rosto do homem de hoje. É aos irmãos concretos, que vivem a realidade contemporânea, que ofereço a minha vida, minhas orações, o resto de minhas forças. Nenhum sofrimento me fará recuar diante do compromisso de uma vida contemplativa carmelitana, encarnada na realidade de hoje. Tudo isso aprendi estudando a fundo, anos a fio, o Concílio Vaticano II com vocês, da comunidade.
Portanto, do que fizemos posso afirmar que nada foi de improviso. Houve estudo, reflexão e muita oração. Agora sofro muito, é verdade, mas não tenho medo porque sei o que quero, e fiz este Carmelo depois de rezar quinze anos, como Irmã Branca, minha única confidente, pode testemunhar.

Digo com sinceridade, não gosto de fechamentos, e não compreendo que para a contemplação, para a vida de união com Deus, se precise de grades, cortinas e chaves, numa ruptura com os irmãos.

Santa Teresa, nossa mãe, também antes de nós, percorreu caminhos ásperos e foi até denunciada à Inquisição. A história volta de novo. Nós, de fato, tentamos colocar a nossa oração na escuta da realidade. Não deixamos de lado os valores essenciais da vida carmelitana. Temos um amor muito grande à nossa identidade. Mostramos, assim, que seremos carmelitas verdadeiras, filhas de Santa Teresa, pelo total testemunho de Deus. Porém, o que não é essencial pode sofrer uma mudança e, assim, se adaptar ao contexto do tempo e lugar.

Quem nos conhece em profundidade, pode testemunhar a sinceridade do nosso esforço de renovação. Tudo se faz de modo lento e gradativo. A América Latina e o Brasil têm sua fisionomia. Nesse contexto, o Carmelo tem de ser latino-americano, brasileiro.

Nosso esforço não é para mudar a vida de contemplação do Carmelo por uma vida de ativismo oco, sem sentido. Temos falado a este respeito em vários documentos que enviamos à Casa Generalizia e dos quais não temos recebido resposta.

Procuramos estar sempre vigilantes para não cairmos em alienação, a título de fidelidade à clausura e separação do mundo. Para nós, a clausura é um valor, porém, nós a vemos sob aquele aspecto do qual o padre-geral nos falou em Belo Horizonte, reunido conosco.

"A clausura é, sobretudo, um clima." Realmente, a clausura é separação do mundo e silêncio, meios que favorecem muito a oração, porém, a escuta da realidade será sempre a matéria viva da nossa oração, de nossa união com o Senhor.

É pelos homens, nossos irmãos, que sofrem injustiças e opressões, que temos que interceder, orando sem cessar com Maria, Mãe de Jesus, ao Pai das luzes, de onde provêm todo o dom perfeito.

Desmonte das congregações

O bispo inicia um caminho que desagrega as instituições religiosas de Juiz de Fora, muitas com décadas de atuação na cidade.

O ano seguinte é de arrasar. Cristãos e ateus mal conseguem acreditar no que acontece. Irmãs saem de creches e associações que dirigem. Dom Roriz ameaça vender o Palácio Episcopal. A reação da cidade é imediata. Não pode.

Na sequência de abusos, a arquidiocese compra uma mansão na cidade universitária. E o bispo, tão exausto de correr atrás do vil metal, adquire também uma casa na praia do Sossego, no Espírito Santo. Estoura o escândalo da financeira. E a diocese de Juiz de Fora está envolvida. E para que não fique dúvida sobre quem é, a "santidade" dá férias compulsórias a um padre austríaco que trabalha com algumas famílias pobres. Aproveitando a ausência do religioso, ele pressiona as famílias para que saiam da casa. Como reagem, Dom Roriz corta a luz do local obrigando uma retirada imediata. Quando o padre volta, já não tem mais casa e está transferido de paróquia.

Em seguida, o bispo embarca com a secretária para a Europa.

A viagem dura quase dois meses. Uns dias em Roma, para tentar influir contra no processo das carmelitas e, depois, um bom tempo para descansar. Juiz de Fora ferve de comentários.

Madre Teresa de Jesus e suas filhas, por sua vez, seguem com as orações, aflitas à espera da nova resposta sobre a transferência de cidade para realizar a nova fundação. Em cartas a bispos, padres e amigos preocupados com a situação, ela desabafa:

Nós tivemos a oportunidade de experimentar na pele o que tantas pessoas que sofreram tortura psicológica nas prisões nos contam em desabafos no locutório. Infelizmente, na Igreja de hoje ainda se sofre o que muitos santos passaram na Inquisição chamada de "santa"...
Que coisa terrível nós passamos aqui com um visitador. Na minha idade, com quase setenta anos de Carmelo, diante do interrogatório eclesiástico, sinto sufocar pela dor e sofrimento. É duro demais.

Apesar da angústia pela espera, Madre Teresa de Jesus segue plantando as sementes de um mosteiro leve e transparente como sempre sonhara. Em março de 1982, durante um encontro de monjas contemplativas, ela fala para as irmãs:

Na comemoração do IV Ccentenário de nossa Santa Teresa d'Ávila, que viveu a união com Deus e soube se adaptar à realidade de seu tempo, quero lembrar que ela dizia: "é preciso começar sempre".
Que como ela, os Carmelos de contemplativas consigam começar sempre, sem apegos às leis e regulamentos obsoletos. O Cristo diz no Evangelho: "Não vim para destruir a lei, mas sim para aperfeiçoar o que existe". Como ele, que tenhamos a coragem de aperfeiçoar o imperfeito para que nossas noviças das gerações futuras sintam que somos sementes maduras, cheias de vigor. E não sementes chochas.
Que Santa Teresa nos ajude na renovação da vida contemplativa para o bem do mundo e da Igreja de hoje.

As palavras da priora são perfeitas para aquele momento de esperança de abertura nas instituições da Igreja. Mas a pressão e a tensão da espera sobre o pedido de mudança do mosteiro continuam. E a fundadora do Carmelo, refletindo o espírito daqueles dias, no meio do ano, conta numa carta o impacto da passagem do tal visitador apostólico:

> Depois do "terremoto" que sacudiu o nosso convento, retomo as forças para falar sobre os acontecimentos. Como é possível a Igreja condenar os inquéritos militares e as prisões se ela faz o mesmo? Tivemos que recorrer ao apoio dos amigos do Carmelo, que por escrito atestaram o trabalho que fazemos, e os religiosos conversaram com o visitador para "pôr os pingos nos is".

Em outra ocasião, fala à comunidade que assistiu à missa no Carmelo durante um ciclo de orações:

> Vivemos uma época muito rica, mais do que o tempo em que viveu Santa Teresa. E novamente pergunta: o que essa mulher não faria se vivesse hoje? Que horizontes amplos abriria para os nossos mosteiros em sintonia com as riquezas do Vaticano II, Medellín e Puebla! Que Carmelos leves, transparentes, humanos ela irradiaria na Igreja da qual ela morreu dizendo-se filha! O Carmelo foi para ela a causa de Jesus de Nazaré; para nós não poderá ser outra coisa.
>
> Vamos em frente, meus queridos. Com Santa Teresa, repito: é preciso começar sempre... Agradeço a Deus porque vocês existem. Ofereço minha vida, minhas orações por tudo o que está acontecendo profeticamente. Mesmo com idade avançada, sei que dentro de mim existe ainda muita energia para sofrer como que em dores de parto, a fim de que nasça uma vida contemplativa nova. Para Deus, com efeito, nada é impossível. Contem com as orações deste Carmelo sofrido, mas cheio de esperança. Cremos na libertação que Cristo trouxe para o "homem todo e todos os homens". Em Jesus Cristo, em Nossa Senhora dos Povos e em Santa Teresa, mãe dos espirituais e doutora da Igreja.

Durante o processo movido contra o Carmelo de Juiz de Fora, Madre Teresa, com sua comunidade, redobra a oração, a escuta dos fatos e a reflexão sobre tudo que chega ao mosteiro através de cartas e questionamentos. Cada dia, depois do café da manhã, antes de levantar-se da mesa, ela convida a comunidade a refletir:

> Minhas irmãs, vamos aproveitar hoje todo apoio que nos chega e as críticas positivas e negativas, as incompreensões, as más interpretações que até nos caluniam. Queremos ser pobres e que a presença dos pobres habite a nossa vida. O pobre não tem nada a perder porque ele não possui nada. Os fariseus estão sempre de pé exaltando as maravilhas de seus comportamentos e falando mal das atitudes alheias.
>
> Nós, deste Carmelo do Sagrado Coração de Jesus, queremos reconhecer que somos pecadoras como dizem, e mais do que dizem. Contudo, sem complexos de culpa, mas conscientes de que estamos feridas. Estas feridas causadas pela nossa própria responsabilidade, mas muitas trazidas pela responsabilidade dos outros. E para nós o mais importante é que Jesus Cristo seja a referência fundamental e única da nossa alegria, seja em nossos fracassos ou em nossas vitórias.
>
> Quanto às maledicências, façamos como diz a nossa Irmã Maria Amada: "Deixem os cachorrinhos latindo atrás da máquina do trem que passa. Eles não vão conseguir mordê-la". Mesmo para quem está falando de nós, devemos significar alguma coisa, constituir uma ameaça, caso contrário não se envolveriam com a nossa vida.
>
> Minhas irmãs, aproveitemos tudo que nos crucifica e que nos ressuscita para vivermos realmente o Mistério Pascal. As dores e alegrias serão utilizadas como argamassa para construirmos vivencialmente, dentro de nós, o Reino de Deus para entregá-lo aos outros, através do nosso relacionamento diário.

> O apoio positivo servirá de estímulo para essa construção no seu aspecto de transfiguração no aqui e no agora. E isso, minhas irmãs, constituirá o nosso trabalho que deve ser feito no silêncio, sem espalhafatos. O Reino de Deus definitivo será atingido através desse trabalho que se realiza desde o lado de cá das sombras, dentro de uma História às vezes muito dura, outras vezes cheia de consolações.
> Isso é a vida: inserção no Mistério Pascal, que é morrer e ressuscitar. Do lado de lá, que é o da luz, onde não haverá mais sombras, nem noites como essas que estamos vivendo, nenhum sofrimento terá comparação com o que Deus nos reserva. Na pátria para onde peregrinamos não precisaremos nem mesmo da fé e da esperança porque lá só reina o amor. Que estes pensamentos nos ajudem a viver o dia de hoje. Mãos à obra!

Madre Teresa não quer atingir a imagem do bispo. Por isso, as monjas rezam e sofrem em silêncio. Com os amigos mais íntimos ela desabafa por cartas, um dos recursos para conseguir manter o equilíbrio psicológico.

> O mais difícil é aceitar que venha uma autoridade eclesial em nome do Poder de Deus, do Evangelho de Cristo. A contradição é grande demais. Depois que o papa aprovou a divulgação dos Direitos Humanos, muito se fala nisso. Mas na hora de aplicar...
> Se depois de tudo ainda estamos em pé, se não enlouquecemos ou desestruturamos, é porque, de fato, a força de Deus tem se manifestado na nossa fraqueza. Ela confunde os poderosos com sua graça manifestada nos pequenos.

A comunidade de Juiz de Fora, mesmo lamentando a partida do Carmelo para Itaguaí, na baixada fluminense, sabe que as irmãs já não têm condições, sequer psicológicas, de continuar na cidade.

Na espera da decisão final sobre o assunto, em 16 de agosto de 1982, Madre Teresa escreve a um frade amigo:

> Caríssimo, reze por nós, peça a São José do Poder que nos liberte deste cativeiro. Afeta a saúde das irmãs. Rezamos sem parar, porque é na oração que conseguimos força, coragem e energia, aguardando o fim de tudo isso.

A tensão é tal que, para aguentar, ela pede às irmãs que cantem o salmo 138 até a exaustão física. O trecho final diz:

> Se me encontro em meio às dificuldades, vós me reavivais, e contra a ira de meus inimigos, estendeis a mão, e a vossa destra me salva. O Senhor fará por mim o resto. Senhor, perene é a Vossa Clemência; não abandoneis as obras que iniciastes.

Uma tarde, ao sair do coro, diz:

– A certeza de que Deus nos conhece a fundo nos dá forças para recomeçar o dia de amanhã.

Só depois de todo o ritual, as monjas conseguem ir para a cela e dormir. Esse tipo de pressão já é bem conhecido pelas carmelitas descalças. É apenas questão de mirar o exemplo de Santa Teresa.

O período é rico em apoios de bispos. Um deles, Dom Helder Camara, após uma estadia no Rio de Janeiro, vai para Juiz de Fora para dar também a sua solidariedade. Na ocasião diz:

– Madre Teresa, eu vou falar ao Pai. Deixe que os outros bispos escrevam seus apoios, mas, no momento, uma carta minha não é o melhor. (Dom Helder está sendo perseguido pela ditadura e é *persona non grata* pelos militares). Mas, falando ao Pai, eu posso ajudar muito este Carmelo.

O dominicano Frei Mateus Rocha compara a situação atual à vivida quatro séculos antes por Santa Teresa d'Ávila:

– Madre Teresa, a história se repete. Lembra que Santa Teresa d'Ávila teve que retirar as monjas do Carmelo após a perseguição da princesa de Éboli? Pois bem, o que ela fez? Liderou a fuga das religiosas em direção à nova fundação de Segóvia. Pois é isso que acontecerá. A senhora irá com todas as monjas daqui para a nova fundação de Itaguaí. E lá terão sossego para a contemplação.

Milagre em céu de brigadeiro

Santa Teresa d'Ávila está de volta a seu primeiro Carmelo reformado de São José. Mas, novamente, ao contrário do que espera o superior dos carmelitas calçados, ela não sossega.

Em 1575, a fundadora das descalças recebe das mãos de um mensageiro de Beas, cidade ao sul da Espanha, uma série de cartas que pedem a ela que faça um convento lá. Elas dizem que até casa já existe, falta apenas a madre chegar para fazer a fundação.

De imediato, pareceu a Teresa que o local é muito distante e, além do mais, deverá novamente pedir licença ao comissário apostólico, que ela tão bem sabe ser contra novas fundações.

Porém, o mensageiro fala tão bem da terra, da temperatura amena etc., que a santa se comove. E lembra em seguida da recomendação do Reverendíssimo padre-geral de que não deixasse de fundar. Assim, manda ao pároco Pedro Fernández o maço de cartas. O comissário apostólico, diante de tantos pedidos, manda dizer: "Madre, a senhora não deve desapontar as pessoas. Concedo a licença, mas é necessário também obter a autorização da Ordem de São Tiago, que cuida da jurisdição de Beas".

Teresa rapidamente manda a resposta pelo mensageiro com a recomendação de que consigam a licença da Ordem. Tão logo sai a permissão, é definida a fundação.

A história dos benfeitores lembra outras que a santa acompanhara.

Em Beas, o nobre, dono de muitos bens materiais, Sancho Rodríguez de Sandoval, é casado com Dona Catalina Godínez, mulher devota que dedica muitas oferendas a Deus. Entre outros filhos, o casal tem duas meninas que, ao chegarem à adolescência, são chamadas a servir ao Senhor.

Certo dia, a filha mais velha está na sala de casa, quando lê pela primeira vez num crucifixo a inscrição que se põe na cruz: *Iesus Nazarenus Rex Iudaeorum* (Jesus de Nazaré, Rei dos Judeus). De pronto, sente uma transformação interna tal, que desiste da ideia recorrente de arranjar um bom casamento. Começa a pensar naquele Cristo na cruz sangrando e tem um súbito desejo de ser tão humilde como ele. Pretende sofrer como ele. E assim acontece. Durante anos e anos ela passa grandes períodos acamada, com as mais diferentes doenças, até que, num prazo de cinco anos, os pais morrem. A partir daí, então, essa filha passa a pensar na fundação de um convento tal como a mãe desejara. Move mundos e fundos, manda emissários até o rei e nada de obter a licença. Diante das complicações, os parentes dizem que deve desistir. Mas, num momento de oração, ela pede: "Senhor, se é de Vossa Vontade que eu funde um Carmelo, me dê saúde, pois, nessas condições, tantas vezes desenganada pelos médicos, mal posso sair da cama. Se não for, que eu continue como estou. Se sarar, irei pessoalmente cuidar da licença. Caso contrário, desisto".

Quando faz essa afirmação já está de cama há mais de meio ano com sintomas tais que até a roupa queima o seu corpo. Nesse momento, depois de seguidas doenças, e sem esperança de recuperação por parte dos médicos, eles acham que daquele dia ela não passaria.

Pois então, dá-se o milagre. Na véspera do dia de São Sebastião, 19 de janeiro de 1574, Nosso Senhor recupera sua saúde de repente. Os médicos são chamados a ver para crer.

Ela conta, então, que sentira um tremor interior e, a partir daí, sua alma muda. A irmã mais nova mal pode acreditar. Parece algo muito parecido com o que vivera Teresa no início da vida religiosa.

Quando se dá conta do milagre, a filha mais velha de Dona Catalina Godínez exulta de alegria, porque recebera a resposta divina para poder tratar do convento. E assim o faz. Seus irmãos e parentes, diante de tal recuperação, não podem impedir sua ida à corte. Lá fica por três meses e nada de conseguir a licença. Até que certo dia, o rei recebe sua petição e, ao saber que o convento é das descalças, concede licença. A irmã mais nova, de sangue, diante da força de vontade da mais velha, acaba por também manifestar desejo de ser monja.

É então que Teresa recebe a série de cartas que pedem a fundação do mosteiro. E após todos os trâmites eclesiais, ela deixa as terras da região de Castela rumo à Andaluzia.

Na Quaresma de 1575, as monjas chegam a Beas, e no dia 25 de fevereiro daquele ano é inaugurado o Convento São José do Salvador. A fundadora está acompanhada de Juliano de Ávila, Antônio Gaytán e o sacerdote Gregório Martínez, que ali mesmo toma o hábito com o nome de Gregório de Nazianzo. As duas irmãs, filhas do casal de nobres, entram para o mosteiro e adotam os nomes de Catarina de Jesus, que tem 33 anos, e Maria de Jesus, então com 29 anos. A priora é Ana de Jesus, braço direito da madre, que durante anos acompanha as fundações de Santa Teresa d'Ávila.

A fundação é recebida com muita festa pelo povo da cidade. A procissão, seguida de uma solenidade, é cheia de música e tão alegre, que até as crianças participam, dado o inusitado do milagre e da graça recebida.

Na fundação do convento de Beas, Teresa conhece pessoalmente um jovem religioso de 28 anos que dará força aos seus projetos depois que passa a ser seu confessor. Até ali, eles só se conheciam por cartas.

Jerônimo Graciano, de espírito alegre como a madre de 60 anos, não se cansa de ouvir as histórias que ela conta, envergonhada, sobre os arrebatamentos que tem, a ponto de nem lembrar onde está, ou quando narra os êxtases que a deixam em transe, como morta. Em vez de considerar aquilo coisa do demônio, tão em moda na época, Padre Jerônimo vê ali a presença do Senhor. Em outra ocasião, quando a conversa é sobre como ela levita, voa mesmo após algumas comunhões, o confessor, que nunca sequer passara perto de nada parecido, pergunta:

– Madre, e o que a alma sente nessas horas?

– Dá uma paz enorme. A alma ali conhece a grandeza de Deus.

– Foi o Pai quem a escolheu. Aceite os dons e as delícias que sente com alegria, pois, tanta intimidade com o esposo, só pode mesmo ter vindo dele.

– Padre Graciano, pois é isso que me assusta. O tamanho da minha dívida...

Em conversas menos divinas, os dois falam sobre os males das mortificações, outra moda da época, e que nada mais trazem além de doenças e sofrimentos. Num desses encontros, Santa Teresa diz:

– O grande mal dos conventos é a melancolia. Padre Graciano só resiste à tristeza porque tem alegria de criança.

– Sim, madre. Mas esse lado infantil faz a gente aprontar algumas brincadeiras até de mau gosto.

E os dois riem à vontade...

Beas, o encontro inesquecível

Os caminhos de Deus são mesmo intrigantes.

Frei Jerônimo Graciano, homem culto e de muitas virtudes, nem pensa em entrar para os descalços quando as coisas acontecem.

Contra a vontade dos pais, muito próximos do rei e de seus favores, que desejam que o filho seja um homem de leis, Graciano resolve entrar na ordem dos jesuítas. Porém, os religiosos exigem que aguarde alguns trâmites.

Nesse ínterim, solicitam que ele vá ao mosteiro das descalças, encontrar a Priora Isabel de São Domingos e interceder em favor da entrada da Monja Bárbara do Espírito Santo. Após enfrentar com valentia a Princesa de Éboli, a madre fica aguardando o aviso da data para fazer a mudança para outro convento.

Ao chegar ao Carmelo, Frei Jerônimo fica tão encantado com a humildade e pobreza das monjas, que pede à priora que elas rezem por ele. Quer orações para conseguir entrar para os descalços. Os empecilhos são muitos. O primeiro é que seus pais contam com ele para ajudar a criar outros vinte irmãos, sendo que apenas treze depois sobrevivem.

Após um período de muitas orações, as monjas notam o resultado. Apesar das pressões, ele entra no noviciado de Pastrana, em 1572, após dois anos de sacerdócio e doutorado em Teologia. Toma o hábito em 25 de abril com o nome de Frei Jerônimo Graciano da Mãe de Deus.

E quer o desígnio divino que o mestre de noviços, Frei Angel de São Gabriel, totalmente desequilibrado, comece a aplicar provas terríveis de austeridade aos monges, a ponto de ser afastado pelas altas patentes. O convento fica sem prior.

Santa Teresa descreve:

> A virtude de Frei Jerônimo foi confirmada numa época em que, faltando prior, ficara na direção do mosteiro um religioso jovem, sem letras, de pouquíssimo talento e sem prudência para governar. O rapaz se excedera no modo de conduzir os monges e nas mortificações que lhes impunha, e cada vez mais me espanto por ver o que suportaram...

Na ausência do afastado, Frei Jerônimo é indicado e recoloca as coisas no lugar. É tão dedicado e preparado, que é nomeado visitador apostólico em setembro de 1573. No ano seguinte, assume o cargo de vigário provincial dos descalços e visitador apostólico da Andaluzia. Em seguida, providencia constituições para os frades, parecidas com as feitas por Teresa de Jesus para as monjas.

É um período fértil para os descalços, que continuam suas fundações pela Andaluzia. Em 1573 fundam três conventos: em São João do Porto, que durou apenas um ano; em Granada; e em La Peñuela. No ano seguinte, Frei Jerônimo Graciano, na qualidade de vigário apostólico, funda o mosteiro de Sevilha, o famoso Convento "dos Remédios", debaixo de protestos dos calçados. E, em 1575, planta novo convento em Almodóvar do Campo.

A fundadora narra que na primeira visita que Jerônimo faz ao convento já coloca tudo em ordem. Aí, ela conta também que eles já se tinham correspondido algumas vezes antes, embora só se tenham encontrado em Beas, em abril de 1575.

A admiração que a fundadora tem por Graciano fica registrada em seus escritos. Teresa de Jesus diz que aqueles vinte dias com Graciano são os mais belos da sua vida. Os dois têm uma identificação tão grande, que um frade que convive com os dois registra: "Eles são eufóricos, extrovertidos, adaptáveis e zelosos em relação às pessoas. Duas cabeças de mando, compreensivas, amplas e de enormes horizontes".

Uma amizade única que os ligará até a morte.

Na carta datada de 12 de maio de 1575, Santa Teresa escreve à Madre Inês:

> Ó minha madre, como desejei tê-la comigo nestes últimos dias! Saiba que, a meu parecer, foram os melhores de minha vida, sem encarecimento. Passou aqui mais de vinte dias o Padre Mestre Graciano. Eu lhe asseguro que, embora tenha tratado tanto com ele, ainda não entendi todo o valor deste homem. A meus olhos é perfeito, melhor do que o saberíamos pedir a Deus para nós. O que agora há de fazer Vossa Reverência, e todas, é suplicar à Sua Majestade que no-lo dê por prelado. Se assim o for, posso descansar do governo destas casas, pois tanta perfeição com tanta suavidade nunca vi. Deus o tenha de sua mão e o guarde; por nenhuma coisa no mundo quisera eu deixar de tê-lo visto e tratado com ele.

E a impressão que a madre fundadora causou no jovem comissário apostólico não foi menor. Graciano conta:

> Estive em Beas muitos dias, durante os quais comentávamos muitas coisas da Ordem, tanto passadas como presentes, e o que era necessário para prevenir as futuras; e, além disso, a maneira de proceder no espírito e como os frades e as monjas haviam de proceder para manter essa vida.
> ... Ela examinou-me de todas as maneiras sobre essa doutrina, tanto na teoria como na prática. Ensinou-me tudo quanto sabia, dando-me tanta doutrina, regras e conselhos que poderia escrever um livro bem extenso de tudo o que me ensinou,

porque, como disse, foram muitos dias; e durante todo o dia, tirando o tempo da missa e das refeições, gastávamos o tempo nisso. Deu-me conta de toda a sua vida e espírito. Fiquei tão rendido, que desde então nenhuma coisa importante fiz sem seu parecer.

Desde o primeiro momento está selada a mútua estima e confiança para sempre. Teresa fará voto de obedecer em tudo a Jerônimo Graciano como superior; ele responderá sempre com um respeito filial à vontade da fundadora.

O vento sopra para Sevilha

Nesse meio-tempo, chega a licença para a fundação de Caravaca, mas os termos não estão em conformidade com as exigências e o documento é devolvido à Corte.

Diante do imprevisto, a fundadora pensa em partir de Beas. Porém, Frei Jerônimo a convence a fundar em Sevilha.

– Madre, lá é fácil, porque várias pessoas já me pedem isso há tempos. Elas têm posses e podem providenciar logo uma casa. Além disso, o Bispo Dom Cristóbal de Rojas e Sandobal favorece muito nossa Ordem Descalça e nos receberá com boa acolhida. A cidade é rica, é porto de troca comercial, e a mais populosa da Espanha.

Diante dessa posição dele, Teresa combina uma mudança de destino com a priora e as monjas pensadas para Caracava. Algumas irão, então, para Sevilha, e outras aguardarão a nova fundação.

Começam os preparativos rapidamente porque o verão está para chegar e a fundadora passa mal em época de temperaturas altas. O Padre Jerônimo Graciano parte antes, a chamado do núncio, e a madre vai com seis monjas e três outros acompanhantes: Padre Juliano de Ávila, Antônio Gaitán e o Padre Gregório de Nazianzo, recém-admitido nos descalços. As monjas são Maria de São José, como priora de Sevilha, e anos depois de Lisboa, Isabel de São Francisco, Leonor de São Miguel, Ana de Santo Alberto, Maria do Espírito Santo e Isabel de São Jerônimo. As quatro primeiras tornam-se prioras, posteriormente, em vários Carmelos das descalças.

Em 21 de maio de 1575, a fundadora tem uma febre altíssima que a deixa numa espécie de entorpecimento. As monjas jogam água em seu rosto para refrescar, mas está tão doente que mal percebe o que se passa em volta.

O grupo resolve, então, parar numa pousada da estrada. Recebe um pequeno quarto, sem janela, tão minúsculo que, se as monjas abrem a porta, o sol entra. A cama parece feita de pedras pontudas. Nessa circunstância, Teresa pede ao Senhor que faça a febre ceder, pois está totalmente sem forças. Em questão de horas é atendida e resolve seguir viagem.

O percurso é feito em carroças bem fechadas para manter a privacidade das religiosas e, ao chegar ao destino, como em outras fundações, elas ficam todas num único quarto e uma monja recebe o que precisam na porta, porque outras pessoas não entram no local.

O calor é intenso e Teresa o compara ao purgatório, mas narra que as irmãs seguem com grande contentamento e alegria por pensarem como seria o inferno.

O grupo chega a Sevilha em 26 de maio de 1575, uma quinta-feira antes da festa da Santíssima Trindade. A fundadora rende graças aos céus pelo fim da viagem e por contar que teria boa acolhida do arcebispo. Mas...

Teresa fica sabendo que o Padre Jerônimo Graciano, que chegara antes à cidade, juntamente com um amigo, ao se apresentarem no convento dos carmelitas calçados são presos. E, só depois de mostrar documentos das "patentes superiores" que autorizam as fundações, são soltos e expulsos. Sequer conseguem entrar no Carmelo, de tão "caridosos" irmãos. Por esse clima, ela calcula, terá mais trabalho que o previsto.

Ao chegar à casa alugada, pensa logo em tomar posse para dizer o Ofício Divino. Só que a licença do arcebispo não chega. A situação alcança tal ponto, que ele confessa:

— Nunca dei autorização para fundações de monjas, ainda mais em mosteiros de pobreza.

Teresa tenta, então, entender o que está acontecendo, já que ele é favorável aos mosteiros, e descobre: o arcebispo quer que ela e suas filhas reformem antes os conventos já existentes ou inaugurem um com renda. A madre é contra e, além do mais, não possui dinheiro. Elas têm na bagagem apenas as túnicas, as toucas, as capas e os tecidos usados para cobrir bem os carros.

Está nesse impasse, quando Frei Mariano de São Bento, após muita insistência, consegue autorização da autoridade para dizer a missa no dia da Santíssima Trindade, em 29 de maio de 1575. Em seguida, o padre vai tentando convencer o arcebispo através de cartas que o padre comissário, Frei Graciano, envia de Madri. A partir daí, as monjas passam a rezar o Ofício Divino, em coro. E o arcebispo mandar dizer que logo visitará o local. Só que nunca aparece. Isso deixa a fundadora abatida, porque ela pensa no sofrimento de Graciano, que a mandara fundar em Sevilha, e então, o arcebispo deixa as monjas sem a licença. Ele fica arrasado com a situação.

Para contemporizar, aparece o sacerdote sevilhano Garciálvarez, que se oferece para celebrar a missa diária para o grupo das descalças, e que felizmente, meses mais tarde, impede a compra errada de um imóvel inútil.

Depois, por razão não muito clara, ele se volta contra as irmãs. Mas Teresa diz à priora de Sevilha:

— Mesmo que ele perturbe gravemente a vida do Carmelo, já fez muito por nós. Por amor de Nosso Senhor, peço a você, filha, que sofra e cale... Por mais trabalhos que com ele tenham. Não podemos nos mostrar ingratas com quem nos fez o bem.

Para completar a fase, os padres calçados também agem. Mandam perguntar a Teresa com que autorização fundara o convento. Ela pacientemente mostra as patentes do reverendíssimo padre-geral para fazer as fundações desde 1567. Eles sossegam porque acreditam, como todos, que o arcebispo vê com bons olhos a chegada das descalças.

Logo depois, a autoridade, finalmente, aparece no convento. Teresa, de forma muito sincera, mostra a ele como suas atitudes estão minando a força das descalças. Comovido com a dor sincera da fundadora, ele a autoriza a fazer o que quiser e como quiser.

Mas a fundação do Convento de São José de Sevilha ainda tem pedras pela frente. Escreve Teresa:

> Ninguém podia prever que numa cidade tão importante e de gente tão rica como Sevilha haveria menos ajuda para fundar do que em qualquer das outras partes onde estive. E até algumas vezes cheguei a pensar que não nos convinha fundar um mosteiro naquele lugar.

A madre manifesta o seu desencanto pelo clima, o ambiente e a própria debilidade psicológica.

A cidade de Sevilha não se parece com as cidades anteriormente conhecidas por Teresa. É um município superpovoado para a época, com mais de 150 mil habitantes, que gira em torno do novo mundo, ponto de afluxo de todo tipo de gente, espanhóis e estrangeiros, navegantes e banqueiros, comerciantes e aventureiros...

Diante dessa realidade, a fundadora resolve dar a volta por cima. Após nove meses de espera, as futuras monjas prometidas pelos pais, assustadas com o rigor do Carmelo, desistem. Vão procurar congregações mais *light*. Teresa fica sem solução à vista, apesar dos contatos com letrados, comerciantes, padres e consultores da Inquisição... Embora encantada com as embarcações nas margens do Guadalquivir prontas para zarpar rumo à América, resolve deixar a Andaluzia. Mesmo sem ter casa comprada nem benfeitores fixos, ela sabe que tem novos desafios pela frente.

Naquele espaço de tempo, Frei Jerônimo Graciano recebera, em 3 de agosto de 1575, das "patentes superiores", a autoridade de governo sobre as ordens masculina e feminina. Descalças e descalços estão protegidos. Mas, por outro lado, a Inquisição aperta o cerco. Um pequeno grupo espalha o boato de que existe "certo livro das visões de Madre Teresa" e a história toma conta da cidade.

O roteiro será abrir um processo contra a fundadora. Mas ela conta com o apoio de Frei Jerônimo Graciano, e nada teme.

Redes para o futuro

Quatrocentos anos depois, encontramos Madre Teresa de Jesus na luta para transferir o seu Carmelo. Ela está convencida de que deve partir rumo ao desconhecido. Deseja "lançar as redes" com as suas filhas em solo carioca.

Confiante de que a próxima resposta das patentes será favorável à transferência do Carmelo, a fundadora chama a comunidade para mais uma reflexão e diz:

> Nosso Carmelo foi fundado pelas três famílias mais importantes da cidade. Em Itaguaí, ele será fundado por uma família de importância infinita: José, Maria e Jesus de Nazaré. É preciso que o Carmelo simbolize a Sagrada Família. Caso contrário, onde fica Puebla em nossa vida? Não só Puebla, mas a própria compreensão contemplativa da existência humana?
> Lembremos que São Gregório de Nissa refletia o mesmo problema que questionamos hoje: "Talvez tu dês esmola. Mas de onde a tiras senão dos teus roubos cruéis, do sofrimento, das lágrimas, dos suspiros do povo? Se o pobre soubesse de onde vem a tua esmola, ele a recusaria, porque teria a impressão de morder a carne de seus irmãos e de sugar o sangue de seu próximo. De que vale consolar um pobre, se tu fazes outros cem?" (São Gregório de Nissa – Sermão contra os usurários no IV século).
> Todas nós queremos descobrir o hoje do Carmelo, fazer uma história nova inspirada no passado, não há dúvidas, mas sem repeti-lo, como fez nossa Santa Teresa d'Ávila. Em Juiz de Fora, o Carmelo é a casa do povo, onde todos têm vez e voz, onde as

pessoas de todos os credos se sentem à vontade. Estou disposta a dar minha vida pela renovação da vida religiosa, para que ela seja capaz de ver a face de Cristo estampada no rosto dos homens de hoje, sobretudo na América Latina e no Brasil.

Com a longa experiência de meus sessenta e oito anos de Carmelo, posso dizer: a vida religiosa, infelizmente, ao invés de ter sido um serviço, tem sido muito mais um privilégio. O silêncio material pode ser comprado por qualquer burguês que faz mansão no meio dos bosques; mas o silêncio, que é escuta de Deus e dos irmãos, este carece de despojamento, de desarmamento interior para a escuta da fé, na esperança e no amor.

A cada manifestação de Madre Teresa, a influência de Puebla é mais presente. Ela acredita que as muitas formas de viver na unidade é um valor na Igreja vivido por Santa Teresa em suas fundações, e que as diferenças no secundário nunca quebrarão a unidade. Além disso, chama a atenção: "trarão grande riqueza para a Ordem como um todo".

A esta altura, muita gente na cidade já sabe o que acontece. O próprio Dom Juvenal Roriz, na busca de apoios, acaba agindo mal. Com a conversa de mostrar que não há razão para as irmãs pedirem a mudança de cidade, acaba abrindo o jogo. Em assembleia de grupo de casais, jovens e religiosos, tenta jogar as monjas contra a comunidade. Diz abertamente:

– O projeto de um Carmelo aberto em Juiz de Fora é de Madre Teresa, que já é velha e não vai longe. Mas o perigo está nessa Irmã Teresinha. Ela é nova e vai fazer de tudo para levar em frente essa vida que elas querem. Por isso, insisto que devemos fazer de tudo para separar esse grupo. Se ela for para outro mosteiro, controlo bem as que ficam.

Mas tão "santa" figura não contava com a reação geral. Todos mostram preocupação e falam da importância do Carmelo para a cidade.

Ao saber do absurdo pregado pelo bispo, o coração da fundadora fica em pedaços. E ela escreve: "Como Santa Teresa d'Ávila dizia, cada monja que se prepara é como uma filha. E a dor de magoar um filho é pior que a morte".

Naquela noite de 24 de setembro de 1981, diante da sórdida posição do bispo, Madre Teresa de Jesus reza por horas e horas. Em seguida, escreve três cartas, para não enlouquecer. A sensação é de estar no limite. Se não colocar para fora o sofrimento pelo qual passam suas filhas, pensa que pode perder a razão. Uma carta vai para Recife, outra para Itaguaí e a terceira para o capelão que há anos acompanha a caminhada daquele pequeno Carmelo.

Cartas para não enlouquecer

A primeira carta vai para Irmã Piedade, do Carmelo de Camaragibe, no Recife.

Carmelo Sagrado Coração de Jesus
Juiz de Fora, 24/09/81
Minha querida Piedade,
Pax Christi!
Desde o início do mês procuro uma "nesguinha" de tempo para conversar com você. Mas "cadê" tempo?
Minha cabeça fervilha pensando no que Deus quer desta pobre Teresa, nestes tempos de mudanças na Igreja, na sociedade e no mundo. Além da mudança do Carmelo que fundei aqui em Juiz de Fora, na esperança de ficar com a minha comunidade até a minha morte.
Rezo sem cessar e vejo que aqui não podemos ficar mais. Escutando a minha consciência, diante de Deus, vejo que temos que sair daqui, não por estar resistindo a um bispo com quem não tenho afinidade... Já passei por muitos bispos. Com alguns tive mais proximidade, com outros, mais distância. Isso acontece em qualquer relacionamento. Mas o que está acontecendo conosco é em outro patamar. É desígnio do Pai. O sinete da cruz é indispensável para se resolver os negócios de meu Carmelo, não são negócios meus, mas do Pai que sonda rins e corações.
Sabe, minha Piedade, às vezes fico pensando em minha idade avançada e nas crises de asma que se sucedem. Sou humana e realista. Procuro nem falar, nem demonstrar essa

preocupação minha para a comunidade, para poupá-la. Todas estão já muito sofridas. Ainda bem que tenho Frei Alano e você para desabafar minhas fraquezas e vacilação na fé. Converso também com Frei Domingos, que ama muito esta casa. Mas ele fica muito indignado, porque não tem o mesmo temperamento de Frei Alano, que é mais sereno, embora o apoio dos dois seja autêntico, verdadeiro e nos quais podemos sentir toda sustentação fraterna e paterna.

Apesar das horas desesperadas, acho que estou nas mãos de Deus. Ele sabe qual é minha hora. Mas meu medo de morrer é exclusivamente por deixar Irmã Teresinha neste vale de lágrimas, dentro da família religiosa que ela escolheu com tanta generosidade e que não vejo esta família dando a aceitação e valorização que ela merece, com raras exceções. São tantos os preconceitos que caem sobre minha pobre filha, que preferia caíssem sobre mim. Isso é uma grande dor: ver a injustiça e não poder fazer nada.

Sei que Deus tomará conta desta minha filha quando eu partir a chamado dele, mas existe em mim o medo humano de deixá-la. Repugna-me a natureza pensar que ela será o "trigo de Deus para ser triturado pelas feras".

Receba esse meu desabafo e coloque nas mãos de Deus. "Um irmão ajudado pelo outro é uma fortaleza."

Como vai o pombalzinho da Imaculada Conceição? Rezo por todas daí, reze por todas daqui.

Como precisamos de oração! Deus lhe pague a acolhida fraterna que dá aos meus desabafos e, sobretudo, pelas orações que você faz na intenção de tudo o que me preocupa e pela resposta de amor que o meu Carmelinho deve dar ao Sagrado Coração de Jesus, nosso Divino Prior.

Em Jesus de Teresa e em Teresa de Jesus,
Sua devotíssima
Irmã Teresa de Jesus, ocd
Priora

Em seguida, Madre Teresa de Jesus escreve a Dom Vital, bispo de Itaguaí. Agradece a atenção que ele dispensara à Irmã Teresinha, quando da estadia no Rio para tratamento médico, e desafoga o que sente.

Carmelo Sagrado Coração de Jesus
Juiz de Fora, 24/09/81

Caríssimo Dom Vital,
Paz e amor na força do Espírito Santo!
... Sinto que Irmã Teresinha está muito triste, apesar do esforço que faz para que não percebamos. Ela sempre cantou, sorriu e alegrou todo mundo. Sempre serviu ao Senhor nas horas fáceis e difíceis.
Aqui procuramos não falar de Dom Juvenal, mas as notícias continuam chegando... E isso, por mais que se esforce, traz perturbação quando a alma já está ferida, não é mesmo?
Cada dia mais me convenço de que o erro da formação passada foi o dualismo: separamos demais o humano e o divino. Isso porque é clara a importância da unicidade do ser, da influência da paz exterior sobre a paz interior; da liberdade humana na liberdade do espírito, do amor que nos cerca, para rezarmos melhor e amarmos a Deus com maior entusiasmo. Quando tudo isso nos falta, só temos um grito: "Dos abismos eu clamo a ti, Senhor".
E nada perturba tanto como essas notícias. Denúncias gratuitas, partidas de pessoas que se dizem consagradas. Vejo que Irmã Teresinha é rejeitada pela Ordem, por causa de seu feitio. Não aceitar uma pessoa por ser espontânea, diferente de uma freira tradicional, mas uma pessoa que reza e que vive a intimidade com Deus, é inadmissível. Porque quem está com Deus vê tudo com os olhos dele. O contemplativo é o mais acolhedor e compreensivo dos homens. Temos o exemplo de

Cristo, o maior contemplativo, e de Maria, a mulher de oração por excelência.

Não podíamos imaginar que as coisas se avolumassem tanto e fossem parar em Roma. Como supor isso? Irmã Teresinha não merece. Só mesmo a pior injustiça, fruto da inveja, do ciúme e da competição pode explicar esta confusão.

Já Dom Roriz não nos respeitou e agiu duramente com ela na nossa frente, corno se fosse um objeto e não uma pessoa humana.

Disse não querer falar com ela, só com as outras. Disso dou testemunho. Foi um ato público. Ele a expulsou da sala antes de começar a reunião, gratuitamente. Ela saiu e aguentou firme. Isso tem mais de um ano, mas as notícias não param de chegar; não há nervos que aguentem.

Ademais, esse problema dentro da própria família religiosa. Tudo recai sobre ela. As irmãs a cada instante me perguntam:

– O que podemos fazer por Irmã Teresinha?

Elas também estão preocupadas. Hoje, perguntei:

– Teresinha, como você está?

Ela, que foi sempre um livro aberto comigo, disse apenas:

– Vou bem.

– Mas você está triste!

– Estou sofrendo as mazelas da Santa Madre no Carmelo de Toledo. Só Deus sabe se estou perto ou longe de chegar a Alba de Tormes.

E saiu logo. Temo que ela entre em depressão.

Dom Vital, ver esta filha sofrendo é demais para o meu coração. Por favor, tome conta dela, ajude-a.

Dom Vital, já avisei as irmãs. Se Roma negar mesmo nossa transferência, escreverei de próprio punho ao papa. Que eles lá em Roma se responsabilizem por meus sessenta e oito anos de Carmelo ameaçados pela incompreensão de um arcebispo e, consequentemente, pela vida de minha comunidade que confiou em mim, vindo fundar este mosteiro.

Não compreendo como uma transferência, coisa tão simples, pode causar tanta confusão. No ponto em que as coisas chegaram, com o descrédito de Dom Juvenal à minha pessoa e autoridade de priora, me fez perder toda a confiança nele. É diante de Deus que tomo as resoluções, com olhos desapaixonados de quem, apesar de toda pobreza, quer viver de fé, esperança e amor.

Receba esta confidência sincera de meu coração sofrido, mas que continua esperando no advogado, o Espírito Santo. Sei que Cristo está olhando por nós para que a fé não desfaleça. Por outro lado, continuamos orando sem cessar.

Em Cristo, e sob o olhar demorado
de nossa Mãe Santíssima,
Madre Teresa de Jesus, ocd
Priora

Depois, na última carta da noite, a Frei Alano, com medo de enlouquecer, Madre Teresa abre o coração desconsolado.

Carmelo Sagrado Coração de Jesus
Juiz de Fora, 24/09/81

Querido Frei Alano,

Ontem à noite rezei... Rezei... Chorei... Chorei muito. Cada instante eu tenho que reavivar minha fé. A carga está pesada demais.

Estamos ansiosas por sua volta. Aqui as coisas continuam confusas. Não queremos macular a imagem do pastor da Igreja de Juiz de Fora. Deus tomará a nossa defesa. Ele, no entanto, fala de nós aos quatro ventos, sem nos conhecer.

Preocupo-me com a Irmã Teresinha, por ser a mais visada. Ela é forte, mas a carga que recai sobre ela é desumana.

Como contei antes, na reunião dos cursilhistas Dom Roriz disse claramente que quer nos separar. Quanto mais notícias chegam, mais sofrimento. Um amigo veio perguntar o que será dela, depois de o bispo ter dito que quer dividir nossa comunidade. Fiquei arrasada. Silenciei e rezei. Escrevi a uma grande amiga de Recife e ao bispo de Itaguaí, Dom Vital.

Procurei Irmã Teresinha, que rezava na cela, contei sobre as cartas e disse:

– Teresinha, você já está entregue aos dois. Eles vão tomar conta de você e vão rezar para que tenhamos força.

– Madre Teresa, você é engraçada. Fica me distribuindo para os outros sem minha autorização. Eu não sou de ninguém.

Dito isso, saiu e me escreveu uma carta explicando melhor: "Disse que não sou de ninguém porque sou de Deus. Ele deu-me a si mesmo e à sua mãe Maria Santíssima. Para mim basta. Mas ser de Deus tem um preço. Jesus de Nazaré que o diga. Nossa Madre, por favor, não fique me oferecendo para que os homens tomem conta de mim. Prefiro seguir o conselho que nosso querido Frei Betto recebeu de um confrade: 'Quando a noite chega, a mata é muito escura, faltando pilha na lanterna e não conhecendo o caminho, é melhor sentar e deixar o dia clarear'. Não se preocupe tanto comigo, senão não vai sarar da bronquite, hein? Entendo que a preocupação é humana. Eu também me preocupo por sua idade e sua saúde. Mas a certeza de que Deus não nos faltará com sua graça é um conforto para continuar a peregrinação".

[...]

Durante toda minha vida soube sofrer com vistas sobrenaturais, mas as injustiças, eu não as suporto. Contei o que acontece a fim de que na sua volta possamos ver o que Deus quer deste nosso Carmelo daqui para a frente.

Volte logo. E que Deus o conduza nas estradas, sem perigo de acidentes e contratempos.

Com o abraço amigo e fraterno de
Madre Teresa de Jesus, ocd
Priora

Milagres em cascata em Sevilha

Decidida a sair da Andaluzia, após meses sem resultados concretos, certa noite, durante uma oração, Santa Teresa d'Ávila, preocupada com as monjas que deixará sem casa comprada, pede a Deus uma solução para o caso.

E ouve uma resposta: "Já vos ouvi. Entregai-o a mim".

A fundadora conta: "Fiquei muito contente e já dou como certo que terei a casa".

No mesmo período, o irmão de Teresa, Lorenzo de Cepeda, volta da viagem da América do Sul, com três filhos já adolescentes (Francisco, Lorenzo e Teresita), depois de trinta e cinco anos fora da Espanha. Ao encontrar a madre, emocionado com as fundações, resolve colaborar. Procura um lugar que sirva de convento na cidade, mas que tenha mais conforto que as casinhas que ela costuma arranjar para seus conventos. Afinal, a irmã já está com 60 anos. Lorenzo acha o que procura. Uma casa ampla, fora do centro, com jardim, pomar e horta. E, na avaliação dele, protegida porque fica perto de um convento de franciscanos. A madre logo esclarece:

– Engano seu, meu irmão. Vamos ser hostilizadas. Eles vão achar que viemos para dividir as esmolas. Mas, se a casa for mesmo do jeito que precisamos, entramos de noite para não causar confusão.

Lorenzo aproveita o encontro com a irmã, freira, andarilha, que pouco vira em três décadas, e conta:

– Ando sentindo umas sensações estranhas, umas experiências místicas que me assustam.

Ela, já doutora no assunto, depois de tanto levitar, solta a maior gargalhada:

– Não se preocupe. É um grande crescimento da alma. No começo assusta, mas depois a gente sabe direitinho que vem do alto. Eu, de meu lado, tenho aprendido que a alma segue a doçura mais que as mortificações e outros sacrifícios. Sinta o que sentir não se espante. Continue firme na oração e na procura de Deus. Você será recompensado.

Tal como disse Lorenzo, ela acha o lugar ideal para o novo convento. O irmão paga a casa, que precisa de algumas reformas. As carmelitas se instalam provisoriamente em outro local até que a nova residência esteja habitável.

Em maio de 1576, com ajuda das ordens masculinas, dos carmelitas descalços e dos cartuxos, a reforma vai sendo realizada. Com a parte principal já concluída, Teresa, a futura priora de Sevilha, Maria de São José, e outras duas monjas vão de noite até a casa, com medo de serem descobertas pelos frades vizinhos, e se instalam. Na manhã seguinte, o Padre Garciálvarez, que as acompanha, reza a primeira missa. Aí, as irmãs já sentem maior segurança.

Mas por pouco tempo.

A Inquisição "pega para queimar"

Mal começa a fase final das reformas, Teresa d'Ávila fica numa situação difícil. A guerra dos carmelitas calçados contra os descalços está no auge. De um lado, uns querem manter aquela vida sem muito esforço, com belos conventos, comida farta. De outro, os filhos de Teresa, que instituem a reforma: Carmelos simples, que mais parecem pombais, com vida de pobreza e orações. Para completar o quadro, a Inquisição chega para valer nos calcanhares dos descalços.

A situação fica difícil, e muitos acabam na fogueira. Os períodos nebulosos na política atingem também a Igreja que, para defender o seu espaço, passa a cometer barbáries de toda espécie. Historiadores calculam que a Inquisição torturou ou matou milhares de pessoas, centenas queimadas em fogueiras.

Em um dia que amanhece gelado, batem forte na porta. Uma das irmãs sai da capela na frente das outras e vai ver quem é.

A monja olha a rua pela soleira e vê um policial.

Nisso, Teresa d'Ávila chega e pergunta:

– O que está acontecendo? Isso é um convento e vivemos na clausura. Não podemos atender a qualquer hora.

– Abra a porta, é uma ordem da Inquisição.

A madre entende rapidamente. É o troco de uma ricaça que tentou virar freira e não aguentara a vida de pobreza. Na saída prometera denunciar à Inquisição que as irmãs ali são todas umas visionárias, deslumbradas. Deve ter cumprido a promessa.

Teresa d'Ávila não tem medo. O superior em Sevilha é Dom Gaspar de Quiroga, que apoia os escritos e a reforma.

Ela manda abrir a porta e tem uma surpresa. Verdadeira multidão à vista. Vários policiais, dominicanos de batina, o representante local da Inquisição, mais as fofoqueiras de plantão. Leva um choque!

A madre olha fixo nos olhos de um a um. Muitas beatas desviam o olhar, porque não suportam encarar a religiosa e saem de cena. Mas os homens ficam e teimam em entrar. Os esbirros do Santo Ofício anunciam:

– Há uma acusação de práticas suspeitas por parte de uma antiga freira. Temos que investigar. Estamos cercados de Alumbrados.

Aí, ela fica inquieta.

Os Iluminados, ou Alumbrados, são adeptos fervorosos da oração, como Teresa d'Ávila e João da Cruz. Chamam pelo Espírito Santo e dizem ter êxtases, igualzinho aos dois religiosos. A grande diferença é que não aceitam a autoridade da Igreja e rejeitam confessores. Por isso, são perseguidos sem quartel pela Inquisição. Nem têm afinidade com Lutero, mas desafiam a hierarquia.

Presos, torturados e queimados nas fogueiras da "Santa Inquisição", muitos ainda amargam a vida nos presídios. Como sempre acontece ao homem quando perde o pé da situação, são cometidos erros grosseiros. O excesso de autoridade acaba em equívocos fatais. E aí está a preocupação de Santa Teresa.

Enquanto ela pensa, os homens deixam o pátio e entram no convento, à procura de escritos ou algum objeto para comprovar a denúncia. As irmãs, de olhos arregalados, rumam para a capela, ajoelham e começam a rezar o terço. Depois de vasculhar tudo, os trogloditas voltam ao pátio. Ao perceber o silêncio, a madre sai da capela seguida pelas monjas.

— Queremos agora uma entrevista com a fundadora.

— Sou eu.

Teresa d'Ávila vai até um escritório que usa para trabalhar ou escrever em silêncio e os policiais a seguem.

Quando o inquisidor de plantão se planta para tomar o depoimento, um dominicano, meio sem graça, diz que ele mesmo falará com ela.

— A noviça que saiu foi expulsa ou deixou o convento por vontade própria?

— Saiu por conta dela. Não aguentou a severidade de nossa regra. As descalças estão retomando os ideais de pobreza do tempo dos padres do deserto. Não são todas que toleram vestir um simples burel e uma sandália, no meio da noite, para rezar. Também não é qualquer uma que suporta uma alimentação leve, silêncio rigoroso e respeito à regra da clausura. Em vez de aceitar que não dava para ser carmelita descalça, fez a denúncia contra nós.

— Madre, mas ela diz que a senhora mesma faz as confissões e absolve as outras irmãs. E que, depois da comunhão, todas viram para a parede como os Alumbrados.

— Meu filho, sou culpada. Mas não dessas acusações tolas. Tenho culpa por não ter conseguido fazer que ela entendesse. Não quero criar problemas. Quanto a virar para as paredes, é porque o sol bate direto em nosso rosto naquele horário. As telhas quebradas acabam de ser consertadas pela providência de meu irmão. Veja como estão novinhas. E quanto à confissão, temos dois padres à disposição. Mas converso com minhas filhas como qualquer mãe faz com as suas.

O dominicano ainda tenta saber...

– E as flagelações?

– Invenção. Eu mesma, depois de muitos erros na juventude, percebi que não levam a nada. No primeiro Carmelo dos descalços, em Duruelo, ainda tentaram levar à frente as mortificações, mas foram impedidos. Até João da Cruz, o primeiro descalço, tentou, mas foi dissuadido pelo superior Antônio de Heredia. O inquisidor Dom Gaspar de Quiroga sabe do fato e, além de ter orientado aquele Carmelo, disse que conhece e admira os poemas deles, onde as flagelações não estão nem citadas.

Admirados de um lado... Perseguidos pelo outro...

Os carmelitas calçados de Ávila, furiosos com a opção radical pela pobreza daquele descalço, resolvem agir. Prendem João da Cruz em Medina e só libertam o religioso quando o núncio, representante do papa, dá um basta no abuso.

De volta ao interrogatório de Santa Teresa. O dominicano pergunta à madre sobre Duruelo, o primeiro Carmelo masculino. Ela não disfarça e desabafa:

– Tive um problema sério. Eu não aguento a sujeira. E lá, os homens tinham alguma dificuldade em manter a casa em ordem. Adoro a limpeza e faço questão que, mesmo na maior pobreza, tudo fique brilhando. Pois naquele convento era o que faltava. Os homens não são muito chegados a esfregar o chão. Nos jejuns, orações e penitências eles são parecidos com a gente, mas no quesito limpeza deixam muito a realizar.

Antônio de Monvaldo acaba rindo da sinceridade da madre. E mesmo achando que uma pessoa doce como aquela não pode fazer mal a ninguém, vai com o interrogatório até o fim. Já está convencido da inocência das acusações, mas tem que manter a pose diante dos outros. Por fim, o relatório do dominicano pede a suspensão do processo, para decepção da turba que espera na saída, aguardando para ver se alguma monja sairia presa.

Mas a trégua dura pouco. A guerra entre calçados e descalços segue firme. As "patentes" estão divididas. O superior-geral da Ordem do Carmo acha um abuso aquela liberdade dada aos descalços para ir fundando conventos. Do lado oposto, o núncio banca a reforma.

Logo depois da invasão do Carmelo em Sevilha, um decreto dos calçados chega às mãos da carmelita ordenando o fim dos mosteiros fundados sem a autorização do Padre João Batista Rubeo, geral dos carmelitas para a Espanha. Ele dera ouvido aos detratores e acha que está sendo traído pela carmelita, que faz fundações sem nem comunicar a ele, o superior da Ordem. E junto, há um bilhete com as palavras: "apóstata e excomungada". Teresa treme nas bases. Para contrabalançar, Padre Jerônimo Graciano chega com uma boa notícia.

– Madre, o arcebispo da cidade acaba de me confirmar que não tem mais nenhuma desconfiança das descalças. Quando as monjas chegaram, ele ainda não conhecia vocês. Nesse período que estão aqui, ele diz que entendeu a seriedade da reforma e quer inaugurar o novo convento. O núncio e o rei de Espanha nos ordenam inaugurar o mosteiro. Assim, se formos rápidos, ainda dá para fundar o Carmelo definitivo.

Para terminar de adequar a casa às necessidades de um convento, elas passam um mês em quartos do sótão, enquanto Lorenzo comanda os operários. Eles precisam transformar alguns cômodos em capela e ajeitar outros espaços. O irmão de Teresa providencia também os alimentos e outras coisas necessárias, já que as pessoas nem se dão conta de que ali funciona um convento, por ser em uma casa particular. Nesse período, também recebem ajuda de um irmão idoso, Fernando Pantoja, prior da Cartuxa de Santa Maria de las Cuevas, de uma família conhecida de Ávila, a quem Teresa agradece a vida toda.

Quando a reforma termina, a fundadora quer colocar o Santíssimo Sacramento na capela, de forma discreta. Mas Garciálvarez e o prior cartuxo Pantoja opinam que a cerimônia seja completa para que o convento fique conhecido em Sevilha. Ela sugere, então, que falem com o arcebispo. Juntos, todos acham que a ocasião tem que ser marcante.

Dia 3 de junho de 1576. Data marcada por situações espantosas.

Para surpresa de todos, lá vem o arcebispo, anteriormente contra a fundação, segurando o Santíssimo Sacramento acompanhado de monjas e religiosos de várias congregações. Ele puxa uma procissão como nunca vista. O povo lota as descalças. Em pouco tempo, as ruas de Sevilha estão enfeitadas por flores e tapetes nas janelas. Os balcões das casas exibem jasmins, palmas e outros enfeites perfumados. Uma banda com tambores e castanholas vai dando o ritmo à medida que o cortejo passa. É uma festa inesquecível. O prior de Cuevas diz:

– Nunca essa cidade viu nada tão belo.

Há gente por todos os lados da capela.

Depois das bênçãos do arcebispo e da missa no convento novo, seguidas pelo estouro de fogos de artifício da época, uma cena sai do roteiro. O poderoso arcebispo, Dom Cristóvão Rojas, ajoelha à frente da madre e pede que ela o abençoe. É uma comemoração geral. Tão animada, que um rastilho de pólvora sobe por um enfeite da parede e o tecido começa a pegar fogo. Os convidados dão um passo atrás assustados. Teresa olha para o fogo e ele apaga. Começam todos a gritar:

— Milagre, milagre. É da Santa Madre...

A fundadora conta que as monjas na hora pensam que o fogo vai consumir todos os tafetás que enfeitam o altar. A pedra que o pano cobre fica negra, mas os tecidos saem intactos.

Passada a festa, Madre Maria de São José é nomeada a priora do novo Carmelo. Após quase dois anos ao lado da fundadora, a partir daí, passa a tocar o cotidiano do novo convento.

Teresa está feliz. O Carmelo tem vista do porto ao longe e a calmaria fora dos barulhos da cidade. É mesmo um lugar especial para a oração. Com casa própria e renda garantida, a madre dá-se por satisfeita. No mosteiro, duas carmelitas se destacam pela beatitude e pela mística da oração: Beatriz de La Madre de Diós e sua mãe, Juana de La Cruz, que tomara o hábito após ficar viúva.

Quando a fundadora anuncia sua partida, Madre Maria de São José e as monjas pedem que ela deixe algo de recordação. Padre Jerônimo Graciano encarrega o leigo Frei João da Miséria de pintar um quadro com o rosto da fundadora. O confessor exige que a madre fique quieta diante da paleta e dos pincéis para a composição da tela. Ele narra entre sério e divertido:

— Mandei com muito rigor que obedecesse a tudo o que Frei João da Miséria lhe mandasse, e sem querer ouvir razão nem réplica alguma, ausentei-me; e Frei João da Miséria não era grande retratista, nem tão primoroso como outros... E assim que a Santa Madre viu o retrato, disparou:

— Frei João, que Deus te perdoe. Você me fez padecer aqui o que só Deus sabe. E, ao fim, me pintou feia e enrugada.

O quadro está exposto até hoje no Mosteiro de Sevilha.

Terminado o retrato da fundadora, ela parte em 4 de julho de 1576 para retomar a missão.

O irmão, preocupado com a idade, providencia uma caravana com uma carroça alugada para fazer a viagem. Só que, no meio do caminho, Teresa muda de ideia. Resolve parar em Toledo, onde fica a sua quinta fundação. Ali, está geograficamente na região central, a uma distância mediana entre os conventos, e pode se defender mais rapidamente das acusações que aparecem num e noutro lugar. Afinal, a Inquisição ainda analisa o livro dela.

Frei Jerônimo Graciano é nomeado visitador apostólico, para percorrer os conventos dos descalços, e ela quer estar informada sobre tudo. Toledo é a cidade ideal. A fundação de Sevilha fora uma luta difícil, mas aquela batalha está ganha.

Esperança no horizonte

A pressão em Juiz de Fora chega ao máximo. Madre Teresa de Jesus volta os olhos para o passado. Também a Teresa espanhola passara maus bocados, acusada de quebra de clausura por viajar atrás de suas fundações. E, no entanto, seguira em frente. Pois agora, nesses tempos, não será um bispo esquisito a impedir a caminhada.

Madre Teresa de Jesus visita Itaguaí cinco vezes para sondar as chances de transferência de cidade. Dom Vital, também carmelita e descalço, acolhe a ideia da chegada de uma nova fundação da comunidade com a bondade de Bom Pastor.

A priora, com a aquiescência do bispo, se anima a fundar naquela cidade, junto com sua pequena comunidade. Uma nova realidade aguarda as monjas. Dom Vital ajuda não só a encontrar a casa onde vão morar por uns tempos até a construção do novo Carmelo, mas também na decisão sobre as reformas a fazer para adaptar o local à vida das monjas. Aos 83 anos, a fundadora está empolgada. Na volta a Juiz de Fora diz:

— Enxerguei Dom Vital por dentro. Vamos sem medo. Ele vai nos entender e ajudar. A partir de agora, temos que nos preparar para uma escuta contemplativa, que vai nos mostrar as novas exigências da igreja local e do povo daquela cidade.

Pouco tempo depois, as carmelitas recebem a segunda visita de Frei Tarciso Anchile, que viera ultimar sua missão. A essa altura, Madre Teresa está exausta pelas andanças na luta pela defesa de seu "carmelinho" feito com tanto sacrifício, como diz às monjas.

Mas a decisão está tomada. Os preparativos para a mudança de cidade precisam seguir. Uma nova fundação aguarda a comunidade.

Madre Teresa de Jesus liberta-se

No dia seguinte à saída do visitador apostólico, em 1º de setembro de 1982, Madre Teresa pega uma forte gripe. E como tem asma alérgica, os médicos recomendam ir para o hospital da Cotrel, onde fica internada alguns dias até ser transferida para o Hospital do Bom Pastor. No dia 8 de setembro, durante a visita de uma das irmãs, pergunta:

— Chegou alguma notícia de Roma?

— Não, Madre, mas vão chegar notícias muito boas, se Deus quiser!

A fundadora olha para o alto e diz:

— Outubro, 15 de outubro, o quarto centenário de Santa Teresa d'Ávila. Com ela virá nossa libertação!

Na noite seguinte, às 23h30, Madre Teresa está sentada com uma enfermeira que viera aplicar injeção para melhorar a respiração. Irmã Teresinha, ao lado, diz:

— Os papéis estão prontos em Roma e a senhora ficará boa para irmos para Itaguaí.

— Não irei para Itaguaí. *L'Eglise, ma mére et ma croix!*

A monja pergunta:

— Madre, porque "A Igreja, minha mãe, minha cruz", em francês?

— Para a enfermeira não perceber nosso problema com o bispo. Não devemos escandalizar os pequeninos. O Senhor diz que "melhor seria colocar a pedra de um moinho no pescoço e lançar-se ao mar".

Em paralelo à internação, os preparativos seguem visando à mudança para Itaguaí. As coisas já estão encaixotadas à espera do aval de Roma.

Em novo dia de visita, Madre Teresa fica rouca e piora muito. A monja que está no hospital vendo a situação, para animar o espírito da fundadora diz:

– Nossa Madre, em breve a senhora vai para Itaguaí e fica livre de tudo.

Ao que ela responde:

– Não irei mais para lá.

Frei Alano vem dar a unção dos enfermos. Últimas palavras da fundadora:

– Ofereço a minha vida a fim de que nasça uma vida contemplativa nova.

Às 11h30 da noite, Madre Teresa de Jesus solta um sangue vermelho vivo pela boca, que ensopa a cama. Tomba a cabeça e morre.

Em nove dias, apesar do cuidado dos médicos e da presença solidária dos amigos, ela se vai.

Um dos médicos que a acompanha e comunga todos os domingos no Carmelo resume:

– Madre Teresa de Jesus alcançou a libertação de tudo.

Outro colega dele, Doutor Caburri, diz à Irmã Teresinha, que era vice-priora:

– Remédios para o coração nós tínhamos, para o pulmão também, mas para essa angústia que ela sofria não tínhamos solução. Madre Teresa, como uma panela de pressão que estoura, descansou de todas as perseguições sofridas.

A situação do Carmelo é crítica de dinheiro, após as mudanças realizadas pelo bispo.

Um prédio construído no terreno do mosteiro está alugado para os paraplégicos, o que é uma fonte de renda para as monjas, em suas necessidades mais urgentes de cada mês. O restante, os benfeitores completam com doações em gêneros alimentícios.

Pois bem: dias antes da morte de Madre Teresa, o bispo tira os paraplégicos do prédio e oferece uma casa da arquidiocese muito boa. Assim, o prédio que era a única fonte de renda fixa para as carmelitas está fechado.

No dia do velório, as monjas não têm um centavo para comprar o caixão e pagar as despesas com o funeral.

No entanto, a última visita que Madre Teresa recebera no hospital, ainda no CTI, era de um casal muito amigo, Noé e Damaris Marra.

Como pessoas muito íntimas das monjas, acompanham o desenrolar dos fatos e sabem que as irmãs não têm recursos para arcar com as despesas do funeral. Imediatamente, esse casal assume os encargos, inclusive o traslado para Petrópolis. Lá ela terá uma sepultura digna, ao lado de suas irmãs do Carmelo, de onde ela participara da caminhada e só saíra para sua nova fundação.

O corpo de Madre Teresa é recebido com todo o carinho fraterno pelas irmãs que destinam a ela um local de destaque na capela mortuária. Suas filhas não participam da cerimônia. Ficam em Juiz de Fora, porque o visitador apostólico não dá licença para que acompanhem o funeral. Ele alega:

– O momento é muito tenso. Como a jurisdição é do senhor bispo, é mais prudente manter-se em casa, que fazer uma viagem a Petrópolis e ferir a clausura.

O visitador faz essa admoestação para proteger as monjas que estão agora sem a proteção de Madre Teresa.

Madre Teresinha conta:

— Era uma pessoa boa, que certamente sofrera muito por ser visitador, com o temperamento tímido que tinha. Numa reunião posterior, já em Itaguaí, durante uma mesa-redonda, quando as monjas começaram a chorar de saudade, ele disse:

— Ajudei a matar Madre Teresa.

Irmã Branca suspendeu o silêncio e replicou:

— Depois da morte vem a nossa ressurreição. O senhor também colaborou para ela ressuscitar. Confio em Deus que em nossa caminhada de cruz ressuscitaremos com Cristo e com ela, todos juntos.

Patentes decretam basta de fundações

Quando Teresa está em Sevilha, chega ao convento de Ávila a licença real para a fundação de Caravaca. Como não sabe quanto tempo ainda terá que passar na Andaluzia, e sente que algumas monjas do convento de Pastrana estão aflitas em São José de Málaga, ela decide fazer a fundação, mesmo sem estar presente.

Consulta o visitador apostólico, mestre Frei Jerônimo Graciano, que imediatamente concorda com a ideia, pois conhece a situação das monjas. Teresa envia, então, Ana de Santo Alberto como priora junto com as irmãs de Pastrana que esperam por um Carmelo. Na viagem são acompanhadas por dois descalços, Frei Ambrósio de São Pedro e o leigo Miguel da Coluna.

O grupo chega a Caravaca em 18 de dezembro de 1575, e as monjas são recebidas com muita festa, pois a cidade espera por um convento descalço há tempos. Feitas as primeiras adaptações necessárias para a instalação de um Carmelo, em seguida, tratam da fundação.

Em 1º de janeiro de 1576, a Priora Ana de Santo Alberto introduz o Santíssimo Sacramento na capela e está inaugurado mais um mosteiro das descalças. Duas candidatas logo tomam o hábito, porém, por ironia do destino, justo a moça que tudo fizera para levar o convento a Caravaca não se adapta aos rígidos princípios teresianos e volta para a casa da irmã.

Embora no convento as coisas sigam em calmaria, Teresa tem preocupações gerais. O documento escrito entre maio e junho do ano anterior, que ela vira em Sevilha, assinado pela autoridade de plantão, o Padre Rubeo, impõe à fundadora a "ordem" de recolher-se definitivamente a um convento de Castela e parar com as fundações. Na ocasião, ela pensara obedecer de imediato, mas Padre Graciano a fizera seguir em frente, em razão da saúde e do adiantado da construção para a fundação de Sevilha. Além do mais, na qualidade de visitador apostólico, é autoridade independente do superior-geral.

Só que as consequências logo se fazem sentir, com o aumento da perseguição às Ordens dos Sem Pano. Teresa é, novamente, um dos alvos principais. E por conta desse clima, a Ordem das Carmelitas Descalças fica quatro anos sem fundações.

Fim do pronto-socorro espiritual

As monjas de Juiz de Fora deixam um forte legado na cidade e recebem muitas homenagens antes de partir.

A tristeza toma conta de todos. A rua do mosteiro fica lotada de carros e uma multidão de amigos da cidade, representantes das Comunidades Eclesiais de Base de toda a diocese, e mais as pastorais estão ali representadas. A prefeitura decreta um minuto de silêncio em homenagem à matriarca do povo que prestara serviços significativos para a comunidade local.

O Vereador Inacio Halfed interrompe o silêncio e fala em alto e bom som:

— O Carmelo que Madre Teresa fundou e nos presenteou mudou a vida de nosso povo, deu muita esperança e manifestações de amor a todos.

No velório, a saudade pela perda de Madre Teresa se confunde com a indignação do povo por todos os sofrimentos impostos a ela. Irmã Teresinha diz:

— Ela só plantou em Juiz de Fora a boa semente, amor e bondade.

Os pobres cercam o caixão e dizem:

— Morreu a mãe dos pobres.

E ninguém esquece, todos fazem questão de lembrar, que o visitador apostólico saíra dia 1º de setembro e no dia 9 ela falecera de gripe...

Na verdade, todos sabem, a morte fora mesmo de desgosto...

Quando o dia já está clareando, Frei Alano Porto de Menezes vai à casa do bispo Dom Roriz e aconselha que ele não vá à missa de corpo presente, porque a animosidade das pessoas que lotam as ruas é muito grande e não será bom para ele nem para o Carmelo. Sobretudo, não será bom para a diocese. Diante disso, o bispo, constrangido, agradece a recomendação e permanece em casa.

A Câmara dos Vereadores faz um minuto de silêncio tão logo sua morte fora anunciada. A vice-priora conta:

— Como uma matriarca bíblica, Madre Teresa atuou em Juiz de Fora e o povo chorou sua perda.

O vereador que preside a Câmara diz:

— Com sua morte, Juiz de Fora perde uma de suas personalidades mais expressivas da vida religiosa. Durante vinte e quatro anos, seu humilde mosteiro no Morro do Cristo acolheu, com caridade evangélica, os ricos e pobres, a todos distribuindo a riqueza da sabedoria colhida na oração.

Os jornais da cidade publicam dezenove artigos sobre Madre Teresa, ressaltando seu espírito de solidariedade aos pobres e sua sede de justiça e libertação. Destacam também a morte da mulher que dera a vida por um Carmelo leve e transparente. Um dos artigos trazia:

> Madre Teresa de Jesus iria completar 70 anos de vida carmelita no próximo ano. O Carmelo de Juiz de Fora, fundado por ela há vinte e quatro anos, tem sido o pronto-socorro espiritual para pessoas de todas as idades e classes sociais que lá vão desabafar seus problemas e pedir orações. A comunidade do Sagrado Coração Jesus tem agora seis religiosas. A elas, nosso abraço para reafirmar a nossa união na esperança e no amor de Cristo.

A referência ao convento como um pronto-socorro espiritual fora dada pela própria fundadora, oito anos antes, quando estivera internada num hospital após uma crise de asma.

Vendo aquele entra e sai de gente, a madre dissera: "Penso o Carmelo assim... Como um local onde todos podem buscar ajuda, não só para o corpo, mas espiritual, a fim de que a unidade interior seja garantia de fidelidade e felicidade".

Na missa de sétimo dia, Frei Alano concelebra com o dominicano Mateus Rocha, provincial da Ordem. A cerimônia emociona a multidão que está no Carmelo, ao lembrar o caminho percorrido pela monja. Frei Alano compara Madre Teresa de Jesus à fundadora das carmelitas descalças e completa:

– Madre Teresa foi outra Teresa d'Ávila, no quarto centenário da morte da grande santa. Seu sofrimento físico e psicológico certamente vai frutificar. E como diz Irmã Maria Amada, há mais de cinco anos: "É a santa de nossos dias".

Vindo justo de quem veio o elogio, ninguém ousou discordar. Uma santa abençoando a outra.

Frei Mateus lembra que conhece Madre Teresa de Jesus desde Petrópolis e segue:

– Ela sempre me pareceu uma criança alegre e feliz. Não em termos de infantilidade, mas sim em termos evangélicos. Para ser criança do Evangelho, é preciso ter caminhado muito e ter atingido um alto grau de maturidade espiritual. Madre Teresa, a criança madura do Evangelho, nos deixa para nunca mais sair do meio de nós.

Um mês e meio após a morte da fundadora, chega a tão aguardada ordem de Roma autorizando a mudança das Carmelitas para Itaguaí. Apesar da tristeza pela morte de Madre Teresa de Jesus, a viagem é rapidamente providenciada. Uma nova fundação espera a pequena comunidade para começar outro ano de casa e vida novas.

Quinze dias antes da mudança, um artigo no jornal *Diário de Minas* lamenta a saída das monjas em artigo de duas colunas inteiras. O título: "Ai de ti, cidade". E numa despedida que mostra o papel do Carmelo em Juiz de Fora, termina:

> Queridas irmãs! As senhoras partem com as bênçãos do Coração de Jesus, com a ajuda de Santa Teresa d'Ávila e tendo ao lado o espírito compreensivo de Madre Teresa a torcer pelas senhoras. Nós é que ficamos sós. Rezamos muito pouco. Estamos acostumados a gostar da comunidade. Esperamos que as senhoras tenham se acostumado e continuem a pedir por nós.

Diante de mais uma derrota, e questionado pelos jornais sobre a mudança, o bispo Roriz procura disfarçar. Alega que razões de saúde e a falta de vocações são os motivos do fechamento do Carmelo em Juiz de Fora. Mas nunca consegue explicar por que o Carmelo será fundado em outro lugar. Acaba renunciando antes de terminar o mandato, e morre em sua terra natal, em Goiás.

Com a ajuda pronta de Dom Vital, as monjas partem para a nova fundação em Itaguaí, no Rio de Janeiro. Dom Roriz termina sem o prédio do Carmelo, vendido pelas religiosas, já que provaram ter sua posse, e sem as carmelitas, que deixam Juiz de Fora de luto. E, golpe fatal: a líder da mudança é Madre Teresinha. A monja que ele tanto perseguira sem conhecer. A filha formada por Madre Teresa de Jesus dá continuidade à luta por um Carmelo leve e transparente.

Presença do Carmelo no meio do povo

Além das inúmeras manifestações de apreço ao Carmelo Sagrado Coração de Jesus de Juiz de Fora, chegam telefonemas, cartas e mais cartas de todo o Brasil para conforto da comunidade das descalças. Todas unânimes em reafirmar a importância do testemunho profético de Madre Teresa de Jesus na caminhada da Igreja.

Dom Geraldo Maria de Morais Penido, que por vinte anos acompanhara a trajetória das monjas, se faz presente da Basílica Nacional de Aparecida, no Estado de São Paulo, onde é arcebispo. Ele escreve:

Prezada Irmã Teresinha,

... Madre Teresa ainda brilhará no "firmamento da eternidade". Felizes aqueles e aquelas que sintonizam sua palavra, sua vida, sua oblação, sua fé, seu amor, sua cultura, sua humildade, sua brandura e até seu silêncio!

Continuo pedindo a Nossa Senhora que esteja sempre com o Carmelo do Coração de Seu Filho. Depositem vocês todas, com muita confiança, sua sorte nas mãos da Mãe e nada temam. Vivam felizes, sorridentes, mergulhadas em Deus, pois ele é o Senhor!

Com bênção especial,
Dom Geraldo.

Frei Betto, que sempre fora muito próximo da vida do Carmelo, estava embarcando rumo à Espanha, para um congresso dos dominicanos, quando sabe da morte de Madre Teresa. E deixa sua palavra de apoio.

Queridas, Irmã Teresinha e Irmãs do Carmelo da Esperança,

Não poderia deixar de escrever-lhes neste momento em que toda a Igreja comemora o 4º centenário das bodas plenas da Teresa maior, a de Ávila.

Quero manifestar que, quanto mais leio a respeito de nossa querida santa, mais me convenço de que o Carmelo de Juiz de Fora revive, hoje, o que ela suportou outrora. Como vocês, ela foi incompreendida e difamada dentro da Igreja. Em 1578, o núncio papal da Espanha chamou-a de "mulher inquieta, errante, desobediente e contumaz". Foi acusada de infringir as normas do Concílio de Trento e menosprezar a clausura.

Evocaram até São Paulo para exigir que ela se calasse na Igreja. Denunciada perante a Inquisição por uma de suas noviças, seus conventos foram todos vasculhados pela "santa" repressão da época. No entanto, ela centrou Deus no âmago de sua existência e viveu apaixonadamente o conteúdo da fé. Entre intensos trabalhos das fundações, descobriu-nos as vias da mística que prefere apregoar o amor e não as renúncias. Teresa nunca fez da ascese um fim em si mesmo.

Como vocês, ela optou por servir amorosamente e entregou-se confiante ao Pai, sobretudo nos momentos de maior dificuldade, como por ocasião da fundação de Sevilha.

Lá do céu ela faz com que vocês mereçam a graça de reproduzir o exemplo dela e refazer-lhe o caminho. Nessa alegria me uno a vocês.

Fraternalmente,
Frei Betto.

Dom Pedro Casaldáliga escreve da Prelazia de São Félix do Araguaia, Mato Grosso, onde é bispo emérito daquela área.

Querida Irmã Teresinha
e Irmãs do Carmelo Sagrado Coração de Jesus,
Nessa hora, sobretudo, a comunhão se torna presença. Louvado seja o Pai pela vida e pela morte de Madre Teresa. No 4º centenário da Madre Teresa Mãe, essa oblação no Carmelo de Juiz de Fora é uma garantia da floração da vida contemplativa – e carmelitana – que sua madre vaticinou.
Deus tem os seus caminhos. E as veredas e atalhos do Monte Carmelo são ainda "seus".
Sejam fiéis na esperança. Que vocês vivam a oração, numa exaltada alegria de anunciar ao mundo o invisível, feito homem. Deem-nos o testemunho de um amor gratuito, sem aparentes produtividades, sabendo, como vocês sabem, o quanto é fecundo o seu amor de contemplativas.
Sejam vocês o Carmelo aberto sobre a dor e a esperança de toda a nossa América Latina, e da América Central muito particularmente nessa hora.
A todas vocês e a todos os amigos comuns de Juiz de Fora, ao querido Frei Domingos, sobretudo, minha amizade mais sincera.
O Senhor vem vindo. "Vem, Senhor Jesus!"

Irmão e companheiro de esperança,
Pedro Casaldáliga

Prisioneira de fé no olho do furacão

Após as fundações de Caravaca, a leste na Espanha, e Sevilha, a sudoeste, a madre está de volta ao seu pequeno Carmelo de São José, em Ávila, região mais central do país. Encontra o mosteiro numa penúria tal que nem pão as irmãs têm.

As patentes que protegem a fundadora e seu exército de esfarrapados estão morrendo de velhice ou sendo afastadas. Teresa é então obrigada a ficar no conventinho de São José, em Ávila, para organizar as coisas. O visitador dos descalços, Jerônimo Graciano, acuado, não pode sair de Pastrana, por ordens dos novos superiores.

As acusações surgem em toda a Espanha: "Os conventos descalços de religião não têm nada. As irmãs abrigam filhos ilegítimos, Frei Jerônimo Graciano tem relações distorcidas com as freiras. Teresa já prepara uma embarcação para ocupar outras terras". A situação piora a cada notícia.

Diante da verdadeira realidade, ela toma a situação a pulso.

– A partir de agora ninguém dorme mais. A ordem é rezar, rezar e rezar... Cada um de meus pombais tem que fazer ver à Sua Majestade, o Cristo, não o rei de Espanha, que nossa opção é para valer.

Para complicar o estado das coisas, em 1577, morre o Núncio Nicolás Ormaneto, apoiador das fundações. E assume o cargo o funesto Felipe Sega, que, segundo Santa Teresa, "parecia enviado por Deus para que praticássemos o padecer".

Os que mais sofrem estão diretamente ligados à fundadora. Frei Antônio de Jesus, que iniciara o primeiro convento dos descalços, e Frei Jerônimo Graciano, a quem o núncio anterior nomeara visitador apostólico dos de pano (calçados).

Sega destitui o Padre Graciano e coloca as monjas do Carmelo de Sevilha debaixo da jurisdição do sinistro Provincial Diego Cárdenas, que depõe a Priora Maria de São José e nomeia a jovem Beatriz Chaves, "a negra vigária" – como a chama a Teresa d'Ávila.

Beatriz Chaves é a primeira vocação sevilhana do Carmelo, seguida da mãe Joana Gomes, quando fica viúva. A noviça, assim que professa, engorda os olhos, e em 1578 faz uma reviravolta na sua conduta de carmelita. Engana Garciálvarez, denuncia a comunidade perante a Inquisição, consegue a deposição da Priora Maria de São José e se autonomeia "vigária", para desgosto da comunidade e da mãe, Joana Gomes (no Carmelo, Joana da Cruz). Daí vem o apelido "a vigária" dado por Santa Teresa.

Mas cai do cargo meses depois.

O provincial andaluz, Diego de Cárdenas, instrui um processo repleto de calúnias contra Teresa e remete a acusação à Corte de Madri. Situação extremamente dolorosa para a madre, em razão de outras penalidades que abatem o seu Carmelo.

Em 20 de dezembro de 1578, um tribunal formado por Sega e três assessores designados pelo rei emite sua sentença contra Graciano, e a frase é dura.

– Frei Graciano deve ficar confinado no colégio de Alcalá e está proibido da falar ou se comunicar com Madre Teresa.

Sega conhece a atividade da santa, porém nunca se dirige diretamente a ela nem a menciona, ignora sua existência enquanto distribui maldades.

A partir daí, também Garciálvarez torna-se adversário da comunidade, ameaça seguidamente as descalças e promete denunciar as monjas à Inquisição. Passa a se opor à Maria de São José e à própria Madre Teresa. Em 1579, Sega retira os poderes de Cárdenas. Assim, Madre Maria de São José volta ao cargo. Mas Garciálvarez fica definitivamente afastado do Carmelo. Contudo, dezesseis anos depois, em 1595, arrependido, se apresentará diante do tribunal de Sevilha para depor a favor da Santa Madre no seu processo de beatificação.

Com a volta da Priora Maria de São José ao cargo, após um trabalho enorme de Teresa, a vigária Beatriz Chaves é recuperada para a vida do Carmelo. Porém, a fundadora deixa claro o que pensa numa carta, em dezembro de 1580, à Madre Maria de São José: "Quisera que tivessem horta maior, para que Beatriz se ocupasse mais...".

E Teresa tudo fará para que Beatriz se recupere e se reintegre verdadeiramente no Carmelo. A arrependida parece cair em si. Madre Maria de São José conta:

– Suas lágrimas foram tantas que está cega de chorar!

Beatriz chegou a conhecer a beatificação da Santa Madre e morreu em 29 de dezembro de 1624.

Teresa conta sobre o sufoco da época:

– O núncio castigou outros mais importantes, mas não tanto, pois a estes impôs muitas censuras, impedindo-os de tratar de qualquer coisa... O núncio colocou um prelado do pano para visitar nossos mosteiros de frades e monjas.

O Breve divulgado por Felipe Sega submete os descalços à autoridade dos provinciais calçados de Castela e Andaluzia.

Além disso, aparece uma denúncia de dois descalços contra Jerônimo Graciano. Esse fato esmaga o coração da fundadora.

A traição dos monges, somada à acusação contra um de seus filhos mais amados, leva Santa Teresa a tomar uma atitude drástica.

Escreve ao rei Filipe e pede que ele abafe o caso, porque são calúnias. E, se preciso for, todas as monjas de todos os mosteiros podem atestar que ele não entra nas clausuras. O Conselho de Castela, a pedido do rei, esquece o assunto. Mas os calçados seguem firmes na luta contra a reforma.

Uma noite, apavorado, João da Cruz vai até o Convento de São José, a poucos quilômetros do centro de Ávila. O Convento da Encarnação terá eleições no dia seguinte. Ele tem os olhos tão arregalados, que a madre consegue até ver atrás das grades, e dispara:

— As noventa e nove carmelitas calçadas com direito a voto vão eleger a senhora. As outras cem não podem votar, mas também apoiam a decisão.

Teresa d'Ávila mal consegue respirar. É mais lenha para acender o fogo da intolerância.

As calçadas têm irmãs idosas, diferentes dela, que não sente os 62 anos. Além do mais, abriga novatas acostumadas a dormir em plumas e comer bem. Andam calçadas e visitam parentes. Nada a ver com suas doze filhas de cada pombal, jovens que jejuam por falta de comida, dormem em chão batido e andam descalças até no período da neve. É um desafio e tanto. O que fazer?

— Madre, por enquanto eu vim apenas dar o alerta. Vamos esperar até amanhã e confiar que o melhor vai acontecer. Veja...

Nisso, Frei João da Cruz passa um desenho pela roda e Santa Teresa o pega pelo lado de dentro. São três escadas diferentes, que a priora demora a entender.

– Para onde levam estes caminhos?

– É uma ideia para mostrar às nossas monjas como atingir o caminho da união com Deus. É como uma subida do Monte Carmelo.

Santa Teresa d'Ávila mal pode acreditar. Três caminhos como pequenas e estreitas estradas que sobem. Cada um com uma definição de uma rota de busca.

Primeiro caminho: a imperfeição em direção ao céu. Tem o saber, glória, alegria, repouso e consolação. O segundo: o espírito da perfeição, como a senda do Monte Carmelo, onde não se acha nada, nada, nada... O terceiro: a imperfeição em direção a terra. Tem o saber, alegria, possessão, repouso e consolação.

Diante da descrição precisa, a madre pede para fazer uma cópia e mostrar às suas filhas. E termina a conversa dizendo:

– João, é preciso também aceitar a alegria do amor de Sua Majestade aqui na terra. Senão só vamos procurar Deus depois de mortos, e isso não faz sentido. Nossos grandes santos encontram Jesus aqui mesmo.

São João da Cruz sai pensando nas palavras dela e entende que a felicidade do amor de Deus pode ser sentida aqui mesmo.

Teresa, de seu lado, também tem seus escritos. Na época, mesmo estando em meio a muita turbulência, finaliza seu texto maior, *Castelo interior ou moradas*. Nele, ela ignora as turbulências do exterior e aponta para riqueza que a alma pode experimentar. O trecho final do prólogo diz:

> Minhas irmãs, quando considero a vida da clausura e o pouco espaço de nossos mosteiros, penso que o castelo interior seja um consolo. Nele, a qualquer hora do dia e sem necessidade de seus superiores, vocês podem entrar e passear à vontade.

Uma vez habituadas aos encantos desse castelo, as coisas mais penosas ficarão doces, na esperança de que vocês terão de voltar a ele. E ninguém poderá impedir.

Mais à frente termina: "Vocês louvarão o grande Deus que criou esse castelo à sua imagem e semelhança".

Voltando ao dia da eleição no Convento da Encarnação de Ávila. Chega o provincial dos calçados, o interventor que vem fiscalizar os votos.

A assembleia começa e, como avisara João da Cruz, as cinquenta e cinco primeiras monjas votam em Teresa d'Ávila como priora. A situação fica tensa. A cada voto dado a ela, é feita a queima do mesmo voto seguida da excomunhão para a monja pela ousadia. O provincial em pessoa anuncia:

– Vocês estão proibidas de confessar, assistir à missa, receber visitas no parlatório e vão ficar isoladas.

Outras quarenta e quatro monjas que não tiveram coragem de declarar o voto em Teresa são chamadas e escolhem outra priora. Mesmo assim, o grupo de excomungadas resiste. Não aceita outra liderança. Para quebrar o impasse, a madre resolve interferir. Propõe que seja retirada a excomunhão e, que em troca, as freiras rebeladas aceitem a nova priora. Não há acordo.

Os calçados querem mesmo é guerra. Para dar o troco pela audácia das calçadas que votaram em Santa Teresa, na noite do dia 3 para o dia 4 de dezembro de 1577, homens armados arrastam às escondidas João da Cruz e o Padre Germano de Ávila para a prisão no convento dos calçados de Toledo.

Mas os pais e parentes das excomungadas ficam sabendo e correm indignados para o Convento de São José.

– Madre, eles acabam de raptar os dois. Apanharam de vara. Saíram inchados de tanto apanhar.

Quando a notícia chega, Teresa pensa que vai morrer de dor. Rapidamente, se apressa e escreve ao rei Filipe II. De pouco adianta. Enquanto a notícia não chega ao rei, os calçados fazem o que bem entendem.

São oito meses de aflição pela vida dos dois. João da Cruz é colocado num buraco com cerca de três metros de comprimento por dois de largura. Sai apenas para receber a refeição de pão e água, servida de joelhos, no chão. Come no meio de oitenta frades que, a cada sexta-feira, aplicam nele uma disciplina que consiste no uso de um instrumento de correias que serve para a autoflagelação. Além das torturas diárias.

Nesse período, João da Cruz escreve os primeiros poemas místicos. Para isso, tem o auxílio do irmão carcereiro João de Santa Maria, que nos últimos meses, abalado com o sofrimento que vê, fornece papel e tinta.

Uma noite, em 15 de agosto de 1578, ele tem uma visão de Nossa Senhora. Com instruções dela, descobre como soltar os parafusos dos ferros que prendem os pés e como abrir a porta da masmorra onde está. Sempre guiado pela voz da santa, passa por dois calçados, que roncam na guarda, e foge.

Algum tempo depois, bate na porta do Carmelo de Toledo. A irmã da portaria interna tem dificuldade em reconhecer aquele maltrapilho, cheio de chagas nos pés, nas mãos, nas pernas e no rosto. Só quando ele abre a boca é que ela percebe ser Frei João da Cruz.

A priora, Madre Ana dos Anjos, é chamada às pressas. Naquele momento, estava à cabeceira de uma freira doente. Esta, ao ouvir do que se trata, de imediato pede um confessor. É o jeito que tem de quebrar a clausura imposta por Teresa d'Ávila depois das calúnias contra as descalças.

É também a salvação de Frei João da Cruz, rapidamente escondido pela priora dentro da cela.

Em questão de minutos, após perceber a fuga do santo, a tropa dos calçados chega para vasculhar a capela, a sacristia e o parlatório. Não invadem a clausura, como da outra vez. Sem sinal do frade, abandonam o Carmelo. Mais tarde, na surdina, as monjas levam o perseguido ao Hospital de Santa Cruz, onde é medicado e tem os ferimentos cuidados. Dias depois, em melhores condições, João da Cruz parte para Ávila em busca da madre. O reencontro dos dois é cheio de emoção. A partir daí, ele passa quase dois meses escondido na casa de Pedro González de Mendoza, de família apoiadora dos descalços.

Nesse degredo, o fundador leva na fuga um caderno onde estão escritos os seus poemas. Entre eles, *Cântico espiritual*, *A chama do amor viva* e *Noite escura*, considerados por especialistas os mais belos poemas da língua espanhola. A prosa e a poesia de São João da Cruz incluem ainda mais de vinte cartas e oito textos das *Obras completas*, com comentários sobre as suas três obras máximas.

Depois do período de torturas diárias nos carmelitas calçados de Toledo e da fuga, quando João da Cruz ainda está escondido, as patentes tomam conhecimento dos desmandos e barram os calçados. Assim, livre dos algozes, ele pode participar, no dia 9 de outubro de 1578, do Capítulo dos descalços, no qual é eleito vigário do Convento do Calvário em Jaén. No caminho para o novo mosteiro, o religioso passa por Beas, onde descansa, visita o convento das descalças e deixa alguns textos com a priora para garantir que não desapareçam.

Ressurreição em Itaguaí

Tempos depois, as carmelitas, ainda muito abaladas pela perda de Madre Teresa de Jesus, sabem que precisam seguir na luta.

No quarto centenário de Santa Teresa d'Ávila, no dia 15 de outubro, data da festa da padroeira das carmelitas, as monjas receberam a licença de Roma, como Madre Teresa profetizara. A Santa Sé deixa o Carmelo livre para fazer a transferência de Juiz de Fora rumo à diocese de Itaguaí, no Rio de Janeiro, onde Dom Vital Wilderink, bispo carmelita, espera as irmãs na solidariedade e na fraternidade para a nova fundação.

São quatro meses de preparativos ao todo.

A saída de Juiz de Fora parece um novo enterro, tal a tristeza do povo diante da partida das monjas. Todos aparecem para uma despedida pessoal. E, com poucas variações, as pessoas dizem:

– Nunca vivemos nada assim.

– A cidade nunca sentiu um impacto como esse.

– Vocês farão muita falta!

O recomeço em Itaguaí, a setenta quilômetros da cidade do Rio de Janeiro, é doloroso e cheio de percalços. Além da morte de Madre Teresa de Jesus, a pequena comunidade tem que recomeçar do zero.

Em 6 de janeiro de 1983, a nova fundação é inaugurada em Itaguaí com seis das monjas fundadoras: Irmã Branca, Irmã Glorinha, Irmã Clemência, Irmã Maria Amada, Irmã Maria de Lourdes e Irmã Teresinha, que passa ser a priora. E começa a caminhada, até que chegam a ser treze descalças.

Aos poucos, a reconstrução vai sendo feita.

No primeiro momento, as irmãs ficam num sítio, onde pagam aluguel por nove meses. A dona do sítio é muito meiga e muito boa, mas seu marido, com problemas emocionais, começa a levar muitos dissabores às monjas que, pressionadas pelas dificuldades relacionais com ele, deixam o local às pressas para evitar problemas.

Em seguida, Ivan e Zely Moreira, um casal, apoiam as monjas com muita gentileza e caridade fraterna, até que encontrem um local adequado para servir de convento. Madre Teresinha conta: "Todos os dias eles procuram rua por rua, sítio por sítio, no entorno de Itaguaí, um local que sirva de moradia até a providência divina oferecer uma casa própria".

Após longa caminhada em busca de um teto, os dois encontram um sítio de um casal de médicos paraguaios, na Rua do Piranema. Há duas pequenas casas alugadas para estudantes da Universidade Rural Federal do Rio de Janeiro. Por sorte, na ocasião, os estudantes haviam optado pelo alojamento da universidade e as casas estão desocupadas.

É bem verdade que as monjas encontram tudo depredado. As construções estão mesmo em situação de calamidade. Para dar uma ideia, as camas de alvenaria têm, debaixo da grade dos colchões, muitas ampolas de drogas vazias. E por aí vai... Tudo em estado crítico.

Mas Zely e Ivan são incansáveis na mudança. Contratam uma equipe de limpeza e de recuperação dos cômodos para que as monjas possam entrar. Para completar, na mesma época, as monjas estão preocupadas com a comemoração dos 25 anos de vida carmelitana de Madre Teresinha. A comunidade está empenhada em comemorar, mas o tempo é curto para cuidar das duas coisas ao mesmo tempo. Então, o jeito é usar uma mão para ajudar a aparência da nova casa e a outra para cuidar da festa.

Por fim, as irmãs conseguem resolver as duas situações. Madre Teresinha lembra:

> Na frente das casas havia muitas mangueiras. E do lado de uma delas, foi construída uma cobertura, toda cercada de bambus, custeada pela família de uma das irmãs. Além disso, um banheiro para os visitantes. Foi realizada a nossa mudança e, em seguida, a festa também.

A missa é celebrada pelo ex-bispo de Juiz de Fora, Dom Geraldo de Moraes Penido, que as monjas consideram um pai. Além do mais, elas recordam uma convivência harmoniosa com ele em Juiz de Fora por vinte anos, antes do bispo Roriz.

É um bálsamo para todas as monjas. A missa é concelebrada por muitos padres amigos, entre eles Dom Valmor de Azevedo, atual arcebispo de Belo Horizonte, e Padre Carlos Palácio, atual provincial dos jesuítas. Dom Vital também concelebra com Dom Geraldo, Padre José Maria Garcia Gil, claretiano, representando o grande amigo do Carmelo, e Dom Pedro Casaldáliga. É um dia de festa e alegria para as irmãs, após um ano e seis meses de estadia em Itaguaí.

Por essa época, uma perda enorme...

No dia 10 de agosto, morre Irmã Maria Amada. A tristeza é sentida além-mar. Um dos jovens que frequentara o Carmelo em Juiz de Fora, Faustino Luiz Couto Teixeira, o Dudu, está na Itália, realizando seu doutorado em Teologia. Quando sabe, envia uma mensagem.

Ladipoli, 23/08/84
Está na hora, o Senhor me chamou. Senhor, aqui estou!

Queridas irmãs,
Hoje com grande tristeza ficamos sabendo da morte de nossa querida Amada. É difícil, através do papel, traduzir o que vai pelo coração. Vivi tempos maravilhosos de caminhada com o Carmelo, da presença carinhosa das irmãs e, principalmente, do convívio com Maria Amada. Ela agora está com a "Mãezinha do Céu", o grande amor de sua vida. Está também em nosso coração e memória. O Carmelo tem aí um grande exemplo de dedicação e que é estímulo para a caminhada nas terras de Itaguaí. Somos companheiros – apesar da distância – nessa travessia para a libertação. Santa Maria Amada, rogai por nós!

Em seguida, começa a batalha pela casa própria. Depois de um tempo, Dom Vital consegue comprar um sítio de um japonês, com uma casa reformada, que é adaptada para o Carmelo.

Ali vivem catorze anos, além de dois anos de peregrinação.

A sobrevivência é árdua, muito mais do que se costuma entender como espinhosa...

Diante da bruta realidade, Irmã Glorinha arregaça as mangas e visita colégios vendendo queijos, leite e mel. Nessas andanças ganha muitos suprimentos das pessoas amigas que conhecem um pouco da rudeza de vida daquelas carmelitas. E ela agradece a todos. Quando a situação fica dramática, a irmã não tem dúvidas: colhe na horta para garantir uns trocados. E, claro, alguns daqueles que estão no conforto de seu ar condicionado a criticam por viver saindo da clausura, mas, como diz a regra do Carmelo, a necessidade não tem lei.

Numa das saídas atrás da sobrevivência, Irmã Glorinha tem a ideia de ir ao Ceasa pegar legumes e frutas que serão dispensados. Volta com os alimentos, que são muito bem recebidos. As irmãs montam, então, uma mesa de tábua para separar o que se pode aproveitar. No inverno, as verduras não resistem e pouco sobra. No verão, as frutas amadurecem rapidamente e é preciso consumir depressa. Dentro do espírito carmelitano, as monjas partilham o que ganham, distribuindo para os moradores da favela Valão dos Bois.

Madre Maria da Glória é a priora nos anos 1990-1996; são dois triênios de muita união, aprendizado e crescimento com a ex-priora Irmã Teresinha. Nesse tempo, as monjas redigem os primeiros documentos na cidade, com reflexões nas quais pedem que o Carmelo de Itaguaí possa viver em seu tempo, junto com os pobres e oprimidos da região. Analisado e autorizado por todas as patentes, o mosteiro passa por um tempo de bonança. Mantendo a mesma pobreza inspirada por Santa Teresa d'Ávila e com a leveza de Madre Teresa de Jesus, fiéis ao essencial e adaptando-se ao acidental, conforme a necessidade do tempo e do lugar.

Dom Vital é mais irmão do que tudo; com ele foi vivida a verdadeira fraternidade.

Em 1993, uma carta de Madre Teresinha ao amigo dominicano Frei Betto conta sobre os avanços da nova fundação. Com o humor de sempre, mantido apesar da longa provação, ela pergunta: "Como anda a vida do cigano de Deus?". E ele responde, no mesmo tom brincalhão, que segue os passos do Pai, andarilho como sempre. E termina: "Faço votos que Santa Teresa desperte novas vocações para que a contemplação revolucione a vida de nossa Igreja".

Nessa época, dois amigos do Carmelo, o casal Cibele e Ricardo Gouvêa Corrêa, também vivem algumas histórias com as monjas... Ricardo conta:

Eu e Cibele visitamos o Carmelo no início dos anos 1980, em Juiz de Fora, quando houve lá um encontro de um grupo de oração e reflexão liderado pelo Padre João Batista Libanio, denominado "Tropa". Dentre as irmãs, nesta ocasião conhecemos Madre Maria Amada... fato inesquecível. Até hoje me lembro de como Maria Amada tratava a todos que acabara de conhecer com um carinho desmedido, como se fôssemos amados familiares próximos. Amor em estado puro, autêntico e profundo!

Anos depois, por intermédio do padre espanhol Juan Guervós, com quem trabalhávamos em favelas e comunidades de base no Rio de Janeiro, nós retomamos o contato com o Carmelo, então sediado em Itaguaí.

Encontramos Maria Amada pela última vez. Guardo como a um tesouro as palavras e benção que ela derramou neste dia sobre mim: "Um reflexo de luz e inteligência para você!".

Logo depois ela faleceu. Se um pouco destas características e virtudes as tenho, em grande parte, sem dúvida, vieram dessa bênção...

Passamos então a frequentar o Carmelo, realizando lá, muitas vezes, encontros com os grupos que atendíamos das referidas favelas, especialmente de jovens.

Falava frequentemente com Madre Teresinha que, por telefone, sempre perguntava pelos jovens, por Cibele, por nossa filha Paloma, pelo Padre Juan. Cuidado, delicadezas e atenção permanentes!

Nesta época, trabalhávamos eu e Padre Juan na Universidade Santa Úrsula, dando aulas e implantando um programa de extensão universitária com alunos em favelas e periferias da cidade. A essas atividades agreguei mais uma, por causa das irmãs.

Um dia, Juan me convocou para que ajudássemos o Carmelo, que enfrentava dificuldades financeiras. Devíamos passar a vender na universidade os queijos produzidos pelas irmãs. Eles eram feitos a partir de umas poucas vacas que elas haviam ganhado de amigos para esse fim.

Tal ação tornou-se uma empreitada. Professores dublês de vendedores de queijo...

Padre Juan, que além de anarquista se apropriara das malandras características brasileiras, "tratava" com as irmãs a cota semanal, digamos, de trinta queijos. Pois bem, ele ficava com dois ou três e a mim imputava os demais...

Eu os vendia, doava e ainda assim nossa geladeira e a das nossas mães ficavam repletas de queijos encalhados. Pastel de queijo era nosso prato mais frequente à época!

Recordo que um dia informei que naquela semana não tinha condições de "escoar" qualquer produção, pois restavam ainda vários queijos da semana anterior. Eis que estou em minha sala, quando me avisaram que Irmã Glorinha estava na portaria com queijos para mim...

Fui tomado, confesso e aqui me penitencio, de profunda impaciência, e desci para despachar a irmã e seus queijos. Quando chego à portaria, vejo Irmã Glorinha, que havia saído cedo de Itaguaí de ônibus, com duas enormes sacolas repletas de queijos, e que não havia conseguido vender num colégio, outro "entreposto de vendas". Minha impaciência desfez-se de imediato e fui tomado de enorme carinho por aquela doce e santa figura. Não houve jeito, mais queijos para minha geladeira...

Tivemos ainda, eu e Cibele, outra experiência inesquecível com as monjas. Atendendo um pedido, elaboramos o projeto de arquitetura para o "novo" Carmelo, que até ali estava alojado em modestas instalações. Foi uma delícia conversar com as irmãs e elaborar o projeto, uma experiência de tentar construir com "delicadeza" um pedaço de céu na terra. Infelizmente não foi à frente, ficou no anteprojeto, pois a permanência em Itaguaí começava a apresentar enormes dificuldades, depois do assalto que sofreram e da saída de Dom Vital da diocese, bispo que a elas abrigou com entusiasmo.

Desse período guardo outra doce lembrança: havia ido lá para discutir o projeto com as irmãs e Dom Vital, e, após fazê-lo, fui admitido com o bispo no interior do claustro (enorme privilégio!). O bispo pegou o violão e tocou sob um coro das irmãs. Pura beatitude!

Por fim, caso no futuro se venha a canonizar Irmã Maria Amada ou mesmo se inove numa santificação coletiva do Carmelo (por que não?), tenho já um milagre para relatar.

Num domingo, Madre Teresinha me liga por alguma razão que não me lembro e me pergunta como eu estou. Digo então que naquela noite iria fazer uma viagem longa a trabalho, e que, como tinha pavor de avião, estava aflito, ao que a irmã me disse peremptoriamente:

– Quando estiver no avião, Maria Amada vai pegar sua mão e você não terá medo.

Assim foi... A partir daquele dia perdi por completo a fobia! Pelo sim, pelo não, até hoje só viajo com uma imagem de Maria Amada no bolso...

Ricardo de Gouvêa Corrêa
P.S.: Os queijos eram maravilhosos.

Outra testemunha também se lembra da experiência vivida com as Irmãs do Carmelo Sagrado Coração de Jesus, em Itaguaí. Elza Maria Gheller conta:

Uma estrada asfaltada, a reta de Piranema, na localidade de mesmo nome. A reta fica entre duas grandes rodovias: a Rio-Santos e a Antiga Rio-São Paulo. Pertence ao Município de Itaguaí, Estado do Rio de Janeiro. A região é uma simpática planície. É uma estrada, igual a tantas outras. No entanto, uma distinção a torna singular. Lá estava o Carmelo de Madre de Teresa de Jesus.

Na primeira vez que lá estive, sua entrada causou-me inquietude. Sempre aprendi que os Carmelos tinham grades. Que não se via as monjas ou monges, para não distraí-los em suas orações, reflexões, leituras e trabalhos. Mas, naquele mosteiro, as portas do seu jardim de acesso estavam abertas. Uma amiga me convidara e fui com ela. Este dia era a primeira vez que entrava num Carmelo, o Sagrado Coração de Jesus, para participar da Eucaristia. Eram 6h30. A capela estava aberta, entramos. A lâmpada do sacrário brilhava e havia grande silêncio. As irmãs do Carmelo de Madre Teresa de Jesus estavam presentes e em silêncio. Este só foi interrompido meia hora depois, pelo canto inicial da missa.

Saí daquela Eucaristia, daquele silêncio, para voltar sempre que fosse possível. Foi o que aconteceu enquanto as irmãs lá residiram. Na maioria das vezes, para participar da Eucaristia, para buscar o silêncio, o apoio espiritual e orientações. Lá, encontrei a experiência silenciosa dos cantos, das orações, do amor, do acolhimento, da fé em Jesus de Nazaré, da reflexão, da solidariedade e do serviço.

E constatei que aquele Carmelo do silêncio, da oração, era o local que acolhia bondosamente a vida humana em suas alegrias e sofrimentos. Independentemente da classe social e fase da vida. E ouvi e vi pessoas empobrecidas, desprovidas de tudo, saírem de lá sorrindo para recomeçar sua vida, em meio a tudo que perderam. Porque o acolhimento, a escuta eram transformados de teoria em ação.

Na região viviam pessoas nas áreas rurais com ameaças de suas vidas e de seus familiares devido aos sérios conflitos de terra. Havia um rio de água doce, do qual algumas famílias tiravam o sustento vivendo da pesca artesanal. Mas os pequenos pescadores desprovidos de equipamentos modernos, quando conseguiam seu peixe sofriam com atravessadores, que, desrespeitando sua dignidade de seres humanos de direito, tornavam a venda de seus peixes desqualificada. O pouco recebido era insignificante para o sustento familiar. O trabalho doméstico para mulheres e homens, obrigados a enfrentar os péssimos meios de transporte abarrotados de gente, que precisavam viajar longas distâncias em pé, depois de uma noite ou um dia de trabalho.

Lá, junto ao Carmelo, estava a periferia, a cidade do Município de Itaguaí, a Universidade Federal Rural, nas áreas mais distantes o turismo da região Sul Fluminense e, por fim, a 60 km, se encontrava a cidade do Rio, a capital do Estado. Entre tudo isso, estava o silencioso Carmelo, para onde tanta gente peregrinava em busca de forças espirituais, muitas vezes o pão material e alento para seus sofrimentos.

Devido a uma mudança residencial, recorri às irmãs num momento muito particular de minha vida. Eu precisava alugar um cômodo, para dar continuidade aos estudos e trabalhos. Rezava e pedia orações às irmãs. Depois de um mês, a Irmã Maria de Lourdes, a mais idosa do Carmelo, olhou-me com tanta alegria, este seu olhar é lembrado até agora, e disse:

– Hoje, com a graça de Deus, você vai encontrar o local que procura para morar, com pessoas boas, um bom lugar.

E naquele dia, isso se concretizou.

As irmãs diziam que o Carmelo existe para servir a Deus e à humanidade. Ele tinha em seu entorno famílias com crianças, adolescentes, jovens, pessoas adultas e idosas, com as quais as monjas repartiam o que tinham.

Mas a violência faz seus estragos, independentemente de que classe social seja. E a gente desprovida de tudo é a que mais sofre e é atingida. As armadilhas eram constantes. Mesmo com suas portas fechadas à noite, o perigo sempre rondava. O sequestro de um líder pastoral, as tocaias com os que ocupavam e plantavam a terra, aos pescadores, os roubos, estupros. A memória mantém a morte e o roubo de gado das pastagens do terreno de Carmelo. E os alertas rondavam em relação a suas vidas. Mesmo que as irmãs sempre permanecessem atentas, chegou-se ao ponto de serem obrigadas a sair do local.

As irmãs saíram em tempo. Mas, antes ainda, vi algumas jovens das regiões próximas da Universidade Federal Rural ingressarem na vida monástica. Com isso, aquele Carmelo saiu de Itaguaí crescendo em vocações. Obrigada, irmãs.

Elza Maria Gheller. Beneficiada do Carmelo.
Rio de Janeiro, 10 de março de 2013.

Contatos divinos em Villanueva de la Jara

Teresa d'Ávila sabe a missão que tem pela frente.

Apesar de quatro anos de desgostos e todo tipo de desmandos, tão logo amaina a perseguição aos sem pano, masculinos e femininos, por interferência do rei, Dom Filipe, a fundadora retoma os contatos de 1576, quando ainda está em Toledo.

Na ocasião, um padre de Villanueva de la Jara leva cartas pedindo uma fundação naquele povoado. Ele diz à priora:

— Temos nove mulheres reunidas na ermida de Sant'Ana. São tão recolhidas e santas, que o povo quer muito que elas sejam descalças como as monjas da senhora. O Padre Agustín de Ervías também envia esta carta reforçando nosso pedido. Lá, madre, a senhora terá todo o apoio da população para fundação do novo convento.

— Vejo alguns obstáculos, meu filho. São muitas mulheres, desconhecidas para mim, sem vínculo com as dificuldades que vivemos. Depois, o povoado com menos de mil pessoas não tem como auxiliar nossas religiosas. Não temos casa... Enfim, creio que é difícil fundar em Villanueva.

Ainda assim, Teresa resolve falar com o confessor Alonso Velásquez, que a aconselhara em 1577, em Toledo.

— Madre, se tantas são essas cartas, e tão grande a necessidade demonstrada por pessoas da própria Igreja, creio que deve fazer a fundação.

Só que ali começara o tempo das perseguições e a ideia fora postergada.

Mais tarde, Filipe Sega impõe a Frei Antônio de Jesus o castigo de ficar desterrado no Convento de Nossa Senhora do Socorro, há poucos quilômetros de Villanueva. E ali, o prior do mosteiro, Frei Gabriel de la Assunción, tal como Frei Antônio, é amigo do Padre Agustín de Ervías. Os dois, persuadidos pelo povo, começam a escrever à santa insistindo na fundação.

A madre faz nova consulta, desta vez a Frei Angel de Salazar:

– Frei Angel, o povo de Villanueva quer o mosteiro, mas sou contra porque não conheço as mulheres de lá e elas podem formar um grupo contra as monjas que eu levarei daqui.

E mostra outras razões para sua posição contrária à fundação. O religioso responde:

– Madre, eu só autorizo, se a senhora concordar. Mesmo tendo tão bons amigos a favor da causa, sua palavra é que vale.

Um mês depois, Teresa está em oração, após a comunhão, e, como costuma fazer, encomenda-se a Deus. Foi então que para surpresa dela... "Sua Majestade me repreendeu com rigor, perguntando com que tesouros nós havíamos feito o que até então estava pronto, e que eu não duvidasse quanto a admitir essa casa, que seria de muito proveito para ele e grande aproveitamento das almas."

Diante disso, Teresa decide admitir a fundação e consulta o prelado local, que dá a autorização e ainda permite que ela leve quantas monjas quiser. Nesse momento, a fundadora fica cheia de cuidados na escolha, pois sabe que lá encontrarão outras mulheres que desejam também a vida de monjas. Escolhe duas do mosteiro de São José de Toledo – Constanza de La Cruz, e a que será priora, María de los Mártires – e duas de Málaga – Ana de San Agustín e Elvira de San Angelo, para subpriora.

Frei Antônio de Jesus e Frei Gabriel da Asunción seguem com a fundadora para Málaga, aonde o grupo chega em 25 de novembro de 1579. Mas a saúde de Teresa está muito abalada. Ela precisa de descanso para seguir adiante.

De repente, um tempo depois, novas orações, e novo milagre. De uma hora para outra está nova em folha, como se nunca tivera doença alguma. E assim, em 13 de fevereiro de 1580, a jornada recomeça em direção ao convento de Nossa Senhora do Socorro, perto de Villanueva.

Conforme o combinado com os religiosos, as monjas param no mosteiro onde a recepção do prior e dos frades é muito calorosa, como lembra Teresa.

> ... A casa fica num ermo e num isolamento sobremodo saborosos.
> Descalços e com suas toscas capas, fizeram-nos muita devoção, enternecendo-me muito por me dar a impressão de que estávamos na época de nossos santos padres.
> ... No meio daquele campo, os frades pareciam odorosas flores brancas, e creio que o são para Deus, porque servem ao Senhor muito verdadeiramente. Entraram na igreja cantando o *Te Deum*, com vozes muito mortificadas. A entrada fica debaixo da terra, passando-se por uma espécie de gruta como a do Pai Elias.

A santa descreve momentos de tanto gozo interior, que nem reclama de o caminho ser mais longo. Só lamenta não encontrar viva a fundadora do Convento da Roda, Catarina de Cardona, que inaugurara o mosteiro em 1572 e morrera em 11 de maio de 1577. Ela tomara o hábito descalço em Pastrana, em 1571, antes das monjas terem que deixar o mosteiro no confronto com a princesa de Éboli. Depois, acompanhara as descalças até

Toledo, seguindo com a missão divina de fazer uma fundação, após oito anos de reclusão em uma gruta.

As irmãs dali contam a Teresa de Jesus: "Ela exalava o tempo todo um perfume semelhante ao das relíquias dos santos. Até o hábito e o cinto tinham um aroma que direcionava a louvar Nosso Senhor".

Resumo da história: certa da obrigação que sente de fundar um convento de frades descalços, Catarina procura a Corte, de onde saíra para viver em penitência e mortificações na solidão da gruta. Junto ao rei, consegue os recursos e a autorização para fazer o seu mosteiro, que é instalado na cova onde ela vivera antes de tomar o hábito de descalça. Perto do local do convento, é feita outra cova, com um Santo Sepulcro, onde Catarina passa a noite e boa parte do dia. Dali só sai para a hora do Ofício Divino no mosteiro.

Catarina de Cardona morre cinco anos e meio depois da construção do convento, devido à vida de privações. Tem funerais cheios de solenidade, pois é muito querida por todos da região. Está sepultada na capela de Nossa Senhora, de quem era muito devota e que fica no convento dos frades carmelitas descalços.

Teresa tem muita admiração por ela e narra:

> ... Consolei-me muito quando estive ali, se bem que muito confusa, porque vi que quem fizera ali tanta penitência era mulher como eu, e mais delicada, por ser quem era e não uma grande pecadora como eu – pois nisso não pode haver comparação entre nós –, embora eu tenha recebido graças muito maiores de Nosso Senhor...

Teresa conta que certo dia, ao terminar a comunhão naquela igreja, cai em profundo recolhimento, com uma suspensão que a deixa alheia à realidade... E, então, vê Catarina de Cardona rodeada de anjos, que diz a ela que não se deixe abater nem vencer pelo cansaço e siga com suas fundações. A madre entende, a partir dessa visão, que a eremita a ajuda junto de Deus. A priora conta que sentira muito consolo e vontade de trabalhar.

Em 21 de fevereiro de 1580 é realizada a missa inaugural, da qual todas as pessoas do povoado participam com muita fé. A alegria do povo é tanta, que dá um grande contentamento para a fundadora ver o prazer com que recebem Nossa Senhora.

Os sinos são ouvidos ao longe. A procissão começa com música sacra, enquanto o Santíssimo Sacramento vai entrando num andor e noutro, a imagem de Nossa Senhora do Carmo. No meio, as sete carmelitas com as capas brancas e os véus sobre o rosto, ao lado dos frades descalços e dos franciscanos, que também têm um convento no lugarejo. Um único dominicano acompanha os religiosos, mas só de ver seu hábito Teresa fica muito contente. O cortejo segue solene até a casa onde será fundado o novo convento.

Na entrada, na parte interior, Madre Teresa de Jesus vê as monjas que solicitam um mosteiro há mais de seis anos. Cada uma tem uma roupa diferente, pois usam o que têm à espera dos trajes da Ordem das Carmelitas Descalças. As irmãs que chegam são recebidas com fartas lágrimas de contentamento e total acolhida. As locais fazem de tudo para agradar as monjas que vêm para fundar. A priora fica emocionada quando vê a casa humilde e bem cuidada, como se alguém estivera a zelar de tudo ali por elas.

A fundadora percebe que elas levam uma vida de muita penitência, já que a aparência é de muita fraqueza física. E conversando com o grupo, fica sabendo que nem chave na porta elas usam. Nenhuma dá ordem, mas, com grande irmandade, todas trabalham o máximo que podem.

As duas mais velhas tratam dos negócios necessários e as outras jamais falam com alguém. Reina silêncio absoluto. Só a mais velha atende a porta, e dormem muito pouco para ter o que comer e não perder a oração que leva horas. Nas ocasiões de festa, o dia inteiro. Elas têm livros de Frei Luis de Granada e Frei Pedro Alcântara. Quando Frei Antônio de Jesus começa o contato com o grupo, indica que só façam o Ofício de Nossa Senhora, já que a maioria é analfabeta, e isso toma muito tempo para as leituras. A casa fora herdada do Frade Diego de Guadalajara, devoto de Sant'Ana, que antes de morrer deixara seus bens para que no local fosse construído um mosteiro de monjas.

Teresa agradece: "... É tão grande a misericórdia de Deus, que não deixará de fornecer à casa de sua gloriosa avó. Queira sua Majestade ser sempre servido nela, e louvem-no todas as criaturas por todo o sempre. Amém".

Novo Carmelo

Certo dia, o Carmelo de Itaguaí recebe a visita de um monsenhor alemão, Monsenhor Herbert Michel, de Colonia, acompanhado pelas irmãs franciscanas de Nova Iguaçu. Ele já doara um curral para as vacas de propriedade do mosteiro para que as irmãs pudessem fazer e vender queijo. Os animais são recebidos de um casal de Juiz de Fora. Na visita, o religioso promete construir também um mosteiro.

Um tempo depois, as plantas feitas por arquitetos alemães chegam até as irmãs e o convento é começado com ajuda do exterior. Quando a estrutura já está pronta, faltando apenas o acabamento, novo baque. Dom Vital renuncia à sua vida de bispo em Itaguaí e comunica que vai viver num eremitério, a mais ou menos duzentos e cinquenta quilômetros de distância.

Nesse tempo de Carmelo em Itaguaí, como Frei Alano profetizara na missa de sétimo dia, a obra de Madre Teresa de Jesus está dando seus frutos. As irmãs se multiplicam e já são treze.

Mas a mudança do bispo exige pensar no futuro e seguir o carisma do Carmelo teresiano, que num capítulo define: "Santa Teresa d'Ávila, impelida pelo zelo da glória de Deus, foi guiada para uma compreensão e vivência da Igreja em seu tempo, empenhada no trabalho da reforma. Ferida pela ruptura da unidade e empurrada para a evangelização de novas terras". Ou seja, a obra de Teresa d'Ávila é uma escuta despojada do que Deus quiser.

Corre o ano de 1998.

Com a saída de Dom Vital, as carmelitas ficam sem chão. E a área é perigosa, conflituosa. Sem o bispo, o medo chega, e uma grande insegurança de ordem psicológica toma conta das treze religiosas. A fundadora de Itaguaí lembra: "As monjas se sentiram sozinhas. Foi uma situação muito difícil de ser enfrentada. Ficamos trinta dias sem missa e noventa sem confessar. A adaptação à nova situação era muito penosa".

E diante dessa realidade, antes mesmo de Dom Vital chegar ao eremitério, a comunidade já inicia as consultas. É preciso se por em marcha novamente...

É mais do que necessário, é urgente contatar os bispos que, anteriormente, manifestaram interesse em receber o Carmelo de Madre Teresa. E isso é feito.

Com medo, insegurança e dificuldades financeiras, as monjas recorrem ao Irmão Claudino Falqueto, superior provincial da Ordem Marista de 1977 a 1983, e ao dominicano Frei Betto, a quem pedem ajuda para orações pelo discernimento de sair de Itaguaí.

Cartas e telefonemas também para Dom Luís Fernandes e Dom Marcelo Cavalheira, que indica Dom Antônio Muniz Fernandez, por ser carmelita e ter sido sagrado bispo há dois meses. A diocese que ele assumirá é conhecida de Dom Marcelo e ele sabe que a população aceitará o Carmelo com muita alegria, por ser um povo fervoroso e muito místico.

Frei Betto sugere:

– Madre, que tal pensar em Dom Luís, que está na Paraíba, em Campina Grande? Lembra que ele convidara o Carmelo a ir para Vitória quando estava no Espírito Santo? Não tem ninguém melhor. O sonho dele era ter o Carmelo de Madre Teresa em Vitória.

– Se lembro... Ele chegou a arrumar tudo para nós irmos de Juiz de Fora para Vitória. Mas não era hora...

A religiosa lembra, então, que Dom Luís Gonzaga Fernandes pregava uma semana da fraternidade no México e, quando volta para Vitória, no Espírito Santo, tem sua nomeação anunciada para Campina Grande, na Paraíba.

Madre Teresinha recorda:

– Ele telefonou para nossa madre e disse: "Madre Teresa, estamos no mesmo êxodo. Acabo de receber minha nomeação para Campina Grande. Continuem fazendo o discernimento e rezem muito. Está próxima nossa reunião em Itaici. Lá falarei com os bispos amigos do Carmelo para vermos juntos o que podemos fazer para tomar novos rumos".

A priora lembra bem daquela situação anterior. Pois, na volta do encontro em Itaici, no Estado de São Paulo, Dom Fernandes trouxera um recado dos bispos:

– Madre Teresa, nós achamos importante a senhora ter um contato mais próximo com Dom Luciano de Mendes de Almeida, pois ele é da CNBB e falamos com ele, em particular, sobre a situação das carmelitas de Juiz de Fora.

Dom Luciano Mendes de Almeida, bispo da região Belém, na cidade de São Paulo, de 1976 a 1988, depois é transferido para a Arquidiocese de Mariana, em Minas Gerais.

Na ocasião, Madre Teresa entende o recado e, tão logo recebe o convite de Dom Luciano para uma visita, vai a São Paulo junto com as irmãs Teresinha e Glorinha. A fundadora descreve:

> Foram dois dias de céu. Ao sair de uma das reuniões, na hora do almoço, ele falou: "Minhas irmãs, Deus é bom. Vocês estão buscando o que é bom, unir a vontade própria com a vontade de Deus, e encontrar os pobres, os necessitados como lugar de contemplação. É um desafio para o Carmelo de vocês. É um tempo de dor, mas também de esperança, para que

possam aprofundar a missão profética do Carmelo Sagrado Coração de Jesus de Juiz de Fora que vocês fundaram. Tempo para uma nova consciência de Igreja na América Latina e para dar a resposta que a vida contemplativa é chamada a dar. As senhoras podem e sabem enfrentar esses desafios: refletindo, rezando, e contemplando o quanto Deus é bom. Os bispos amigos do seu Carmelo de Juiz de Fora, que não são poucos, reunidos em Itaici, estão dispostos a ajudá-las. Vão escrever ao Cardeal Pirônio, Prefeito da Sagrada Congregação para os Religiosos e Institutos Seculares. Foi pedido a Dom Vital, bispo de Itaguaí, irmão de vocês na mesma Ordem do Carmelo, que as ajude de modo especial. Vamos continuar rezando e dialogando, confiando e esperando, enquanto o Senhor faz maravilhas. Porque eterno é seu amor".

Dom Luís Gonzaga Fernandes, que reunira os bispos amigos do Carmelo de Madre Teresa, já resolvera antes receber a nova fundação do Carmelo em Vitória. Oferecera o antigo seminário com as devidas adaptações, e os religiosos estavam muito felizes em receber as carmelitas, pelas quais tinham especial carinho e um grande vínculo de amizade.

Mas aí acontecera a transferência para Campina Grande. Foi então que telefonara para Madre Teresa dizendo não poder prosseguir a fundação do Carmelo em Vitória, em razão de sua transferência para o Nordeste, e repetira: "Querida Madre Teresa, estamos no mesmo 'Êxodo'. A senhora pode contar que, dentro das minhas possibilidades, continuarei trabalhando para ajudar vocês a fazer a nova fundação".

Madre Teresinha lembra que Dom Luís, na reunião dos bispos em Itaici, pede ajuda como atestara Dom Luciano. E o primeiro bispo a se manifestar, escrevendo para Roma, seis meses antes dos outros bispos, fora Dom Tomás Balduíno.

Dom Luís Gonzaga Fernandes, o quarto bispo da Diocese de Campina Grande, membro ativo da Igreja, se destaca pelo trabalho na formação das Comunidades Eclesiais de Base, CEBs, motivo de esperança no período pós-Vaticano II. Por essa razão, também, motivo de esperança para as carmelitas do Carmelo de Madre Teresa que estão em busca de fidelidade ao carisma carmelitano teresiano, mas com o rosto latino-americano. Madre Teresa sempre achara que o estilo do Carmelo era mais da Europa do que da espiritualidade latino-americana.

Ao se lembrar dessa ajuda, Madre Teresinha volta a procurar contato.

Enquanto a definição não fica clara, as irmãs seguem com as orações para definir o local do novo Carmelo.

Dom Luís Fernandes vai ao Rio de Janeiro e visita as carmelitas em Itaguaí. Por duas vezes, nessas idas ao Carmelo, ele ainda reflete com as monjas sobre uma possibilidade do Carmelo de Madre Teresa ser fundado na Diocese de Campina Grande, numa cidade chamada Esperança, onde há um terreno muito bonito e apropriado a um mosteiro contemplativo. E, com relação à prática da opção pelos pobres na dimensão contemplativa, o sonho da Madre Teresa, a quem ele conhecera de perto, Dom Luís acha que Campina Grande é o lugar e o espaço propícios. Fala, também, de Irmã Eloísa da Cunha, religiosa do Sagrado Coração de Jesus e amiga do Carmelo de Madre Teresa, assim como de Irmã Teresa Latigê, que podem ajudar.

Mas a reflexão de Dom Luís com as monjas não avançara porque tanto ele como elas achavam, naquela ocasião, que Dom Vital era a resposta para as monjas, que se sentiam muito bem com ele.

Enquanto as irmãs procuram na reflexão a resposta para sua missão contemplativa, certa noite, na baixada sul-fluminense, o Carmelo é invadido e as monjas são assaltadas por quatro homens. Cenas de terror. Eles roubam tudo o que conseguem levar, inclusive os cilindros dos botijões de gás. As freiras correram o risco de voar pelos ares. A sorte foi que, ao usarem o maçarico para cortar os canos, os ladrões derreteram os encanamentos, que, entupidos, fecharam a saída e, por esse milagre, o mosteiro não explodira.

No dia seguinte, as monjas não têm nem ferro para passar a roupa da capela. A bênção aparece na figura do marista Irmão Claudino Falqueto, então presidente da CRB nacional, que leva o Irmão Gentil Paganoto, provincial dos maristas na época, até o Carmelo para fazer uma doação de objetos para a casa e ajudar também com uma feira completa para as monjas abastecerem a despensa. Dom Vital estava na Europa.

Diante do assalto, fica claro para as irmãs que devem procurar um local para o convento o mais breve possível.

Após quinze anos, nova interpelação de Deus. Diante da opção de Dom Vital e da dificuldade para manter o Carmelo em Itaguaí, sem a presença do pastor e irmão de ordem, Madre Teresinha lembra a experiência de Madre Teresa e começa a partilhar com sua comunidade o ideal de uma nova fundação em outras terras. Será como disse Madre Teresa, "uma nova realidade, outra igreja local", que Madre Teresinha irá enfrentar.

Ela, que ajudara a vivenciar a fundação de Itaguaí com Madre Teresa, assumira em Itaguaí em razão da morte da fundadora. Agora, terá que enfrentar uma segunda fundação. Mas também como Madre Teresa, que contava com sua "quadrilha", ela tem um "trio" de amigas incondicionais: as Irmãs Clemência e Maria de Lourdes, da fundação de Petrópolis, e Irmã Glorinha, que as acompanha desde o mosteiro de Juiz de Fora. Professas de Itaguaí também irão para a nova jornada. É uma força para quem precisa, novamente, colocar o pé na estrada.

O pecado mora ao lado em Palencia

Na volta de Villanueva de la Jara, Teresa é avisada pelo prelado Angel de Salazar que deve ir a Valladolid a pedido do bispo de Palencia, Dom Álvaro Mendoza, anteriormente do bispado de Ávila e um entusiasta das fundações da madre.

Ao chegar a Valladolid, Teresa manifesta uma doença tão séria, que todos pensam que vai morrer. A Priora María Bautista Ocampo tenta de toda forma animar a madre a fazer a fundação. Mas ela está tão prostrada, que nem consegue se mover. Sente um grande mal-estar e uma fraqueza tais que nem se levanta. Angustiada, recorre ao Senhor, e pede em orações que o mal da alma se vá para poder cuidar do corpo. Teresa explica essa sensação.

> ... Padecer de grandes dores, embora seja ruim, nada é para mim, se a alma estiver desperta, porque assim está louvando a Deus, sabendo que vêm de sua mão. Mas padecer de um lado e estar inerte do outro é coisa terrível. Tudo me parecia impossível...

E eis que então, como em outras vezes, numa missa, após uma comunhão, Teresa, envolta em dúvidas, suplica a Nosso Senhor que fale com ela. Ouve a resposta: "Que temes? Quando te faltei eu? O mesmo que tenho sido sou agora; não deixes de fazer essas duas fundações".

Além de Palencia, cidade ao norte da região de Castela e Leão, a fundadora trata também do novo mosteiro em Burgos, na mesma área geográfica.

É o sinal para acender a chama interna da madre. Com a melhora da saúde, começa logo a tratar do assunto e recebe meios para isso. O Padre Serrano de Palencia oferece uma casa por seis meses. Mesmo sem ter sarado completamente, ela está de alma nova.

Escreve ao Cônego Jerônimo Reinoso e pede que ele trate da desocupação da residência, mantendo segredo sobre a que se destinará o local. Teresa, embora não o conheça, tem boas referências sobre a santidade do religioso. Ela tem o apoio do bispo, de outras "altas patentes" e do povo, porém, julga importante não anunciar antes para evitar dissabores como em algumas fundações anteriores.

Escolhe duas monjas para tratar da compra de uma casa, enquanto ficarão naquela oferecida pelo padre. O grupo parte de Valladolid no auge do inverno, em 28 de dezembro de 1580, em meio a nevascas constantes. O tempo está tão hostil que, na estrada, em certo momento, o nevoeiro é tal que uma monja mal consegue ver a outra.

Reinoso trabalha bem. Não só desocupa a casa como providencia cama e roupas necessárias contra o frio. Mal chegam e já começam as arrumações para ter o local onde dizer a missa antes que alguém saiba que estão na casa.

A fundadora está com quatro irmãs e uma leiga: Inês de Jesus, Catalina do Espírito Santo, Maria de São Bernardo e Joana de São Francisco. A Beata Ana de São Bartolomeu é enfermeira e, às vezes, secretária de Teresa desde o Natal de 1577, quando a madre quebrara o braço.

No grupo, além das religiosas, estão o confessor de Valladolid, Porras, e um amigo das irmãs, Agustín de La Victoria, que empresta dinheiro para arrumar a casa e auxilia as monjas durante o percurso.

No dia seguinte à chegada, o padre diz a missa bem cedo, e Teresa pede que alguém vá avisar ao bispo que já estão em Palencia. Ele logo vai ao encontro das monjas e com muita caridade oferece o pão e outras coisas necessárias para a manutenção da casa.

O povo recebe o Carmelo com muita alegria junto com os nobres locais. O bispo, muito querido na cidade, auxilia como pode pregando em favor do convento. Nesse clima, a fundadora fica radiante por ter encontrado a boa acolhida generalizada.

Após a recepção calorosa, chega a hora de encontrar a casa definitiva. O cônego Reinoso e outro religioso, Martín Alonso Salinas, procuram um local adequado. Eles encontram um conjunto de duas casas perto de uma Igreja de Nossa Senhora, muito popular. E outra em melhores condições, próxima da residência de um benfeitor do Carmelo, Suero de Veja.

Mesmo a contragosto, a fundadora vai ver as duas. De início, as monjas decidem pela segunda. Mas, em nova missa, e após outra comunhão, Teresa se inquieta e pede respostas ao Senhor. Ouve então: "A de Nossa Senhora, esta te convém. Eles não entendem o muito que sou ofendido ali".

A fundadora se vê em dificuldade. Embora já tenham dado a palavra para assinar o contrato com a outra casa, tem que mudar de ideia. E como explicar isso ao Cônego Reinoso? Ela nunca contara ao confessor sobre suas vivências espirituais profundas, menos ainda que em fundações anteriores tudo que fizera foi após ouvir o seu Senhor.

313

Resolvida a explicar a razão da mudança de opinião, pede uma confissão com total segredo e diz:

— Padre, as coisas todas que fiz até aqui foram ensinadas e guiadas por Sua Majestade. Sempre que tenho algo a decidir, durante a missa, após a comunhão, entro em contato tão íntimo com o Senhor, que ouço sua orientação com clareza. E hoje, foi um desses dias. Ele me disse que devemos comprar a casa perto da Igreja de Nossa Senhora.

O Padre Reinoso, embora com apenas 35 anos, é prudente, leva uma vida santa e dá bons conselhos à madre. Após ouvir o relato, demonstra que entendera perfeitamente a profundidade do que ouvira e afirma:

— Madre, mesmo contra a sua vontade, mesmo que as monjas prefiram a outra casa, siga o que ouviu de Nosso Senhor.

— Vamos esperar então o mensageiro que traz o contrato, padre. Até ele chegar, Deus achará uma desculpa para que eu desista do negócio.

Nesse momento, entra o Cônego Salinas, a quem Reinoso conta que a madre quer ficar perto da casa de Nossa Senhora. Não dá detalhes, mas Salinas, de algum jeito, entende a opção da madre.

Em seguida, chega o mensageiro com um recado que o proprietário pede mais dinheiro. A madre acha injustificável, já que pagariam um valor bem acima da média. E assim o trato é desfeito e a presença de Sua Majestade confirmada.

A casa próxima da Igreja de Nossa Senhora é comprada. E a fundadora percebe o acerto. A partir da instalação do convento no local, muita gente vai ouvir a missa e a região, anteriormente ocupada à noite pelas prostitutas, passa a receber pessoas devotas.

Assim, Santa Teresa d'Ávila agradece mais uma vez: "Bendito seja aquele me deu essa luz para todo o sempre!".

Os dois religiosos logo se dedicam a fazer as reformas necessárias a um convento. Reinoso e Salinas, mais alguns operários, trabalham duro para ajeitar tudo, e ainda se oferecem como fiadores porque o dinheiro da madre acabara. O proprietário não aceita e vai procurar o provedor do bispo como fiador. Dom Prudencio Armentia, tão logo sabe do assunto, assina os papéis e, nos anos seguintes, sempre favorece o mosteiro.

Quando a casa fica pronta, o próprio bispo vem de Valladolid, acompanhado de religiosos de várias ordens, para a celebração oficial do mosteiro.

Em 26 de março de 1581 é inaugurado o Convento São José de Nossa Senhora da Rua de Palencia. A cerimônia é realizada com pompa, muita música e a presença de frades e monjas de vários pontos da região. As descalças estão em maior número, pois já estão ali também as destinadas a ir para a fundação de Sória. Elas saem da casa antiga em procissão, com as capas brancas e os véus sobre o rosto, velas acesas nas mãos, e se encontram numa paróquia próxima com a imagem de Nossa Senhora, que vem de outro ponto. Dali, o cortejo segue até o convento onde o Santíssimo Sacramento é colocado no altar com toda a solenidade.

Passados uns dias, Teresa recebe um presente que considera um dos maiores de sua vida. O rei Filipe envia um vasto documento no qual decreta a separação dos calçados dos descalços. A partir daí, os do pano perdem o poder. No início do mês é realizada uma reunião da Ordem presidida por um dominicano indicado pelo próprio rei, no Colégio dos Descalços de São Cirilo. No dia seguinte, Frei Jerônimo Graciano da Mãe de Deus é eleito provincial, e João da Cruz, o definidor da Ordem dos Descalços. A partir daí, fundadora e discípulos terão sossego, por uns tempos, para seguir em suas missões. Após vinte e cinco anos de perseguições, sofrimentos e aflições, Teresa declara:

> Só quem sabe de meus sofrimentos pode compreender o prazer que me veio ao coração, bem como o meu desejo de que o mundo inteiro louvasse Nosso Senhor... Agora estamos todos em paz, calçados e descalços. Não somos perturbados por ninguém em nosso serviço ao Nosso Senhor.

Livre de amarras, a vez de Sória

Liberta da canga dos do pano, Teresa d'Ávila se prepara para ampliar seus "pombais".

Assessorada por teólogos e sábios, consegue fugir à caçada da Inquisição. Tem preocupação com alguns problemas internos à reforma dos descalços, mas sua personalidade de madre e fundadora não permite que questões internas impeçam o andamento da obra que sabe que deve fazer.

Ainda em Palencia recebe uma carta de Dom Velásquez, bispo de Osma, catedrático da Catedral de Toledo, que a confessara naquela cidade, entre os anos de chumbo de 1576-1577. Ele agora está em Sória e conta à madre que tem uma fiel, Dona Beatriz de Beamonte y Navarra, que deseja uma fundação da Ordem das Carmelitas Descalças em Sória. Ela tem alta linhagem, é descendente dos reis de Navarra e tem muitos recursos. Casada, mas sem filhos, Dona Beatriz quer usar sua renda para ter um convento de monjas na cidade.

O bispo, de sua parte, oferece, além do apoio espiritual, uma igreja com muitas abóbadas que pertence à Paróquia de Nossa Senhora das Vilas. Ele informa que construindo um passadiço será possível servir de ligação com o local do mosteiro.

Teresa vai falar com o provincial, Graciano, que acha a ideia ótima. Além dele, todos os outros religiosos por ela consultados são da mesma opinião. A fundação de Palencia já está resolvida.

Assim, a madre manda buscar as sete monjas que farão parte da nova fundação. Dona Beatriz acredita que mais irmãs levarão a novas vocações. São elas: Catalina de Cristo, a futura priora de Sória, Beatriz de Jesús, María de Cristo, Juana Bautista, María de Jesus, Maria de San José e Catalina Del Espírito Santo. Além delas, a madre leva ainda a leiga María Bautista e a enfermeira Ana de San Bartolomé. Os acompanhantes de viagem são os descalços Padre Nicolás Dória e o Irmão Eliseo de La Madre de Dios. Da parte do bispo, Pedro de Ribera, o capelão Chacón de los Frades. Da parte de Dona Beatriz, o seu capelão, Francisco de Cetina. Para completar, um oficial de justiça encarregado da segurança.

A fundadora conta que a viagem é boa porque as paradas têm pouca distância uma da outra, o tempo ajuda e o enviado do bispo cerca a comitiva de todas as atenções. Ficam em boas pousadas e são recebidas com alegria pelos donos dos lugares porque o bispo é muito querido na região.

O grupo chega a Sória em 2 de junho de 1581. O bispo está na janela de uma casa. Então, dá a bênção à Teresa e pede a dela, a exemplo do arcebispo de Sevilha. Teresa fica muito contente com a recepção e relata: "... Muito vale a bênção de um prelado, ainda mais, santo".

E, para coroar as boas-vindas, Dona Beatriz espera o grupo à porta de sua casa, local onde será fundado o convento. A madre conta:

> Não víamos a hora de entrar nela, pois era grande a aglomeração. Isso não era novidade, pois, onde quer que cheguemos, como o mundo gosta de novidades, o povo é sempre tanto que, se não levássemos véu no rosto, seria um tormento; com ele é mais fácil suportar.

A casa é grande, sólida e muito bem situada. Dona Beatriz já separara uma sala muito grande e boa para dizer a missa, até que a construção da ligação entre a casa e a igreja fique pronta. Por vontade da fundadora, o templo passa a se chamar Igreja da Santíssima Trindade. A anfitriã indica também um quarto amplo, onde as monjas ficarão hospedadas provisoriamente.

No dia 14 de junho é rezada a primeira missa na casa e, no dia 6 de agosto de 1581, é realizada a celebração oficial na igreja apinhada de gente e muita solenidade. Está fundado o Mosteiro da Santíssima Trindade de Sória. O jesuíta Francisco de La Carrera é o pregador, já que o bispo está em Burgos cuidando de outros trabalhos. Mesmo com um olho só (perdera a visão do outro), trabalha incansavelmente, jejua quatro vezes por semana e ainda faz penitências.

Depois dos preparativos para a clausura na casa, Teresa precisa voltar ao convento de São José de Ávila. A madre parte no dia 16 de agosto apenas com a enfermeira Ana de San Bartolomé e o Padre Pedro de Ribera, incansável na construção do corredor de comunicação entre a casa e a igreja.

Debaixo de sol forte, a fundadora sofre muito porque o caminho de carro é diferente daquele da ida e, muitas vezes, eles têm que pedir auxílio a guias locais. Chegam ao convento de São José de Segóvia no dia 23 de agosto. As monjas já estão aflitas com a demora porque não sabem os problemas que o grupo encontrara na viagem. Teresa relata:

> ... Ali nos regalaram, pois nunca Deus me dá sofrimentos que logo não recompense, e descansei mais de oito dias. Bendito seja ele para sempre, bendito e louvado por todos os séculos e séculos. Amém. *Deo gratias.*

Beatriz de Beamonte, além de bancar a fundação de Sória, ainda contribui de forma especial com a fundação do Carmelo de Pamplona, dois anos depois, em 1583, e naquele mosteiro se faz carmelita no mesmo ano, com o nome de Beatriz de Cristo. Vive até 1600.

O êxodo continua...
A terceira fundação

Em Bananeiras, outro recomeço.

Tal como na citação bíblica de Mateus 1,15-16, como "... Eliazar gerou Natã; Natã gerou Jacó. Jacó gerou José, o esposo de Maria, da qual nasceu Jesus, que é chamado o Cristo", assim o Carmelo de Petrópolis gerara a fundação do Carmelo em Juiz de Fora feita por Madre Teresa que, daí, gerara a fundação do Carmelo de Itaguaí e o de Bananeiras por Madre Teresinha, que tem de encarar essa nova fundação.

De novo, a história se repete. Tal qual Ana de Jesus, o braço direito de Teresa d'Ávila que seguira fundando após a morte da santa.

Os irmãos maristas cuidam dos negócios referentes ao Carmelo de Itaguaí indenizando os operários, organizando a parte contábil etc., para que as irmãs possam preparar a mudança. As carmelitas passam uma escritura de doação para a diocese, devolvendo o patrimônio construído com recursos da instituição.

Agora, o rumo é Bananeiras, cidade com forte tradição histórica, criada em 1833, que fica a 140 quilômetros de João Pessoa, capital do Estado, e tem 22 mil habitantes. É conhecida pelo seu clima frio e agradável. A base econômica da região é a agroindústria, com a presença de muitos minifúndios, pouco produtivos. Atualmente, a população aposta no desenvolvimento do turismo ecológico e histórico.

A diocese de Guarabira, situada no chamado Brejo Paraibano – faixa úmida do território –, compreende 31 municípios, onde as pessoas sobrevivem basicamente da agricultura familiar de subsistência, aposentadoria rural, empregos públicos e ajudas de parentes que trabalham no Sul e Sudeste do país.

Situada no Nordeste brasileiro e no estado onde o índice de pobreza é um dos mais elevados do Brasil, a diocese de Guarabira não tem condições de oferecer às monjas um espaço físico adequado ao ritmo e estilo de uma vida monástica. Portanto, o bispo cede, por empréstimo, um espaço apertado numa casa antiga, de 1920, muito escura e de difícil manutenção, em nada favorável ao modo de vida carmelitano. A ideia é fazer a fundação ali até que haja condição de construir um mosteiro adequado à vida conventual.

Um ano de orações e preparativos, e, então, as doze monjas chegam ao estado da Paraíba no dia 30 maio de 1999.

São recebidas fraternalmente pelo bispo Dom Antônio Muniz Fernandes, que fica na diocese de Guarabira de 1998 a 2006. É uma caminhada em clima de muita cordialidade durante os oito anos.

A casa cedida pela diocese fica no local onde antes funcionara um colégio estadual com mais de mil alunos. No total, as monjas passam onze anos ali, num ponto tão central da cidade que o silêncio tão caro às monjas é simplesmente impossível. O clima não é favorável à reflexão e oração que exigem o silêncio para a escuta de Deus na relação íntima com ele, própria da vida de contemplação. Mas há muita gratidão ao bispo, irmão no Carmelo, por ceder aquele espaço, à espera da construção do novo mosteiro.

No entanto, há pouco espaço para dezenove irmãs e as novas vocações. Na parte interna da casa, quartos sem janelas, com iluminação e ventilação aquém do necessário. E, por ser uma casa antiga, grande parte do piso de madeira está com a estrutura em ameaça de cair. Os morcegos, os ratos e outros bichos peçonhentos circulam com frequência, prejudicando o cotidiano, que deve ser o mais saudável, pois, pelo estilo de vida de clausura, as monjas ficam muito no mesmo ambiente.

Vale lembrar que o mundo da carmelita se restringe aos espaços internos do mosteiro, uma vez que ele ofereça condições para o equilíbrio físico e psíquico. Por consequência, a vida espiritual é beneficiada, já que é o eixo prioritário do retiro monástico.

Somado a esses problemas, o prédio antigo situado no centro da cidade dá muitas despesas para manter a conservação e higiene. Outro fator negativo, além do barulho excessivo, é a constante circulação de pessoas dentro do sítio vizinho, a qualquer hora do dia, com o objetivo de ações mal-intencionadas, como pequenos furtos, uso de drogas etc.

O primeiro pároco, Padre Adauto, recebe as irmãs com muito carinho. Inclusive porque as conhecera e dera abrigo em sua casa antes mesmo da inauguração. Na mudança de Itaguaí para Bananeiras, as passagens conseguidas pela FAB têm dias diferentes. Então, algumas irmãs seguiram na frente e ficaram na casa paroquial.

O segundo, Padre Silva, se mostra muito amigo e acolhedor. E sempre garante:

– Aqui vocês nunca sentirão falta de duas coisas: das missas e das bananas.

E realmente é coerente com a promessa. Manda sempre as bananas que o Carmelo deve consumir durante o mês, até o dia em que recebe a transferência.

As monjas moram naquela casa, sempre gratas por terem um teto, mas também ansiando pela construção do prédio próprio, no meio do povo simples.

Nesse período, as irmãs têm a ajuda decisiva de amigos que encontram um lugar mais adequado na zona rural perto da cidade.

A fundadora conta:

> A Providência Divina colocou em nosso caminho a nossa querida amiga e Irmã Ivone Gebara, que adquiriu o terreno. Ele ficou ocioso durante seis anos até que a mão pródiga do Pai voltou a manifestar-se. Assim, finalmente, a construção foi iniciada com o auxílio de nosso irmão e amigo Frei Betto. Outros amigos queridos também nos ajudaram nesse processo.

No momento de erguer as paredes, o terceiro pároco não é compreensivo com as monjas, pelo fato de elas estarem construindo um prédio grande, vistoso e, na visão dele, muito caro. Então, começa a dizer em alto e bom som que as freiras são ricas. Uma parte do povo também pensa o mesmo, pelo fato de estarem numa cidade simples, pobre, e o Carmelo ser a única casa grande em construção. Embora as monjas jamais tenham discutido com o religioso, ele dificulta as coisas, porque induz o povo contra as carmelitas.

Mal sabe que o terreno fora doação da teóloga Ivone Gebara, irmã querida do Carmelo, que reunira fundos junto a amigos no exterior. Nem que os primeiros recursos vieram de amigos do Carmelo de Juiz de Fora, de grupos de jovens que o frequentaram e eram orientados pelo teólogo João Batista Libanio, os quais hoje são empresários e, mesmo distantes, conservam grande carinho por sua história.

Do lado do mosteiro, as monjas não se defendem nem se justificam. Mas o padre segue com a ideia de dizer aos agricultores que as irmãs não precisam de donativos porque são ricas.

Nessa época, Madre Teresinha lembra que Madre Teresa, no leito de morte, com a comunidade em volta dela, advertira: "Minhas filhas, Santa Madre Teresa deixou em seus escritos conselhos para que nós não entrássemos na defensiva, porque, além de ser falta de humildade e insegurança, não traz nenhuma solução aos nossos problemas".

E Madre Teresa citara ainda a Palavra de Deus: "Não somos nós que nos justificamos, mas é Deus quem nos justifica".

Dentro dessa situação, para dar início à construção do prédio, vem a notícia de um amigo do Rio de Janeiro:

– Madre Teresinha, você sabe que estão falando que o seu bispo vai sair daí?

A dimensão de esperança é mais forte que o susto. E a priora pensa: "Podem ser boatos".

Mas as notícias se alargam e, sem negar a fragilidade humana, surge a insegurança. A mesma de quando Dom Vital fora para o eremitério.

Diante da notícia confirmada, Madre Teresinha vai até a capela e diz:

– De novo, Senhor...

E conta, depois do susto: "O que me segurou muito foi o 'Sólo Dios basta' de Santa Teresa... Nada te perturbe... nada te espante... tudo passa... Só Deus não muda, a paciência tudo alcança... Quem a Deus tem, nada lhe falta... Só Deus basta...".

Tudo se repete como em Juiz de Fora, quando Dom Penido é transferido, depois, em Itaguaí, quando Dom Vital renuncia em favor do eremitério... E nova noite escura se abate sobre o Carmelo.

Madre Teresinha diz: "Noite escura dos sentidos e do espírito. Oportunidade salutar de viver a doutrina de João da Cruz. Não adianta conhecer as obras do santo, se não usar a oportunidade que se tem para aplicá-las na vida". E arremata com a frase de Madre Teresa: "Obras são amores e não boas razões".

Com a saída de Dom Muniz, as irmãs precisam estabelecer uma vida teologal: fé e esperança contra toda esperança. Segundo a fundadora:

> Fé, porque não há impossibilidade humana, quando contamos unicamente com as possibilidades de Deus. E esperança porque significa amar na fraternidade de quem se entregou a um Deus que nos amou primeiro. E ter a certeza de que onde termina nossa ação, começa a dele.

A insegurança com relação à casa em que moram passa a ser grande, pois pertence à diocese, e com a saída do bispo que as recebera e oferecera moradia, a comunidade não sabe o que pode acontecer. Afinal, as monjas já têm a experiência de Juiz de Fora.

Certo dia, Madre Teresinha se enche de coragem e fala com Dom Muniz:

— E a casa da diocese onde moramos? Ela pertence à diocese.

Ao que ele responde:

— Tranquilo, tranquilo.

E, para surpresa das monjas, rapidamente a fraternidade, a inteligência e maturidade do carmelita Dom Antônio Muniz Fernandes são maiores que a insegurança das monjas.

Um dia ele chega com um documento de comodato que garante a permanência no local até a construção da casa própria e, ao mesmo tempo, nomeia o Padre José Florem como capelão para garantir a assistência espiritual das monjas.

Madre Teresinha conta: "Foi um banho de luz para a alma. As monjas conservam por ele um agradecimento eterno e muita saudade... Coisas da vida...".

Mas é preciso reagir, e a fundadora diz à comunidade:

– Agora, mãos à obra para construir o nosso mosteiro, pois até então só temos o terreno doado por aquele grupo de amigos da Ivone Gebara, do exterior, colaboradores que permitiram a compra do lote por iniciativa dela.

Olho no futuro: Granada

Em 3 de março de 1581, no capítulo provincial dos carmelitas descalços, em Alcalá de Henares, estão presentes vinte monges que se empenham em diferentes momentos no papel importante da reforma da Ordem. Entre eles, os Padres Jerônimo Graciano, Eliseu dos Mártires, Nicolau Doria e Antônio de Jesus. Os dois últimos, João da Cruz e mais um carmelita, são eleitos definidores, o que significa que vão ser assistentes do provincial, Jerônimo Graciano, também escolhido na ocasião. Nesse momento, os descalços também definem as novas constituições de homens e mulheres carmelitas.

Com o novo cargo, João da Cruz passa a fazer viagens para acompanhar as descalças. Em junho, ele vai a Caravaca presidir a eleição daquele Carmelo e, em 28 de novembro de 1581, está em Ávila. Ele conversa com Teresa, no locutório do convento de São José. É o último encontro dos dois.

João da Cruz vai até Ávila com a tarefa de levar a madre até uma nova fundação, a de Granada. Só que ela está adoentada e terá que fundar antes o Carmelo de Burgos, tantas vezes adiado. A presença do descalço dá novo ânimo à fundadora e os dois decidem que não devem perder tempo. Dados os pareceres favoráveis das "patentes" e do povo granadino para um novo Carmelo, ele fundará com a Madre Ana de Jesus, que está como priora de Beas.

Desde o momento em que Madre Teresa de Jesus conhece Ana de Jesus, observa seus talentos e virtudes, o que faz com que ela seja sua filha predileta, ao lado de Maria de São José. As duas são os pilares da santa quando viva e na sua sucessão.

Ana de Jesus conhecera Teresa d'Ávila em Toledo, quando manifetara o desejo de ser carmelita. A fundadora pedira que ela entrasse no Carmelo em Ávila, onde era priora. Desde essa época, segue Teresa e vai para onde ela indica. Passa por Salamanca e, quando surge a oportunidade de fundar em Beas, nos confins de Castilla, longe dos outros conventos, a madre não tem dúvida em deixar o cargo de priora nas suas mãos.

Maria de São José também está destinada a ser superiora. A ideia de Teresa é que ela vá para Caravaca, porém, devido à demora das licenças eclesiais, a fundadora a leva para Sevilha, onde assume como priora.

As três se encontram em Beas e convivem durante três meses, vitais para que Ana de Jesus e Maria de São José assimilem os princípios carmelitanos e as virtudes necessárias, diretamente do testemunho da fundadora.

Pela confiança adquirida em Ana de Jesus é que Teresa destina a ela fundar Granada junto com São João da Cruz e seis monjas. Ele reencontra Ana de Jesus em Beas, em 8 de dezembro de 1581, e parte com as religiosas. Ao chegar, o grupo é recebido por Ana de Peñalosa, a benfeitora do novo Carmelo, viúva de Dom João de Guevara, homem de muitas posses. É na residência dela, adaptada para as descalças, que se realiza a fundação do convento de Granada, no dia 20 de janeiro de 1582.

Anos depois, Ana de Peñalosa e o irmão são benfeitores de mais dois Carmelos: um masculino e outro feminino.

João da Cruz assume um céu de estrelas

Na ocasião, João da Cruz é eleito prior do Mosteiro de Los Mártires, nome dado em honra aos cristãos mortos pelos mouros em Granada. O mosteiro, fundado em 1573, situado no sopé do Alhambra, a obra-prima da arquitetura muçulmana na Espanha, possui uma esplêndida vista de Serra Nevada, ao leste.

O Alhambra é um antigo palácio, parte de complexo de fortificações dos monarcas islâmicos de Granada, no sul de Espanha, que ocupa o alto de uma colina arborizada, a sudeste da cidade. O nome Alhambra, que em árabe significa "A Vermelha", deriva da cor dos tijolos de taipa que constituem as muralhas exteriores. Segundo outros autores, o nome relembra o clarão avermelhado das tochas que iluminaram os trabalhos de construção que se prolongaram ininterruptamente, noite adentro, durante anos; outros associam o nome ao fundador, Mahomed Ibn-al-Ahmar; outros, ainda, dizem vir da palavra árabe *Dar al Amra*, "Casa do Senhor". O palácio, construído entre 1248 e 1354, passa pelos reinados de Ibn-al-Ahmar e seus sucessores. Os artistas e arquitetos responsáveis não estão registrados, dados os centos e seis anos passados em construção.

É diante desse cenário magnífico que Frei João da Cruz viverá por seis anos e escreverá as suas principais obras, os quatro tratados e poesias que são somados aos diversos escritos redigidos em Toledo e Baesa. Por ser o local que testemunha sua maior produção literária, Los Mártires fica conhecido como o escritório de Frei João da Cruz.

Acolhido na chegada por doze irmãos carmelitas, tem entre os seus noviços o Frade João Evangelista, que por nove anos será um dos mais fiéis companheiros. Durante seu mandato, a comunidade duplica o número de religiosos.

No convento, João da Cruz mostra que continua apaixonado pela figura do Menino Jesus. Como Teresa, ele é amigo das representações ao vivo, dos mistérios da Santa Infância de Jesus, para mostrar a seus irmãos o amor infinito de Deus ao homem. Essa e outras práticas de devoção ao infante Jesus passam de geração em geração, até os nossos dias, e modelam muitos carmelitas nas casas de formação.

O tempo do Advento é vivido com particular atenção. Como mestre de noviços e estudantes, João da Cruz faz diariamente a procissão do Menino Jesus pelo claustro das celas. A cada dia, pousa a imagem na cela de um religioso, que passa as próximas 24 horas velando-a.

Além de suas funções em Los Mártires, João da Cruz é por um ano e meio (outubro de 1585 a abril de 1587) vigário provincial dos carmelitas descalços. Responsável por oito mosteiros de frades e cinco conventos de monjas espalhados por uma área de trinta mil quilômetros quadrados, de Caravaca (leste de Sevilha), no oeste, a partir de La Peñuela (norte de Málaga), no sul.

Para visitar cada comunidade pelo menos uma vez por ano, como exige a função, tem que fazer viagens contínuas, a pé ou de burro, muitas vezes sob um sol escaldante. Além disso, enfrenta a poeira das estradas vermelhas, acidentadas e sinuosas. As noites são passadas em pousadas de beira de estrada. Mas as viagens trazem compensações, pois tem dias inteiros de silêncio. Ao passar pela bela paisagem rural da Andaluzia, aproveita a oportunidade para meditar sobre as maravilhas da natureza de Deus.

No convento, mora na cela mais pobre. Tem uma claraboia que se abre para o jardim onde passa horas e horas em oração. É tão exigente com os religiosos que administra como com si mesmo. Porém, é também muito afetuoso e sereno. A parte ativa da vida inclui, além das viagens aos mosteiros de frades e freiras, confessar as monjas do Carmelo e atender casos de possessão em que, os testemunhos dizem, ele é muito eficiente. Em todo o percurso, está sempre ensinando a doutrina espiritual baseada nos princípios da humildade, silêncio, solidão e caridade mútua. A mortificação já está bem abrandada pelos conselhos de Teresa d'Ávila.

Em 1583, no capítulo dos carmelitas descalços, João da Cruz insiste na necessidade de novas fundações e da ação apostólica. Eleito superior da Ordem dos Carmelitas Descalços, o Padre Nicola Doria não aceita. Abre-se aí uma dissidência entre este e o provincial Padre Jerônimo Graciano, que apoia João da Cruz. E a discórdia vai aumentar, para tristeza da Ordem dos Descalços.

De volta a Granada, João da Cruz retoma suas atividades e, nessa época, redige o comentário *Viva chama de amor* para a benfeitora de Granada, Ana de Peñalosa. Ali demonstra o profundo conhecimento que tem da alma humana e de que forma apresenta remédios ao descrever "as horas de alegria da alma". Como o centro da alma é Deus, está tudo explicado...

De seu lado, Madre Ana de Jesus, a capitã das prioras, como a chamava Teresa, começa o trabalho de procurar um imóvel para comprar, com o apoio de João da Cruz, seu confessor, orientador e inspirador do priorado.

São dois anos até encontrar o imóvel onde acomodar o Carmelo em definitivo. Ele é comprado em 1584, pelas monjas que entram no mosteiro com Ana de Jesus. João da Cruz acompanha tudo de perto. Orienta, recebe as novas professas, vela pelas noviças e encoraja novas vocações, como a de Isabel da Encarnação, que será uma de suas discípulas mais entusiasmadas.

Uma das cenas mais reveladoras da vida de João da Cruz acontece em 1585 no convento das Madres Carmelitas de Granada. O santo entra em êxtase quando vê uma belíssima imagem do Menino Jesus. Fora de si, pega a figura nos braços, começa a dançar e canta: "Meu doce e terno Jesus, se os amores irão me matar, agora têm lugar".

As monjas ficam encantadas com a simplicidade do confessor e não estranham, pois já sabem que nos momentos de êxtase a conversa é apenas entre ele e Deus.

Em paralelo, não descuida dos outros pombais e conventos dos frades. Escreve às monjas de outros mosteiros curtas máximas para reflexão: "... Por que adias? Por que esperas sendo que podes desde já amar a Deus em teu coração?".

Ana de Jesus segue como priora de Granada até 1586, quando, seguindo os passos de Teresa d'Ávila, tem que se mudar, porque nova fundação a aguarda. João da Cruz também a acompanha.

Cuide do próximo

Os planos de construção do mosteiro definitivo em Bananeiras tomam o tempo e as orações da monja. Porém, alguma coisa interior começa a modificar tudo na cabeça da priora. Madre Teresinha conta:

> Como já dito, estávamos na casa emprestada pela diocese de Guarabira – PB, quando ouço boatos de que o bispo da diocese, Dom Antônio, amigo e irmão no Carmelo, que nos recebera com tanto carinho, irá partir. Do ponto de vista humano, bate no coração uma grande insegurança, e do ponto de vista espiritual vem a necessidade de apoiarmo-nos somente no Senhor.
> Diante de tais sentimentos, na calada da noite, lembro ter levantado por volta das 2h45 da manhã, porque não conseguia dormir. Dirigi-me da cela para a capela e nesse trajeto eu perguntava ao Senhor: "Como cantar um canto novo na terra alheia?".
> Chegando à capela, sentei-me atrás de uma coluna em frente ao sacrário e falei, como no livro das Lamentações, uma frase que gosto muito: "Eu me levantei no meio da noite para gritar a ti, Senhor! Levanta-te, grita de noite, no começo das vigílias derrama teu coração como água diante da face de Javé, eleva a ele tuas mãos pela vida de teus filhinhos que desfalecem de fome na entrada de todas as ruas". "Estou aqui, Senhor, gritando no meio da vigília, derramando meu coração ante a tua face. Não temos casa própria... E se o bispo que nos acolheu

for embora? Como ficará a nossa situação na casa que pertence à diocese? E se o bispo que vier precisar deste espaço?".
Neste instante acontece em mim um silêncio profundo, jamais experimentado. Tudo parou. Mente e coração, só silêncio. Não foi um tempo que durou muito, passou mais ou menos rápido. Desse grande silêncio, como que emergiu uma moção interior: "Teresinha, antes de fazer qualquer coisa para vocês (que seria a casa da comunidade), faça para os pobres!".
E aí, já estado de reflexão, e não mais de silêncio interior, continuei a dialogar com Deus: "Se não tenho nem para mim, como posso fazer para os pobres?".
Assim, segui por muitos dias essa oração, e essa frase repetia-se em minha mente e no meu coração: "Antes de fazer para você, faça para os pobres!".
Foram longos oito meses com essa frase me perseguindo a cada vez que iniciava as minhas orações pessoais.
Certo dia, num telefonema de Irmão Claudino Falqueto, ele me pergunta: "Como vai o nosso Carmelo?". Abro meu coração pela primeira vez e conto esse segredo. Peço orações e ele prontamente promete que as fará.
Passadas três semanas, Irmão Claudino entra em contato comigo e me pergunta o que eu quero fazer para os pobres. "Bem, Irmã Ivone Gebara nos doou um terreno na zona rural há uns cinco anos e, como em torno desse terreno só há pobres lavradores, penso, contando com a Providência Divina, edificar o mosteiro e uma escola de alfabetização para os lavradores, mas ainda não iniciamos a construção, por falta de condições financeiras".
Irmão Claudino se compromete então a pagar uma professora com carteira assinada, para educar os pobres lavradores, se houver espaço físico para funcionamento da escola. Os maristas também apoiam a ideia.

No local, de momento, há apenas uma única casinha, muito precária, sem reboco e com piso de chão batido. Nesse espaço, graças à Providência Divina e com a ajuda do Irmão Claudino, começa a funcionar a escola.

A priora ainda recorda: "Mais tarde, os maristas compram um lote de terreno e fazem duas salas de aula. Depois, a escola vai aumentando, conforme a graça de Deus".

Após esse apoio inicial, é preciso lembrar também o apoio de Frei Betto e de Chico Pinheiro. A escola, que tem início com seis lavradores, hoje conta com mais trezentas crianças e adolescentes, só filhos de lavradores.

Na instituição existe um corpo diretivo de leigos, muito competente e comprometido com o projeto social, uma vez que às monjas de clausura não é permitido este trabalho.

Portanto, a Escola Nossa Senhora do Carmo nasceu da oração.

Enquanto o ensino progride a passos lentos, na precariedade da pobreza, já há agora vinte lavradores sendo alfabetizados. O casal Leila e Luciano, mais o grupo de amigos do Carmelo trazem lanche para os alunos, que saem do roçado e vão direto para a escola. Eles apoiam a ideia e dão a máxima cobertura.

Após esse tempo na primeira casa, chega o momento em que os alunos são tantos, que os homens ficam do lado de fora para assistir às aulas. A sala não comporta mais tanta gente. As irmãs, preocupadas, comunicam a Irmão Claudino:

– Está impossível continuar com a escola naquele lugar.

– Daremos um jeito nisso.

Ele conversa com o governo provincial dos maristas e resolvem comprar um lote vizinho ao mosteiro das carmelitas.

337

É uma grande vitória. A alegria da inauguração irradia no rosto dos alunos, que já pensam em ver seus filhos estudarem ali. Mas as salas ainda estão desprovidas de móveis e outros equipamentos necessários para ministrar aulas normais.

Nesse momento, num telefonema de Frei Betto, que pergunta como estão a escola e o Carmelo, Madre Teresinha conta as novidades, inclusive sobre a ajuda dos maristas. Posicionado sobre a situação em que se encontram as coisas, o dominicano fica de encontrar quem mais possa prestar ajuda.

Irmão Claudino, participante inicial da ideia, além de apoiar, envia os conselheiros provinciais para visitar aquela escolinha de fé viva.

Para garantir um bom resultado, as irmãs enterram uma imagem de São José e entregam ao santo a proteção da escola e da construção do futuro mosteiro. A atitude é tomada porque se a imagem fosse colocada numa gruta, poderia ser roubada. Então, enterram-na.

Quando os maristas voltam da visita aos alunos, vibram ao saber do São José enterrado sob um jardinzinho de flores para marcar o local da sepultura.

Irmão Salatiel, ex-provincial da Congregação, o mais assíduo frequentador da escola da fé, diz sempre:

– Faço questão de dar a maior força para os outros irmãos virem aqui experimentar a profundidade da fé deste mosteiro, para conhecer estas monjas "malvadas" que enterraram São José...

Momento de riso e fraternidade entre os religiosos.

Nesse período, as irmãs ainda moram no Carmelo provisório, na casa da diocese, antiga moradia das Irmãs Doroteias, no centro. Ao lado do prédio, onde as religiosas tiveram um colégio, há um espaço alugado para uma escola estadual. Quando as monjas veem caminhões de carteiras e equipamentos chegando para a escola estadual pararem no portão de entrada do Carmelo, a fim de deixar os equipamentos no colégio vizinho, pensam: "Tantas carteiras novas e nossos alunos sem ter onde sentar...".

Aí surge a ideia de apanhar as carteiras velhas, que os alunos jogam no quintal onde funciona o Carmelo, e restaurar. A priora conta:

> O senhor Luís, que deixou o que tinha em Itaguaí, e veio com as monjas como voluntário, sabia fazer de tudo. Era uma pessoa muito inteligente, cheia de amor pelo Carmelo e suas iniciativas. Ao saber da ideia, ele se ofereceu para recuperar as carteiras que iam sendo levadas para a nova escola Nossa Senhora do Carmo.

Tudo contribui para o clima de festa. Mas a alegria maior é quando os alunos chegam no Carmelo provisório e começam a contar as vantagens da escola. Dizem:

– Madre, a senhora nem sabe quanta coisa boa está acontecendo. Nós já "sabe" ler, e quando se vai no mercado, já "se descobre" onde "tá" o açúcar, o biscoito e o sal que "nóis vai comprar", porque "nóis já sabe ler".

A priora recorda:

> Para nossa comunidade, isso é o maior incentivo e sinal de que aquela escola veio mesmo do Alto, do Pai, das luzes de onde procede todo o dom perfeito. Não é possível explicar tudo do ponto de vista humano, sem entrar no transcendente, que é o mistério de Deus acontecendo na vida.

Dilúvio a caminho de Burgos

Na Espanha, a fundação de um Carmelo das descalças em Burgos está em pauta há seis anos. Fora um pedido dos jesuítas amigos de Teresa, sempre adiado porque outros surgem no caminho. Até que, consultadas todas as "patentes" eclesiais, parece ter chegado a hora. Parece...

Há em Burgos uma viúva, Catalina de Tolosa, mãe de duas freiras do Convento da Conceição das descalças, em Valladolid, e outras duas em Palencia. Estas entraram no mosteiro tão logo a madre o fundara ali. A todas Catalina dera belos dotes para auxiliar a manutenção dos conventos, mas ainda tem um bom patrimônio.

Tão logo Teresa obtém a licença do Arcebispo Dom Cristóbal Vela, pede a Catalina que procure uma casa para alugar e que ela mande fazer as grades e rodas para adiantar o expediente. A madre informa, inclusive, que as despesas fazem parte de um empréstimo que ela quitará tão logo chegue a Burgos.

Catalina passa a trabalhar sem descanso para resolver o que pedira a fundadora. Contata duas vizinhas, muito cristãs, Dona Maria Marinque e sua filha Catalina. E as três passam a cuidar do necessário para a vinda do Carmelo. Dona Maria tem também um filho, Dom Alonso, regedor no município de Burgos, a quem falam sobre a questão da licença do município. O regedor pergunta:

– Que garantias dão as descalças? Sem elas, nenhuma autoridade dará a licença.

Catalina de Tolosa responde, imediatamente:

– Garanto dar uma casa ao convento e me comprometo a pagar todo o necessário para a manutenção das monjas.

Dom Alonso se anima com a resposta e, entusiasmado, consegue logo o consentimento, por escrito, de todos os regedores da cidade. Leva o documento ao arcebispo, que o recebe bem.

Madre Teresa de Jesus recebe cartas de Catalina informando o acontecido, mas ainda assim sente muito cansaço para se preparar para viajar a Burgos, principalmente com o frio que está fazendo. Pensa em enviar a priora de Palencia, Inés de Jesús, para fazer a fundação, tal como ocorrera em Granada, com Ana de Jesus. Segue escrevendo o *Livro das fundações*, que começara em 1573 e que pretende terminar ainda em 1582.

Mas, num certo dia, apesar dos males físicos, piorados pelo frio, resolve encomendar a questão a Nosso Senhor, como faz nessas ocasiões. Após a comunhão, Teresa, muito decidida a não ir a Burgos, olha para a imagem de Sua Majestade e pergunta: "Que fazer, Senhor?". E ouve: "Não te incomodes com estes frios, pois eu sou o verdadeiro calor. O demônio empenha todas as suas forças em impedir aquela fundação; empenha-te em meu nome para que se faça, e não deixes de ir, em pessoa, pois te dará grande proveito".

A fundadora, claro, rapidamente muda de ideia. E, em seguida, a neve e o frio começam a diminuir. Ela já vê nesse fato mais um sinal da presença de Deus.

No dia 29 de novembro recebe cartas das duas Catalinas, com todas as licenças das "patentes", e percebe que tem que se apressar. Afinal, acabara de se estabelecer em Burgos a Ordem dos Vitorinos, irmãos menores de São Francisco de Pádua, e já estão lá os basílios. Além disso, a Ordem dos Irmãos Carmelitas Descalços também faz gestões para fundar na cidade.

Teresa avalia que a cidade é muito caridosa, pois dá licenças a todas essas ordens para fundar ali. Porém, isso é um problema. Tantos religiosos chegando ao mesmo tempo... Mas, por outro lado, é motivo para louvar o Senhor pela expansão da religião em época de protestantismo e guerras políticas entre reis.

O arcebispo, apesar de ter dado a licença, acha inoportuno fundar naquele momento, pois, será uma ofensa às Ordens Mendicantes, que não terão como se manter.

Mas Teresa é tomada de uma pressa súbita, tão logo recebe as últimas notícias. Catalina de Tolosa garante a casa em que vive para que as monjas tomem posse, as autoridades municipais já deram sua autorização e o arcebispo também.

O provincial das descalças, Frei Jerônimo Graciano, resolve acompanhar a madre no percurso de 246 quilômetros, em razão de sua saúde frágil (dor de garganta e febre) e de uma visita que deve fazer depois ao convento de Sória, que o desviará pouco do caminho. A ideia é muito bem-vinda, porque só mesmo os homens para tirar os carros dos lamaceiros com que se deparam pela estrada, principalmente entre Palencia e Burgos.

A fundadora descreve:

> A água era tanta e de tal modo que, por vezes, transbordava acima dos pontões, não se distinguindo o caminho nem se vendo por aonde íamos; de um lado e de outro era água, e muita. ... Não pude deixar de temer. Mesmo tendo sido animada por Nosso Senhor, ver que entrávamos num mundo de água, sem saber o caminho e sem barco, que fariam minhas companheiras? Íamos oito: duas que iam voltar comigo e cinco que ficariam em Burgos: quatro de coro e uma leiga.

Teresa de Jesus viaja na companhia de Tomasina Bautista (futura priora), Inés de la Cruz, Catalina de Jesús, Catalina de

La Asunción (filha de Catalina de Tolosa) e Maria Bautista, a leiga. As que regressariam eram Ana de San Bartolomé e sua sobrinha Teresita, de Quito.

Passado o perigo, seguem todas muito contentes em servir ao Senhor. Chegam até a se divertir com as histórias vividas.

Quando a comitiva chega a Burgos, em 26 de janeiro, Frei Graciano acha melhor visitar primeiro o Santo Cristo de Burgos, na igreja dos padres agostinhos, para recomendar a Jesus aquela fundação.

O combinado é fundar logo, mas, como está anoitecendo, vão entregar as cartas do Cônego Salinas aos seus familiares, que são pessoas importantes na cidade. O pedido era para que auxiliassem a fundação com empenho.

A caminho da casa de Catalina de Tolosa, nova inundação, o que impede que avisem o arcebispo sobre a chegada dos religiosos.

A anfitriã recebe a todas com muita alegria. A dedicação é tanta, que até deixa a fundadora de cama. É que a dona da casa acendera uma fogueira para que se secassem. Só que mesmo com chaminé o calor do fogo é devastador para a saúde de Teresa. No dia seguinte, ela mal pode levantar a cabeça. Como tem assuntos da fundação a tratar, o jeito é colocar um pano numa grade da janela e, por ali, conversar com os frades que tomarão as providências necessárias.

O provincial Graciano vai pedir a bênção ao Ilustríssimo e avisar que chegaram. O arcebispo, com muita raiva, diz:

– Como chegaram? Várias monjas? Que é isso? Não nego ter escrito a Madre Teresa. Mas era para vir apenas ela, sozinha, para negociar. Não para trazer uma comitiva. Bem farão se voltarem para trás.

— Ilustríssimo, impossível voltar. Ontem mesmo foi uma dificuldade enorme para conseguir chegar. Depois, ainda continuou chovendo, os caminhos estão intransitáveis.

— Ouça bem, Padre Graciano, diga a Madre Teresa que, sem renda e sem casa própria, nada de licença.

O provincial sai apressado para contar sobre o encontro à fundadora.

Diante da notícia, Madre Teresa conta que tudo leva a crer que a situação é incontornável, pois as monjas só trazem dinheiro suficiente para a própria manutenção. Mas ela pensa diferente e responde:

— Padre Graciano, tenho certeza que tudo é para o bem maior. Conheço de longa data as astúcias do demônio para evitar a fundação. Mas não tenho por que duvidar. Sei que Deus levará sua obra adiante.

O provincial muito calmo, sem nenhuma perturbação, responde:

— Madre Teresa, eu confio em sua sabedoria.

Logo em seguida, começam a chegar os parentes do Cônego Salinas, que acham prudente pedir licença ao arcebispo para rezar missa em casa, já que as ruas estão cheias de lama e é impróprio que as monjas saiam descalças até a igreja.

Na casa, há um compartimento decente, uma antiga igreja da Companhia de Jesus na chegada dos jesuítas em Burgos, que a usaram por mais de dez anos até terem casa própria.

Os padres da cidade procuram o arcebispo, mas nada o comove a dar a licença. Só consente em dar uma autorização especial para fundar naquela casa até que as monjas comprem uma residência própria, e desde que haja renda. Ah! E com a garantia de que comprarão logo uma casa e deixarão aquela.

Como Teresa tem certeza de que é o desejo de Deus, ela logo consegue fiadores com os amigos do Cônego Salinas e a renda com Catalina de Tolosa.

A discussão sobre os detalhes dura um mês, tempo em que a anfitriã alimenta as monjas num quarto separado, onde elas vivem. Frei Graciano e seus monges estão hospedados na casa do cônego pregador da Catedral, Doutor Manso, colega de escola do provincial na Universidade de Alcalá.

Resolvidas todas as pendências da casa e da renda, o arcebispo manda os documentos ao provedor, que responde:

– A licença só será concedida quando tiverem casa própria. A casa atual é úmida, não serve para fundação e fica em rua muito movimentada.

Recado entendido por Teresa. A casa deve agradar ao arcebispo e ponto final. Nessa hora, a fundadora lamenta pelo provincial e pelas monjas, pois todos sabem que comprar lugar para servir de mosteiro exige tempo. E Frei Graciano já anda injuriado pelo fato de as irmãs terem que assistir à missa na paróquia de São Gil, embora as monjas fiquem numa capela e ninguém as veja. A igreja não é longe, porém, o deslocamento diário é um tormento para todas.

A santa está pensando nisso, quando, em oração, ouve de Nosso Senhor: "Agora, Teresa, seja forte".

Diante dessa situação, ela tem a ideia de liberar o provincial Jerônimo Graciano para viajar, porque a Quaresma está próxima e ela sabe que ele deve pregar em Valladolid. Diante da sugestão, os frades falam com um e com outro até que arranjam uns quartos no Hospital da Conceição. Lá há Santíssimo Sacramento e missas diárias. Só que os confrades desconfiam. Não se sabe de onde, eles têm o pensamento de que as monjas estão com planos de se apossar do local. Novo aborrecimento!

Tanta desconfiança faz com que Teresa seja obrigada a prometer, na presença de um tabelião e do provincial, que, caso os religiosos precisem dos quartos, elas desocuparão o espaço o quanto antes.

O provincial diz à fundadora para aceitar rapidamente as condições porque o importante é ter um local mais adequado que a casa. A administração do hospital dá dois quartos e uma cozinha para as monjas. Porém, o encarregado da entidade, regedor Hernando de Matanza, penalizado com a situação, concede outros dois para funcionar como locutório, além de fornecer alimentação às irmãs.

A casa de Catalina de Tolosa fica longe do hospital, mas ela, sem desânimo, diariamente visita as monjas e leva alimentos. Como as tratativas para a compra da casa estão em segredo, as más línguas de Burgos já começam a fuxicar: "Que tanto faz Dona Catalina no hospital? Não sei como, tendo tantas filhas freiras, dá esse mau exemplo. Irá para o inferno, com certeza".

Com muita fidalguia, a benfeitora responde a uns e outros de modo evasivo, porque tem todo o interesse na fundação e não se importa com o que falam na cidade.

Com a instalação das irmãs no hospital, Frei Graciano se anima a ir para Valladolid. Mas lamenta muito que o arcebispo não dê sinal de que vai liberar a licença algum dia. Mesmo assim, viaja e causa um grande alívio na fundadora, que percebe o seu sofrimento.

A partir daí, os amigos do provincial, Doutor Manso e o médico Antônio Aguiar, também contemporâneo de Graciano em Alcalá, passam a dar toda a ajuda que as monjas precisam na busca da casa. Em um mês visitam dezenas delas e nenhuma serve. Depois de esquadrinhar a cidade, a madre vai vistoriar uma que as outras Ordens já tinham visto e não quiseram. Há alguns problemas, mas, dada a necessidade, Teresa resolve comprar aquela mesmo.

De seu lado, as monjas rezam e rezam para que o negócio saia antes do dia de São José, 19 de março. A assinatura de compra é feita rapidamente no dia 16 e elas entram na casa na véspera do aniversário do santo.

O mais curioso é que, depois da compra realizada, o negócio vira assunto na cidade, porque o preço baixo fez com que muitos se arrependessem de não terem enxergado nela as qualidades que a fundadora encontrara. Teresa conta:

> Tínhamos a nítida impressão de que Nosso Senhor a guardara para si, visto que tudo estava feito... Bem nos recompensou Nosso Senhor pelo que havíamos passado ao nos levar para um jardim de delícias; porque, considerando o horto, a vista, a água, não parece outra coisa. Seja para sempre bendito.

Dito assim, parece que agora o arcebispo dará a licença. Mas isso não acontece.

A assinatura das escrituras é cheia de exigências, como fiadores, dinheiro e outros detalhes exigidos pelo provedor. A sorte das monjas é que ele precisa viajar e, finalmente, a pessoa que fica em seu lugar dá por concluída a transação.

Catalina de Tolosa providencia camas e outros móveis necessários para montar a casa, pois quer tanto ver o mosteiro pronto que ajuda em tudo que pode para ter o seu sonho realizado.

O tempo passa e nada da licença. Madre Teresa escreve, então, ao bispo de Palencia, que toma as dores da fundadora e está muito zangado com o arcebispo. Ele redige uma primeira carta ao colega que é tão cheia de ofensas e desaforos que a Madre tem que pedir:

— Eminência, por favor, escreva outra, porque se esta chegar às mãos do arcebispo, aí, sim, nós poremos tudo a perder e nunca teremos a licença.

E pacientemente instrui a patente sobre quais são os termos ideais para uma nova carta, que deve ser cheia de amizade e mostrar o quanto o mosteiro irá servir a Deus. O bispo faz a nova carta que, somada às gestões do Doutor Manso, muito amigo do arcebispo, resulta, finalmente, na licença. A data é 18 de abril de 1582, e exige dizer missa no dia seguinte.

No dia 19 de abril, o próprio arcebispo reza a missa. Está acompanhado pelo padre prior dos dominicanos, Frei Juan de Arcediano, que muito ajudara as monjas durante a batalha pela licença. Todos os amigos das freiras comparecem para ver a introdução do Santíssimo, e mais as pessoas da cidade, que conhecem o calvário da madre naquela cidade e se compadecem com a situação. A alegria das monjas e de Catalina de Tolosa é tal, que entoam as músicas com decibéis elevados à altura do Pai.

Certo dia, após a comunhão, Teresa está pensando no futuro do mosteiro de Burgos, quando ouve do Senhor: "Por que duvidas? Isto já está terminado e bem podes partir".

Quatro anos depois, a filha mais nova de Catalina de Tolosa, Elena de Jesús, segue as irmãs de sangue e toma o hábito em missa celebrada por Dom Cristóbal, que não apenas preside a cerimônia, mas faz uma *mea-culpa*. O arcebispo muito emocionado diz:

— Aproveito a ocasião deste sermão para, em público, me desculpar por ter demorado tanto a conceder licença a Teresa d'Ávila. Peço perdão pelo que fiz padecer a santa madre e suas monjas.

Deus provê

De retorno a Bananeiras, um grande amigo e filho querido daquele grupo de jovens, orientado por Padre Libanio, que frequentava o Carmelo e pagara a mudança para Bananeiras, liga para a fundadora e pede orações. Ele precisa fazer um discernimento, de acordo com a vontade de Deus, para optar entre duas empresas: a que está há décadas e outra que oferece mais vantagens, porém, com mais trabalho. Madre Teresinha conta:

> Rezamos muito nessa intenção. As monjas diariamente pediam luzes para ele tomar a melhor decisão. E quando menos esperávamos, ele telefona e diz: "Irmã Teresinha, já decidi pela outra empresa que lhe falei. Vou receber uma indenização de 300 mil reais e, tão logo entre na minha conta, será transferida para vocês começarem a construção do Carmelo".

Ela relembra de uma frase de Irmã Maria Amada, quando diz que Deus toca os corações para ajudarem a casa dele: "Deus dá e traz cá".

A pedagogia de Deus não falha. Porque sempre aponta para soluções cabíveis e realizáveis. A escola estava inaugurada e o Carmelo com possibilidade de iniciar a construção. Como programado por Deus, "antes de fazer o mosteiro para as monjas, faça alguma coisa para os pobres", agora tudo está concretizado.

A procura por mais recursos para a edificação do mosteiro continua entre os amigos. O ferro é providenciado por outro filho querido do Carmelo, do mesmo grupo do Padre Libanio.

As monjas jamais pensaram que depois de tantos anos distantes daqueles filhos queridos seriam ajudadas por eles em Bananeiras, na Paraíba. Eles estiveram muitos anos morando fora do país.

"Os desígnios de Deus são insondáveis... E quem somos nós para explicá-los... Quando o mistério é muito profundo, resta prestar a ele o culto do silêncio", diz a fundadora de Itaguaí e Bananeiras às monjas mais jovens que não conheceram Juiz de Fora.

Ao lado dessas duas grandes ajudas, segue a batalha para conseguir uma quantia maior de doações, porque o mosteiro, sendo o mundo da monja que vive na clausura, sem lazer nem férias, precisa de espaço suficiente para que todas as monjas conservem-se saudáveis e dispostas ao trabalho e à oração.

Outros donativos significativos vêm de pessoas de Juiz de Fora, agora empresárias em Belo Horizonte e São Paulo.

No período que ficam sem bispo, em 2006, não têm a quem recorrer senão aos amigos...

Como se sabe, o pároco diz aos quatro ventos que as monjas são ricas e não precisam de donativos. E o povo, vendo o tamanho da obra do Carmelo, também acha isso. Então, o pároco faz o papel de legitimar a ideia.

Mas os amigos sabem das dificuldades e seguem à procura de ajuda. Afinal, são pessoas que conhecem o Carmelo há mais de quarenta anos. O mais importante na vida é termos pessoas com as quais possamos ser nós mesmas, na confiança e na liberdade.

Frei Betto, Padre Neto (ex-provincial dos jesuítas) e Padre Carlos Palácio (o atual provincial daquela congregação) esforçam-se para obter uma doação junto a Ekke Bingemer, na época coordenador de programas para a América Latina da Porticus, uma organização católica de ajuda humanitária. Resposta: "Não investimos em tijolos, mas em neurônios".

Mas o trio tanto insiste que, sob pressão, ele vai a Bananeiras já no fim de seu mandato, acompanhado de Maria Alice, a profissional que vai substituí-lo. E o resultado é que, como diz Irmã Maria de Lourdes – uma das monjas da "quadrilha" de Madre Teresa de Jesus –, "O Espírito Santo esparramou no cérebro dele outros critérios e ele acaba desistindo de pensar como antes". Ou, talvez perceba que ali existem outros tipos de neurônios. O fato é que a Porticus colabora com R$ 515 mil.

O que mais impressiona é que, ao chegar ao Carmelo de Bananeiras, ele fica encantado com tudo. Amor à primeira vista. Até hoje é grande amigo e se comunica por e-mail. Todas as monjas têm por Ekke e a téologa Maria Clara, sua esposa, uma enorme gratidão e carinho. Maria Clara já conhecia as irmãs desde o Carmelo de Itaguaí, no Rio de Janeiro.

Diante de tamanho desafio para a construção do mosteiro, unem-se a Vitor Hallack e Leonardo Horta e a outros amigos também de Juiz de Fora: Bruno e Tereza Cristina Campos Bedinelli. O pai de Bruno, dono da Viação Útil, fora benfeitor no Carmelo mineiro. E sempre que as monjas precisaram viajar para consultas a médicos e em outras circunstâncias, nunca pagaram nada. Madre Teresa sempre perguntava: "Senhor Bruno, temos passagens livres?". "Sem dúvida, Madre Teresa, e com muito prazer!"

Teresa Cristina Bedinelli, esposa de Bruno, é neta de outro amigo de longa data que ajudara o Carmelo como síndico, uma espécie de administrador-geral, durante quinze anos. O senhor João Campos cuidara e protegera as monjas do Carmelo de Juiz de Fora, como pai, amigo e irmão.

Em Bananeiras, outro amigo se junta ao grupo. O Professor Alírio e esposa, que colaboram com cimento sempre que é preciso. Na ocasião, está construindo um campo de golfe e tem satisfação em auxiliar. Além dele, também outros membros da família: o filho Luciano Trindade, seu irmão Edalmo e seu sobrinho Elmo, são benfeitores da escola, enquanto ele e sua esposa ajudam também o Carmelo.

Entre as campanhas feitas para a construção do mosteiro, uma delas comove demais as monjas. Padre José Floren, capelão nomeado por Dom Antônio Muniz, tem a ideia de fazer muitos e muitos envelopes para distribuir em toda a cidade e sítios das redondezas. A carta pede uma oferta para o Carmelo, de acordo com a possibilidade de cada um. Depois de recolhidos, eles são lacrados e enviados às monjas. Madre Teresinha lembra:

> Cada um que era aberto pelas monjas, com pequenas quantidades, batia no coração como o óbulo da viúva do Evangelho. Aqueles pobres davam o seu máximo. Muitos envelopes eram abertos com 50 centavos, 1 real... Raramente havia uma nota de 5 reais ou 10 reais. Mas, para as irmãs, aquelas quantias valiam ouro, pois significavam o valor afetivo, a entrega do coração. O amor simples e gratuito daquelas pessoas anônimas foi realmente uma grande riqueza para a construção do mosteiro. Víamos em cada uma o que disse São Pedro: "Não tenho nem ouro nem prata, mas o que tenho te dou".

A abertura dos envelopes provoca muitas lágrimas nas monjas. E a madre priora diz às suas filhas:

– Minhas irmãs, não tenhamos dúvida, os pobres alimentam a nossa contemplação. Precisamos refletir e aprofundar a contemplação que emerge deles. É uma grande teologia. Basta exercitarmos na fé para constatarmos essa verdade.

São dois anos e oito meses de construção, seguidos com emoção pelo povo. Quando a moradia e o apoio ficam prontos, a comunidade resolve fazer a inauguração. Afinal, após tanta batalha, as monjas já têm um espaço muito bom, aconchegante e confortável, para a vida monástica regular.

E, finalmente, no dia 5 de dezembro de 2010 é inaugurado o mosteiro, embora não esteja concluído. Falta ainda a igreja e a parte externa com auditório para oferecer acolhida a grupos que necessitem de um espaço para reflexão e oração.

As missas estão sendo celebradas na capelinha provisória e no anexo construído para abrigar os fiéis da chuva ou do sol. Também, após a inauguração, ainda faltam duas alas a serem construídas: a administração e as oficinas onde as monjas realizam trabalhos diversos para ajudar na manutenção. Madre Teresinha continua construindo o que falta à medida que entra algum dinheiro.

A inauguração é presidida pelo Padre José Floren, que auxiliara muito o Carmelo até ir para outra diocese. A fundadora relata:

> Foi uma cerimônia belíssima, com a participação de muita gente. Profunda e emocionante. Luciano e Leila providenciaram o almoço. Muitos moradores de Bananeiras e sítios vizinhos foram para casa antes, e mesmo assim almoçaram na escola cerca de 1.400 pessoas. Vieram amigos de Juiz de Fora, Belo Horizonte, Rio de Janeiro, São Paulo, Rio Grande do Sul, Maranhão, Fortaleza, Bahia, Alagoas e Sergipe. Os Carmelos do Nordeste foram representados pelas monjas de Maceió, Natal, Propriá, Camaragibe e João Pessoa. Muitos religiosos e religiosas também estiveram presentes.

Na ocasião, o marista Irmão Salatiel pergunta:

— Madre, será que agora São José está liberado? O pobrezinho precisa sair do sepulcro e ressurgir.

— Ainda não construímos a capela grande, nem as oficinas, nem a administração. Ele não precisa de férias... São José tem paciência, paciência histórica.

As monjas enfrentam dificuldades para manter o Carmelo bonito e grande, pois os benfeitores são em menor número se comparados aos de Juiz de Fora, já que a cidade é um centro menor. Mas as irmãs dizem que o amor que sentem por parte do povo é o maior donativo e compensa tudo.

Após a inauguração do mosteiro, quando as monjas já estão instaladas, os amigos benfeitores de Juiz de Fora, Noé e Damaris, os mesmos que fizeram o funeral de Madre Teresa de Jesus, telefonam para dizer que irão passar as férias em Bananeiras.

Chegam e, na medida em que se inteiram da situação, ficam muito preocupados com a manutenção do Carmelo, que eles acham estar vulnerável, sem uma renda fixa, sem reservas nem capital de giro.

Vendo a realidade das monjas, Noé Marra tem uma ideia. Ao lado do prédio, há um terreno baldio, cheio de mato, que serve de lixeira. Ele se informa para saber quem tem um trator e manda terraplanar o local. Vai às casas de material de construção e compra tudo que é necessário para construir três "sombrites". A ideia é montar uma infraestrutura para vender plantas ornamentais e ajudar na manutenção do Carmelo. A região está recebendo muitos condomínios de luxo e as plantas certamente serão bem-vindas.

Na sequência do projeto as monjas pretendem desenvolver uma plantação de flores e plantas ornamentais que incluirá as mulheres do entorno, muitas delas alunas e mães das crianças que estudam na escola do Carmelo. No contato com elas é possível observar como é importante para a autoestima dessas vizinhas ter um trabalho rentável, que permita certa autonomia diante do marido. Enquanto não é possível realizar o projeto, as mulheres auxiliam as monjas em alguns trabalhos pelos quais recebem uma gratificação, gesto de partilha do mínimo que as irmãs têm.

Noé e Damaris ficam 29 dias em Bananeiras e deixam a pequena área pronta para o plantio e posterior comercialização de plantas. As monjas acreditam que há perspectiva de dar certo em médio prazo.

Enquanto essa fonte de renda ainda não é significativa, a luta pela sobrevivência se faz com um trabalho que possa ajudar, de imediato, na manutenção do Carmelo.

Embora o artesanato não faça frente a uma sociedade de consumo, é dele que as irmãs tentam viver. Fazem bordados, licores, bolos, doces e peças de arte que são vendidos, sobretudo, aos domingos, na capelinha provisória de palha, construída de emergência como um anexo que dá continuidade à igreja, dentro do prédio do Carmelo. Como a pequena capela interna fica lotada rapidamente, por enquanto existe uma extensão da capela para proteger os fiéis que vão à missa. Faça chuva ou faça sol, fica tudo lotado. São por volta de cem pessoas todo domingo. Muita gente tem alegria especial de frequentar as missas do Carmelo.

A pequena igreja provisória, feita durante a obra do mosteiro, funcionará como cemitério. Será a capela mortuária do Carmelo, mas como a grande ainda não está construída, as monjas usam essa para abrigar aos fiéis que frequentam as missas.

Em 16 de novembro de 2008, com o prédio ainda em construção, na comemoração dos cinquenta anos de fundação do

Carmelo de Juiz de Fora, agora com o nome de Sagrado Coração de Jesus e Madre Teresa, as emoções são enormes porque a fundadora e presidente do grupo de amigos do Carmelo daquela cidade mineira, Leda Schmidt de Andrade, com mais de 80 anos, vem com a filha e outros amigos para a celebração.

As monjas ficam surpresas com a presença de Ana Lucia Ribeiro de Oliveira, no dia da inauguração do Carmelo, ainda mais porque traz de presente uma joia rara – lembrança de família – que ficara para ela como herança. Um presépio do avô, com 200 anos de existência. Quando a priora a vê, na hora do abraço da paz, sente uma grande emoção, pois relembra a trajetória feita em Juiz de Fora, assessorada por sua família, os Ribeiro de Oliveira.

Mas, passados os momentos de celebração, a vida diária volta à rotina com lembranças de outras carmelitas firmes na fé, como Edith Stein – judia, filósofa e teóloga alemã que se convertera ao cristianismo e à Ordem das Carmelitas Descalças, antes de morrer no campo de concentração em Auschwitz, no começo do século XX. Stein escreveu: "Nosso tempo precisa de mulheres que possuam um verdadeiro conhecimento da vida, prudência, atitudes práticas, mulheres moralmente sólidas, cuja vida seja inabalavelmente fundamentada em Deus".

Stein, canonizada em 11 de outubro de 1998, pelo Papa João Paulo II, é lembrada como Santa Teresa Benedita da Cruz.

Como é disso que se trata, da vida fundamentada em Deus, é bom saber como é o dia a dia do Carmelo Sagrado Coração de Jesus e Madre Teresa.

Um dia de monja

"A vida religiosa não pode ser sustentada senão por uma profunda vida de oração individual, comunitária e litúrgica, num encontro com Deus na oração" (cf. Doc. 103 §28) – Regra de Vida CMES n. 77.

4h30 – 1ª oração do dia – despertar e oração litúrgica – Laudes – Oração da Manhã.

5h30 – Oração pessoal – atenção amorosa a Deus na intimidade.

6h30 – Salmos de Tércia – oração comunitária composta por um hino, três breves salmos, uma leitura breve e oração conclusiva.

7h – Missa no convento.

7h45 – Café.

8h – Cada monja vai realizar seu ofício doméstico.

11h – Oração Sexta – oração do meio-dia.

11h30 – Almoço.

12h – Recreio – diálogo alegre e fraterno.

14h – Hora Nona – oração comunitária, também com hino, três salmos, leitura breve e oração conclusiva.

15h – Estudo e leitura espiritual.

17h30 – Vésperas – oração litúrgica comunitária.

18h – Jantar.

19h – Recreio.

20h – Completas e Matinas. Última oração comunitária do dia. Com um grande momento de silêncio para que as irmãs façam seu exame de consciência e peçam perdão pelas falhas e erros em que tenham incorrido durante todo o dia.

21h – Livre para ler, estudar, fazer trabalhos, dormir.

"A vocação à santidade só pode ser acolhida e cultivada no silêncio da adoração, na presença da transcendência infinita de Deus. Isto exige uma grande fidelidade à oração litúrgica e pessoal, aos tempos dedicados à oração mental, à contemplação e à adoração eucarística" (Vita Cons. 28) – Regra de Vida CMES n. 79.

O furacão de Deus alça ao infinito

Terminada a fundação de Burgos, Madre Teresa de Jesus se prepara para voltar a Ávila. Vencera até ali uma luta atrás da outra e uma vitória a cada batalha.

Teresa, sempre com mil e um afazeres, relativos a Deus e ao mundo, pensa que precisa seguir cuidando e orientando suas filhas para que se multipliquem como gotas de chuva, a serviço do Senhor.

A fundadora, que se relaciona com todo tipo de gente, dos poderosos aos humildes, que já passara por poucas e boas, faz uma retrospectiva.

Fundara uma série de 17 pombais... Começa a relembrar um a um: São José de Medina del Campo (1567); São José de Málaga (1568); Imaculada Conceição de Valladolid (1568); São José de Toledo (1569); Nossa Senhora da Conceição de Pastrana (1569); São José de Salamanca (1570); Nossa Senhora da Anunciação de Alba de Tormes (1571); São José de Segóvia (1574); São José de Beas (1575); São José de Sevilha (1575); São José de Caravaca (1576); Santa Ana de Villanueva de la Jara (1580); São José e Nossa Senhora della Calle de Palencia (1580); Santíssima Trindade de Soria (1581); São José de Granada (1582); São José e Sant'Ana de Burgos (1582).

Na verdade, assentara um por ano, às vezes dois. E nessa caminhada, só interrompera as fundações duas vezes. A primeira quando enviada como priora da Encarnação, a outra em razão do conflito com a Ordem.

Depois de rememorar tudo, Madre Teresa tem uma certeza: "Quando a deixam em paz, ela funda...".

E pensando no futuro mosteiro de Madri, que já está em tratativas avançadas, Teresa sai de Burgos no final de julho. Vai parando em cada um de seus Carmelos pelo caminho: Valencia, Valladolid e Medina del Campo.

Chega a Alba de Tormes em 20 de setembro, sofrendo com dores intensas pelo corpo todo. Pensa em ir até Madri, onde quer fazer um Carmelo reformado na Corte, mas desiste, sente que está sem energia. Dias depois, deseja muito ter forças para chegar a Ávila. Mas também não consegue.

Quando as monjas percebem que está para morrer, perguntam:

– Madre, quer ser enterrada em Ávila?

Ao que ela responde:

– Mas não terão aqui um pouco de terra que me emprestem até o dia do Juízo?

Frei Antônio Heredia é chamado para a última bênção. E ela exclama:

– Por fim, Senhor, morro filha da Igreja!

São nove horas da noite do dia 4 de outubro de 1582. Ela tem 67 anos. Após a reforma do calendário gregoriano, o dia passa a ser 15 de outubro.

Teresa de Jesus é um exemplo de mulher extremamente alegre, humilde e agradecida. Muito afável no trato com todos, deixa um legado ímpar para a humanidade.

Por conhecer a fundo a pessoa humana, a reformadora Teresa de Ávila marca sua obra com um humanismo pouco conhecido e vivido no interior da vida religiosa de seu tempo.

Ela impulsiona as virtudes sociais como a afabilidade, o respeito e a liberdade; cultiva a alegria da vida em comunidade com a novidade das recreações duas vezes ao dia; ressalta a dignidade da pessoa humana e a nobreza de alma; promove a formação de religiosas, monges jovens e o estudo; reforça os exercícios ascéticos das descalças e dos descalços, para que alcancem maior profundidade na sensibilidade que requer uma vida teologal; anima a comunhão entre os seus pombais e dá mais importância ao interior que ao exterior.

Santa Teresa d'Ávila tem o perfil de uma mulher além de seu tempo, ao dar prioridade mais às virtudes que ao rigor.

Depois de anos, seu corpo é transferido para Ávila, mas, em seguida, novamente reconduzido para Alba, onde se preserva incorrupto. Também o seu coração, com as marcas da transverberação, está exposto para adoração dos fiéis. Com as reviravoltas da Igreja, é beatificada em 1614, pelo Papa Paulo V, e canonizada em 1622, por Gregório XV. Em 27 de setembro de 1970, é proclamada Doutora da Igreja pelo Papa João Paulo II.

> Nada te turbe,
> nada te espante.
> Todo pasa,
> Dios no muda.
> La paciência
> todo lo alcanza.
> Quien a Dios tiene
> nada le falta.
> Sólo Dios basta!
>
> (Teresa de Jesus)

João da Cruz, o descalço que domina tufões

Após a morte de Teresa d'Ávila, Frei João da Cruz é nomeado prior dos Conventos em Madri, Segóvia, Granada, e participa de várias reuniões chamadas Capítulos Gerais para discutir a reforma teresiana.

Com a ausência da fundadora, o Padre Nicholas Doria começa sua escalada de postos até ser nomeado inspetor-geral dos descalços, em 1585. No cargo, inicia a perseguição aos frades e monjas teresianos.

Nessa hora, levantam-se contra ele os descalços João da Cruz, Jerônimo Graciano, Ana de Jesus, Maria de São José, Luís de Leão e Báñez. Eles não reconhecem mais a Regra professada, tal a quantidade de mudanças administrativas impostas por Doria.

Em 1588, João da Cruz é o prior em Segóvia, além de membro da Consulta, órgão criado pelo inspetor, para vigiar a Reforma. Não por acaso, o convento dos carmelitas é escolhido para ser sede da Consulta e são necessárias várias obras de ampliação para receber os frades de toda a Espanha. Frei João da Cruz ignora as implicâncias da "patente" e trabalha alegremente como pedreiro.

Certo dia, quando se espantam com tanta vitalidade, ele diz:

– Não fiquem surpresos! Quando trato de pedras, tenho menos ocasiões de tropeçar do que quando trato com homens.

Parece adivinhar o que vem pela frente.

Em paralelo, passa horas e horas do dia ou da noite em oração numa pequena gruta que fica no alto, perto do convento. Alcança tamanha concentração, que parece estar em êxtase. Uma situação que João da Cruz descreve como momentos de união entre a alma e Deus.

Continua também com a direção espiritual do convento das carmelitas que ajudara a fundar em 1574. A cada visita semanal sua presença é motivo de entusiasmo pela profundidade dos ensinamentos sobre a oração.

Em 1591, Francisco de Yepes está em Segóvia e João da Cruz diz ao irmão, num dos últimos encontros dos dois:

– Passei por uma experiência diferente com Nosso Senhor. Estava no convento, diante de um quadro pintado em couro que trazia Cristo carregando a cruz, cheio de angústia e doçura. Tive a ideia de levá-lo para a igreja, a fim de que não só os religiosos, mas também as pessoas de fora pudessem fazer reverência ao Senhor. Fiz isso. Arrumei da maneira mais conveniente que achei. Aí, entrei em oração diante dele. E então, ouvi a voz: "Irmão João, peça-me o que quiser em troca desse serviço que me prestou". Respondi: "O que quero é que me deis o trabalho de padecer por vós".

Porém, ele conta ao irmão que ainda não fora ouvido.

– Mas Sua Majestade mudou isso de tal forma, que chego a lastimar a grande honra que me fazem quando a mereço tão pouco.

Atualmente, esse quadro está exposto no convento de Segóvia.

Alguns meses depois, no Capítulo de Madri, em 1591, ao defender Frei Jerônimo Graciano contra Doria, o prior é desligado de todas as funções. Diante dos frades na assembleia, João da Cruz é firme sobre a obscura gestão administrativa do inspetor. Resultado: perde os cargos de prior, provincial, definidor e prior em Castela, e a "patente" manda que vá para o vilarejo de Peñuela, na Andaluzia.

A malfadada reunião de Madri tem ainda outros desdobramentos. Além de Doria, aparece o Padre João Evangelista, raivoso como nunca, decidido a destruir João Cruz por uma repreensão que recebera anos antes, quando ele fora seu superior. Perseguirá o santo enquanto viver.

Diante dessa nova realidade, João decide dedicar todos os dias futuros à oração. Em 6 de julho de 1561 escreve à priora de Segóvia, Maria da Encarnação: "Deus sabe o que nos convém e dispõe para o nosso bem. Não penseis diferente, só que Deus dispõe de tudo. E não se pode esquecer: onde não há amor, ponha amor e colherá amor".

O convento de La Peñuela é pequeno, perdido na cadeia de montanhas de Serra Morena. É o lugar ideal para a solidão e a penitência dos monges descalços. Em meio a parreiras e olival, é um ponto esquecido do mapa, onde os frades podem intensificar a vida de orações.

É ali, no jardim do mosteiro ou na montanha próxima, que São João da Cruz se entrega à oração. Na paisagem deserta ele encontra o local ideal para retocar o texto, *Viva chama*, e escrever um breve tratado sobre os milagres.

Nesse meio-tempo, João Evangelista, que não se perca pelo nome, inicia a mais violenta campanha de difamações contra João da Cruz. É aberto um inquérito para apurar as suspeitas da natureza das relações do santo com as religiosas. Seus inimigos querem que seja expulso dos descalços.

Alguns dias depois, João da Cruz fica sabendo das pressões sofridas pelas carmelitas, submetidas a sórdidos interrogatórios para colherem acusações contra ele. Os opositores procuram qualquer motivo para expulsá-lo da Ordem. Ele reage calmamente e repele qualquer tentativa de falar mal de seus algozes. Escreve à priora do convento de Caravaca, Madre Ana de Santo Alberto: "Minha filha, deveis estar a par das inúmeras provações que sofremos. Deus o permita para a glória de seus eleitos. No silêncio e na esperança estará nossa força. Intercedei por mim junto a Deus. Que ele vos faça santa".

Em setembro de 1591, surge-lhe uma doença inexplicável. O santo começa a ter febre dias seguidos, causada por uma inflamação na perna direita. Como as ervas locais não fazem efeito, ele tem que ser levado para outra cidade onde há mais recursos. No fim do mês, montado numa mula, percorre cinquenta quilômetros na companhia de um muleteiro. Chega a Ubeda emagrecido, exausto e ainda com febre.

A cidade tem belos palácios de estilo renascentista e o hospital de Santiago, construído no estilo do Palácio Escorial de Madri. O convento dos carmelitas descalços fica perto da Igreja do Salvador, edifício suntuoso erguido e decorado por arquitetos famosos.

João da Cruz é recebido com muito carinho e alegria pelos monges da comunidade e pelos leigos que já o conhecem. O único que destoa – sempre há um desmancha-prazeres – é o prior Frei Francisco Crisóstomo, que aproveita todas as ocasiões para fazer o santo sofrer, numa vingança para defender Doria. Assim, chega a última estação de sua *via crucis*. O feroz adversário toma a atitude de maltratar João da Cruz como pode. Coloca o santo na cela mais estreita do convento e não perde oportunidade de fazer pequenas maldades e cometer todo tipo de flagelos.

Aí, João da Cruz se aniquila para exercitar a paciência em seu grau maior, virtude que sempre prega e escreve:

> É nessas provações que o religioso deve exercitar-se, esforçando-se sempre para suportá-las com paciência e conforme a vontade de Deus... Por não compreender que é para isso que estão ali, muitos religiosos suportam mal seus irmãos e, no dia da prestação de contas, ver-se-ão muito confusos e logrados.

A doença se agrava. Dores atrozes acompanham os dias de João da Cruz. Tem que sofrer uma operação extremamente dolorosa e comenta: "Cortem quanto for preciso, em boa hora, e a vontade do meu Senhor Jesus Cristo se faça".

Depois da cirurgia, já não pode mais deixar a cela. Arde de febre deitado sobre a tábua que serve de cama. A erisipela do pé direito provoca abscessos e as dores aumentam. Com as mãos sobre o peito, João da Cruz vê ali um tempo de refúgio para mais oração. É como se antecipasse seus escritos: "Assim como aquele que está nos remédios, tudo é padecer nesta noite escura, nesta seca purificação do espírito, curando-se de muitas imperfeições".

A noite escura da alma passara para o corpo.

Nas semanas seguintes, responde ao prior que o maltrata, com mansidão e perdão. Para compensar o sofrimento, recebe com alegria uma visita do agora provincial da Andaluzia, Padre Antônio de Jesus, com quem fundara o primeiro convento dos carmelitas descalços, o primeiro marco masculino da reforma da Ordem. Mas o consolo é passageiro. E ele volta à oração.

O Frade Crisógono de Jesus testemunha que São João da Cruz nunca se queixa. Reza ou repete versículos da Bíblia e vez por outra fala com algum confrade. Numa dessas vezes repete sua máxima:

– Ainda mais paciência, mais amor, mais dor.

Quando os frades percebem que ele está no fim, solicitam que receba a unção dos enfermos, e ele diz:

– Fiquei feliz quando foi dito para mim: "Vamos à casa do Senhor".

Frei João da Cruz tem apenas 49 anos. No dia 7 de dezembro antevê a própria morte, no dia 14, por ser um sábado, dia de Nossa Senhora. Em 13 de dezembro, solicita a presença do prior, pede a sua bênção e, como último serviço:

– Por favor, permita que eu seja enterrado com meu burel, meu hábito da Ordem da Virgem do Carmo que nunca abandonei.

O prior, finalmente, toma uma atitude de justiça e dá a permissão.

Durante todo o resto do dia, o santo pergunta insistentemente as horas, e diz:

– Hoje é o dia que Deus escolheu para que eu vá cantar matinas ao céu.

Antes da meia-noite, os frades querem fazer as orações de recomendação da alma, e ele pede:

– Por favor, leiam o canto nupcial bíblico que está no *Cântico dos Cânticos*.

E ouve do monge:

– A voz do meu Amado! Vejam: vem correndo pelos montes, saltitando nas colinas! ... Fala o meu amado. E me diz: levanta minha amada, formosa minha, vem a mim.

Ao ouvir os versículos seu rosto se ilumina e comenta:

– Ó que preciosas margaridas o céu tem!

À meia-noite, toca o sino da Igreja do Salvador. Ao ouvir o som, exclama:

– Vou cantar matinas no céu!

E, antes de fechar os olhos, beija o crucifixo que tem nas mãos e completa:

– Nas tuas mãos, Senhor, eu entrego o meu espírito.

É a madrugada de 14 de dezembro de 1591, o sábado de Nossa Senhora. A cidade começa a ouvir uma voz que grita e seu eco amplia por todo lado:

– Morreu o frade santo do Carmo.

O povo corre para a porta do convento e insiste que os frades abram as portas, apesar da noite de tempestade e raios. Todos querem ver e venerar o corpo daquele homem a quem chamam santo.

Mesmo perseguido e exilado dá a volta por cima.

Tal como Santa Teresa d'Ávila, é canonizado em 27 de dezembro de 1726, pelo Papa Bento XIII, e chamado Doutor Místico da Igreja em 24 de agosto de 1926, pelo Papa Pio XI, carmelita, além de proclamado padroeiro dos poetas espanhóis em 21 de março de 1952.

A experiência espiritual de Santa Teresa e São João da Cruz dá corpo e nome ao silêncio interior que a Ordem Descalça, cinco séculos depois, ainda vive atrás de seus muros.

A andarilha de Sua Majestade partiu, seguida pelo poeta de Deus, porém, deixou o testemunho que passa por cinco séculos de história.

Quando Teresa d'Ávila morre, no século XVI, existem dezessete mosteiros de monjas e treze de frades na Ordem Carmelita Descalça, boa parte na Espanha. Suas discípulas, como Ana de Jesus e Maria de São José, fundam depois, em Madri e em outros países da Europa. No terceiro milênio, o Carmelo está presente nos cinco continentes.

Projeto social do Carmelo

> "Feliz aquele que transfere o que sabe
> e aprende o que ensina"
> (Cora Coralina).

A escola Nossa Senhora do Carmo é uma instituição nascida da vida contemplativa para interagir com a população de Bananeiras. O binômio Carmelo/povo promove a esperança de uma prática transformadora na realidade do homem do campo.

Madre Teresa de Jesus, ao fundar o Carmelo Sagrado Coração de Jesus, em Juiz de Fora, definira, mais de cinquenta anos atrás, que a sua missão era: "... ter a oração, a humildade, a pobreza e a fraternidade como valores intocáveis. Ter sempre a preocupação da comunidade em dar um testemunho contemplativo à escuta da realidade da Igreja local...".

Por ter essa missão como emblema, o Carmelo, hoje no município de Bananeiras, começa a se tornar um centro de encontro para os cristãos que buscam a espiritualidade contemplativa. Madre Teresinha explica:

> A partir da experiência vivenciada anteriormente em Juiz de Fora e Itaguaí, notamos que o "elo" Carmelo *versus* povo é importante dentro do contexto social, diante de um país tão rico, mas com um povo ainda tão sofrido... Então, através da escuta e orações, procuramos meios de ajuda concreta, para oferecer a esse povo um sinal de esperança para os dias seguintes... E a escola é o primeiro passo mais abrangente.

Como já abordado, a priora do Carmelo, ao identificar que as pessoas do entorno do terreno do convento são lavradores, muitos deles analfabetos, sente o chamado de Deus para realizar o seu plano. Envolta em oração profunda, idealiza uma escola para concretizar o projeto de Deus, e coloca mãos à obra.

Reunido o grupo de amigos do Carmelo, ela relata o que pensa e pede a colaboração para edificar uma escola que "ensine o povo a ler". Mas ressalta a importância de ir mais além, de dar a cada um, sobretudo, o saber da dignidade humana, presente nos ensinamentos de Jesus como Mestre maior.

Com essa ideia de um projeto de escola voltado para os pobres (os preferidos de Jesus Cristo), o grupo sente a necessidade de preparar o terreno, isto é, os alicerces humanos, e depois lançar os espirituais.

Na reunião, Madre Teresinha diz:

– Não se pode dar o pão da Palavra a quem tem fome do pão material, do mesmo modo que não se pode lançar uma formação espiritual a quem não tem nem mesmo as bases humanas ou intelectuais. É malhar em ferro frio.

Foi assim que, em um ano e meio, a partir da necessidade de propagar o Carmelo na diocese, começa o projeto da escola, após um levantamento da realidade local e formação da equipe docente de leigos e corpo diretivo, que tem a parceria dos irmãos maristas e da Fundação Banco do Brasil. O tempo todo esses profissionais são subsidiados à luz do mosteiro, uma vez que as irmãs não podem assumir as funções pelo seu estilo de vida contemplativa de clausura.

O suporte teórico é a pedagogia freireana, que inspira os principais programas de alfabetização de jovens e adultos e constitui um novo paradigma pedagógico para a educação popular.

De início, o objetivo é alfabetizar e, pela própria característica do mosteiro, dar uma formação religiosa. Mas, ao conviver com os alunos e tomar conhecimento da realidade, o projeto necessita de ampliação para outras áreas.

A Escola Nossa Senhora do Carmo é uma obra social do Carmelo Sagrado Coração de Jesus e Madre Teresa, um dos únicos mosteiros no Brasil com projeto social ligado às carmelitas descalças.

Desde o início, a escola representa um benefício inédito para Bananeiras (PB), que tem na zona rural sua maior população. Pela localização, próxima do distrito de Chá de Lindolfo e Tabuleiro, atende a crianças e adultos destas localidades, além de outras comunidades, como: Porteiras, Chá de Imbiriba, Jaracatiá, Chá de Almeida, Cumbeba, Conjunto Arlindo Ramalho e Augusto Bezerra. O público-alvo são quinhentas e quarenta famílias de baixo poder aquisitivo.

Embora exista uma escola municipal no distrito de Chá de Lindolfo, ela não consegue atender a demanda existente. Diante dessa realidade, é implantada a Escola Nossa Senhora do Carmo com o objetivo de informar pessoas e formar cidadãos conscientes, através de uma proposta de educação inclusiva, de excelência, que possibilite a participação da família e o envolvimento da própria comunidade.

O objetivo é que a instituição seja um centro integrado e integrador que promova uma melhoria na qualidade de vida dos lavradores, que amplie os conhecimentos para dar subsídio ao trabalho deles no campo.

Além disso, é de igual importância que promova o resgate da autoestima. A ideia é abrir novos horizontes aos pobres para que, conscientes de seus valores, assumam a responsabilidade na construção de um mundo novo, mais fraterno, mais justo e solidário.

Início no chão de barro

Em 2005, as aulas começam com aqueles primeiros seis alunos lavradores, no sistema de Educação de Jovens e Adultos. Atualmente, existem duzentas e vinte e nove crianças e cinquenta e cinco jovens e adultos que frequentam a escola na Educação Infantil, Ensino Fundamental e Educação de Jovens e Adultos (EJA).

Em oito anos, a instituição de ensino abriga quase trezentos alunos.

A diretora em exercício, Leila Rocha Sarmento Coelho, explica a razão da rápida expansão:

— Esse projeto reflete para o homem simples do campo um espaço de reconstrução e/ou busca de identidade, de reintegração ao meio, de encontro com os valores que proporcionam alegria e bem-estar. Além disso, é um espaço de ampliação de conhecimentos para subsidiar melhor os lavradores no trabalho rural e na estruturação de oportunidades para o seu crescimento pessoal e profissional. Portanto, a consolidação dessa escola no meio desse povo é de fundamental importância para a melhoria da qualidade de vida dos beneficiários e o desenvolvimento do município.

De seis alunos iniciais, a escolinha caseira passa a dezoito alunos em um ano e meio. A Prefeitura de Bananeiras providencia um ônibus para levar os alunos até a escola e voltar com eles depois do período de ensino. As pessoas envolvidas no projeto começam a revezar no lanche que trazem para os alunos, porque percebem que chegam sem comer, para não se atrasar. Nesse ano e meio, a turma segue crescendo e os pais começam a pedir que os filhos também tenham acesso ao estudo.

No encontro semanal com Madre Teresinha, uma pessoa do conselho diz:

– Madre, nós precisamos ter espaço próprio, porque a procura está crescendo. E há pedido dos pais para que os filhos também estudem e tenham acesso à educação oferecida pelo Carmelo.

Ela responde:

– Deus passa e fala. Temos que estar na escuta. Vamos ver como conseguir isso.

No fim de 2006, a priora recebe ajuda de R$ 30 mil dos irmãos maristas, R$ 5 mil para a compra do terreno e R$ 25 mil para a construção de duas salas de aula, cozinha e banheiro.

Como o dinheiro não dá para uma escola maior, Frei Betto, ciente da situação, sugere entrar em contato com a Secretaria de Educação Continuada, Alfabetização, Diversidade e Inclusão (Secadi), do Ministério da Educação. O responsável pela secretaria à época, Ricardo Henriques, retorna o contato e pergunta as necessidades da escola. Ao ouvir a resposta, pede para enviar o projeto o mais rápido possível, pois o MEC está no prazo final de fechamento do orçamento para o ano seguinte.

Uma boa vitória e um respiro para tocar a obra. O projeto segue para a Secadi em novembro de 2006 e, no finzinho do ano, a escola já recebe o valor de R$ 186 mil para construir e mobiliar o prédio que existe hoje. Salas, refeitório e espaço de lazer, além de um telecentro montado para aulas de informática dos alunos. Sempre em esquema de mutirão, os alunos são os próprios construtores da escola até a ampliação do projeto inicial, quando, então, é necessária a contratação de profissionais para acelerar a obra. A diretora resume: "A ideia é sempre dar incentivo, apoio e capacitação aos menos favorecidos do município de Bananeiras, para que adquiram a consciência de agentes atuantes e transformadores do meio, responsáveis pelo seu crescimento comunitário e social".

Nesse momento, a pressão dos pais para os filhos estudarem é tanta, que as aulas começam ainda em chão batido, com parede sem reboco, sem nada mais.

Em 2007, a escola já funciona com alunos do Ensino Infantil e Fundamental. Existe o desejo de atender os pais, mas tudo é ainda muito precário. Sem banheiro e sem cozinha prontos, as crianças usam o banheiro do vizinho. O lanche é trazido pronto de casa e as louças são lavadas em bacias. Naquele momento, só há as paredes, e o local não tem energia elétrica. Nesse início, o ensino é multisseriado, nas duas salas existentes, e os pais estudam à noite. Sempre alguém fica segurando uma vassoura com uma lâmpada na ponta para iluminar o quadro-negro e a professora dar aula.

Nesse ritmo se constrói o prédio, e as coisas começam a funcionar com mais normalidade.

Ana de Jesus, a capitã dos novos pombais

Com a morte de Teresa d'Ávila, a priora de Granada, Ana de Jesus, assume a fundação em Madri, após negociação iniciada pela madre. Em julho de 1586, ela participa da missa rezada por Monsenhor Neroni, ocasião em que é fundado o Convento de Sant'Ana, que, em seguida, terá como priora Madre Maria de São José. O mosteiro posteriormente passa a ser chamado Santa Teresa de Jesus.

Na cidade, Ana de Jesus conhece Isabel Clara Eugenia, filha de Filipe II, que a ajuda a preparar as bases para fundar em Valencia e Huarte. No mesmo ano, volta para Salamanca onde será priora.

Ainda em vida, Teresa d'Ávila tratara da expansão de seus "pombais" para outros países europeus. Ana de Jesus fora a escolhida da madre para fazer a fundação na França. Porém, Maria de São José, depois de ser priora em Sevilha e em Lisboa por catorze anos, repentinamente, em 1693, volta secretamente para o povoado de Cuerva, na província de Toledo, onde morre em poucos dias, provavelmente de alguma doença ainda não conhecida na época.

Diante da nova realidade, a priora escolhida para fundar em Paris será Ana de São Bartolomeu, a enfermeira que acompanhara Teresa d'Ávila durante seus últimos anos, desde que quebrara o braço e a saúde ficara debilitada.

Mas ela prefere indicar Ana de Jesus, por acreditar que tinha mais experiência em fundações. Assim, após o convite para uma fundação de descalças enviado pelo rei da França, Henrique IV, ao rei da Espanha, começam as tratativas das patentes. Resolvidos os detalhes, cinco monjas e a priora Ana de Jesus chegam a Paris no dia 15 de outubro de 1604. No dia 18 de outubro é fundado o Convento da Encarnação.

Logo de início, o mosteiro é muito bem recebido pelo fato de interessar à realeza a expansão de Carmelos católicos. Nesse contexto, novas fundações se sucedem. Em 1605, Ana de Jesus coordena a criação de um novo Carmelo que é inaugurado no dia 14 de janeiro no subúrbio de Pontoise, a noroeste de Paris. Ali, Ana de São Bartolomeu assume como priora. No mesmo ano, Ana de Jesus funda em 21 de setembro outro convento em Dijon, na região administrativa da Borgonha, a 310 quilômetros de Paris. Poucos dias depois, em 4 de outubro, descobrem que ela está com peste. Sobrevive à doença ao usar o véu de Santa Teresa d'Ávila.

A infanta Isabel Clara Eugenia, filha de Filipe II, que Ana de Jesus conhecera em Madri, está em Flandres, onde é governadora dos Países Baixos. Para obter orientação espiritual, pede a Madre Ana de Jesus que faça uma fundação em Bruxelas, na Bélgica. Lá nasce um novo convento, em 25 de janeiro de 1607.

Depois, no mesmo ano, em novembro, é fundado outro em Louvain, na região flamenga da Bélgica.

Seguindo os passos de Teresa d'Ávila, Ana de Jesus funda em 7 de fevereiro de 1608 o "pombal" de Mons, cidade belga na fronteira com a França. Depois, auxilia outras monjas nas fundações de Antuérpia, a segunda maior cidade da Bélgica, e de Cracóvia, na Polônia.

Ana de Jesus segue como priora do convento de Bruxelas até a sua morte, em 1621. Frei Jerônimo Graciano, que está na Bélgica, fugindo da perseguição do Padre Nicholas Doria, continua sendo seu orientador espiritual. Os dois escapam da má sorte por terem ido para fora da Espanha. Após a ascensão de Doria ao cargo de inspetor, não satisfeito em perseguir João da Cruz, tenta impor sua autoridade sobre as descalças. É aí, então, que Madre Ana de Jesus trabalha para acelerar as fundações fora da Espanha. Graças a essa astúcia e inteligência, consegue proteger Graciano e as Madres Maria de São José e Ana de Bartolomeu das garras de Doria.

Ana de Jesus é também a fiel depositária das obras de Santa Teresa de Jesus e de São João da Cruz. Quando a madre escreve *Fundações,* elas têm cela lado a lado em Salamanca e Ana está ciente de tudo o que a fundadora deixa. Mais tarde, quando a Inquisição começa a apertar o cerco, Madre Teresa pede que ela queime os documentos, mas Ana é firme. Põe fogo apenas nas cartas da fundadora que podem cair em mãos dos calçados e provocar problemas. Porém, guarda na clausura o livro sagrado da vida da santa, que décadas depois é o testemunho de sua caminhada. João da Cruz também confidencia seu *Cântico espiritual* a Ana Jesus, que, em 1586, passa o material a Isabel de la Encarnación, para a organização das folhas e preservação do texto que chega até nossos dias.

Além disso, Ana de Jesus escreve, a pedido de Graciano, a *Fundação de Granada* e *Viagem a Paris.* Guarda também muitos textos e cartas que servem como documentos da trajetória das descalças na Europa. Mas sua maior contribuição é ter recolhido e guardado todas as obras literárias de Santa Teresa d'Ávila.

Em 1587, Ana de Jesus coloca o material nas mãos de Frei Luiz de Léon, para a publicação que sai em 1588, em Salamanca, com o nome de *Os livros da Madre Teresa de Jesus, fundadora dos mosteiros de monjas e frades carmelitas descalços da primeira Regra*.

Em 1621, mesmo ano de sua morte, são abertos quatro processos de beatificação em quatro cidades. Mas, durante duzentos anos nada acontece. Até que o carmelita belga Bertolo Ignacio reúne todos os documentos que atestam sua vida de santidade e os milagres atribuídos a Ana de Jesus. E, finalmente, depois de séculos, como costuma acontecer na Igreja, ela é considerada Venerável.

Hora da casa própria

Após onze anos em um prédio provisório e esforços diversos de amigos e familiares, as monjas, finalmente, têm um endereço definitivo. O Carmelo Sagrado Coração de Jesus e Madre Teresa, encravado no bairro da Divina Graça, no Sítio Monte Carmelo, Rua do Mosteiro, n. 1, em Bananeiras.

O projeto, todo pensado por Madre Teresinha em detalhes, é uma construção grandiosa para os padrões da pequena cidade, porém, essencial para contemplar as necessidades de silêncio e amplos espaços das religiosas, já que ali vivem pelo resto da vida.

O prédio simples, em círculo, com a capelinha no meio, feito todo em arcos de linhas sóbrias, tem na frente um lindo jardim, colorido por flores de várias espécies, com ilhas de rosas nas laterais, cuidadas pelas próprias monjas. No centro, a imagem de Jesus. No frontispício do mosteiro a frase: "Escolhi e santifiquei esta Casa dedicada ao meu nome para sempre. Meus olhos e meu coração estarão fixos nela todo o tempo" (2Cr 7,15-16). Ao lado, o logotipo com o nome Carmelo Sagrado Coração de Jesus e Madre Teresa.

Na parte interna do convento, o local circular envidraçado permite que todas as portas da clausura fiquem de frente para um grande jardim, onde os convidados podem ver na inauguração um roseiral carregado de flores vermelhas, brancas, amarelas, no centro do terreno, fruto das mãos habilidosas das monjas. Para chegar ao jardim, um desenho de um olho gigante, no chão de granito, lembra às irmãs, nas palavras da priora:

O símbolo serve para recordar a todas, às quatro da manhã, quando acordam e se preparam para a oração, que aqui devemos ter uma atitude interior de oração, a fim de que cada uma possa olhar as pessoas, os fatos e acontecimentos da vida, agradáveis ou nem tanto, com os olhos contemplativos de Deus. O símbolo é a expressão da vida interior de cada uma.

Como diz Santa Teresa d'Ávila, sobre as sete moradas, do centro do olho no chão, saem sete moradas que construímos em cimento aqui no mosteiro, até chegar ao núcleo, o centro onde mora a Santíssima Trindade, no qual colocamos a imagem de Nossa Senhora do Carmo, mãe e mestra dos contemplativos.

Na porta de cada cela há uma divisa, na parte superior, onde a irmã escolhe uma frase do Evangelho a fim de servir de inspiração para a contemplação diária, tal como no Carmelo de Juiz de Fora. Na porta de Madre Teresinha, por exemplo, há a frase tirada do Sermão da Montanha: "Bem-aventurados aqueles que possuem um coração de pobre, porque deles é o Reino dos Céus".

Em outro jardim interno, ao lado do refeitório, na ala da enfermaria, uma imagem de São José guarda pelo alimento das religiosas e intercede pela boa morte – Páscoa definitiva, depois da peregrinação e missão na terra.

No Carmelo de Bananeiras moram dezessete monjas, vindas dos mais variados lugares, que resolveram se consagrar a Deus e morar ali para sempre. Passam o dia em oração, intercedendo a Deus pelas famílias, doentes, jovens, padres, viciados etc. Mas também trabalham para o próprio sustento, especialmente na produção de trabalhos artesanais.

De forma geral, as irmãs dependem de doações do povo e da venda dos produtos que confeccionam. Entre eles, artigos de uso pessoal feitos de casca de bananeira e flores que cultivam na estufa.

No dia da inauguração, a missa de ação de graças é concelebrada por Padre José Floren, capelão do Carmelo, Padre Pedro Alexandre, pároco de Bananeiras, Monsenhor Luiz Pescarona, José Carlos (CRL), Frei Jurandir (OFM), e Padre Silva. Agora, a cada ano a data é comemorada com gratidão, pela presença fraterna das irmãs dos Carmelos de Camaragibe (PE), João Pessoa (PB), Maceió (AL), Natal (RN), das irmãs missionárias carmelitas e, também, pela vinda dos representantes das congregações do Amor Divino, capuchinhas, irmãos maristas, lourdinas, vários ramos das franciscanas e as Servas de Maria. Agradecimentos também pela alegria da presença das comunidades locais e de municípios circunvizinhos, além de amigos de João Pessoa, Belo Horizonte, Juiz de Fora, Natal, Rio de Janeiro, Rio Grande do Sul e São Paulo.

Madre Teresinha relembra:

> Na procissão de ofertas, Madre Maria de Jesus, de Natal, levou as Regras e Constituições; Leno, o mestre de obras, entregou as chaves da clausura; Djalma, o caseiro, levou a âmbula representando os amigos, os benfeitores, a Ordem Carmelita Secular e os que ajudam diariamente as irmãs. Os familiares das monjas conduziram as outras oferendas das vocacionadas, em clima de devoção e agradecimento pela concretização da casa própria para o Carmelo. Leonardo Horta, benfeitor, fez o translado do Sacrário para a capela, onde serão celebradas missas diárias. ... Vitor Hallack falou em nome dos amigos e benfeitores do sudeste, e Marcelo, da Energisa, representou os benfeitores de Cataguases (MG).

A cada ano, ao relembrar a data, as monjas também cantam em louvor ao Senhor pela moradia própria.

E no dia seguinte, vida que segue...

Na escola, "mão na massa"

A proposta pedagógica da Escola Nossa Senhora do Carmo é ampla e inclusiva. Isso provoca uma avalanche de pedidos de vagas para novos alunos. Porém, antes, é preciso terminar a construção do prédio e obter novos recursos.

As salas e dependências da instituição começam a ser levantadas. Os pais e alunos maiores seguem construindo as paredes em mutirão. As crianças vão mudando de local e sendo distribuídas de acordo com as necessidades, como a colocação do piso ou pintura das paredes e portas.

Em 2007, a escola funciona com quarenta e sete crianças; no ano seguinte, já são sessenta e oito. Na medida em que o prédio é erguido, crescem também as exigências. As crianças maiores, que vão para a fase seguinte, não querem sair da escola para fazer o novo turno em outro local.

Novamente, a direção da escola intervém:

— Madre Teresinha, olhe essas redações. Todas entregues em branco. Os alunos preferem repetir o ano porque querem ficar na nossa escola.

A religiosa diz:

— Então vamos fazer. Temos que ouvir o processo.

— Madre, sendo bem pragmática, do ponto de vista prático, não há condições. Está difícil manter o que temos, imagina implantar a segunda fase do fundamental, onde precisamos de um professor por disciplina, e não apenas um polivalente. Com que recursos nós manteremos essa fase?

– Minha filha, Deus passa e fala.

Diante de tamanha fé, a direção da escola sabe que deve providenciar a parte prática. Da graça divina cuida o Carmelo.

Os pais seguem cobrando:

– De que maneira nossos filhos vão voltar novamente aos velhos colégios? Não há jeito. Eles sabem que a escola aqui é diferente...

Como a fé move montanhas, no dia 11 de dezembro, aniversário da priora, ela recebe uma doação de presente. Entrega todo o dinheiro para o corpo diretivo da escola tomar providências e começar a funcionar em um mês. Assim acontece.

Começa o Ensino Fundamental II. E, na medida em que as necessidades aparecem, a madre articula outras ajudas. Para o próximo mês, é sempre "esperar a Providência Divina", nas palavras da priora. E assim passa o ano seguinte.

Em 2009, Frei Betto faz uma campanha junto aos amigos e, com essa arrecadação, a direção da escola passa os anos de 2009 e 2010. No mesmo ano, o dominicano fala com Cássio Cunha Lima, governador do Estado, que envia o secretário de Educação até a escola. Quando a parceria para o pagamento dos professores está para sair, o governador é cassado e, em 2010, assume José Maranhão. A sensação da equipe é de nadar, nadar e morrer na praia.

Outro contato de amigos e o governador encaminha uma comissão de Ação Social – não mais da Educação –, que reinicia o mesmo processo. Vem o período eleitoral e as negociações param. O homem perde a eleição e entra outro. Começa tudo novamente...

A crise de falta de recursos se aprofunda mais. Aí, a escola já tem mais de cento e cinquenta alunos... Hoje, quase trezentos, uma lista de espera de mais de cento e cinquenta crianças e adolescentes. Sem verbas, não há como acolher essas pessoas, por falta de ajuda financeira.

No início, os alunos são do entorno do Carmelo e podem vir a pé. Agora, com a ampliação de vagas para atender oito comunidades e as crianças dos conjuntos habitacionais da periferia de Bananeiras, não é mais possível ficar sem transporte. Então, enquanto a ajuda pública não chega, alguns pais pagam os motoristas que fazem o transporte dos alunos.

Na parte de formação do aluno, a escola parte do princípio de que o indivíduo precisa primeiramente estar bem consigo mesmo, conhecer a si mesmo, para que o aprendizado tenha conexão com o seu ser. Para isso, tem o apoio de um teólogo e um filósofo, que trabalham a dimensão espiritual, não só dos alunos, mas de todos os que fazem parte da escola, para que entendam que os ensinamentos de Jesus são essenciais a uma vida plena e feliz, que o ser humano é e se faz de valores cristãos.

Para o desenvolvimento da dimensão humanística há a participação de duas psicólogas, voluntárias no trabalho. Nesse contexto, então, é trabalhado o ser humano em sua dimensão biofísica, espiritual e psíquica.

O telecentro funciona com o apoio de uma empresa de informática, que disponibiliza o provedor de internet e tem o trabalho voluntário de um instrutor. As crianças e funcionários têm aulas de informática e acesso à internet como fonte de pesquisa e, além disso, a comunidade recebe cursos básicos de informática.

A direção da escola procura ainda uma parceria com a Universidade Federal da Paraíba, através do *campus* em Ciências Agrárias, para desenvolver o projeto de horta educativa que envolverá a escola e a comunidade.

A diretora observa:

– A escola tem sido um espaço integrador, que traz a filosofia do amor gratuito, que acolhe todos como filhos de Deus muito amados. Quando olhamos para trás, já vemos um grande avanço nesse novo fazer; mas, à frente, há ainda uma longa missão.

Trabalho elogiado

Sem verbas asseguradas pelo poder público, os amigos garantem a continuidade da escola. Mesmo com toda a dificuldade, o projeto é elogiado por educadores de prestígio.

O ano de 2011 é de muita crise porque, novamente, falta dinheiro.

A rede de educadores da Educação do Campo do Brejo Paraibano promove, então, um seminário e chama a escola para apresentar suas realizações no evento. Na oportunidade, a direção mostra as atividades que desenvolve na educação do campo ao antropólogo e educador Carlos Rodrigues Brandão. A reação dele é animadora. Abre o discurso assim:

– O Rubem Alves precisa vir a Bananeiras conhecer a Escola do Carmelo, como é conhecida, para reescrever a história da Escola da Ponte, desta vez com uma escola do interior da Paraíba.

Ele se refere a um texto do escritor, psicanalista, educador e teólogo brasileiro Rubem Alves, que conta a experiência de conhecer a famosa escola portuguesa:

> Contei sobre a escola com que sempre sonhei, sem imaginar que pudesse existir. Mas existia, em Portugal... Quando a vi, fiquei alegre e repeti, para ela, o que Fernando Pessoa havia dito para uma mulher amada: "Quando te vi, amei-te já muito antes".

A instituição de ensino portuguesa fica em São Tomé de Negrelos, a 30 quilômetros da cidade do Porto, tem um ensino de excelência, e é um marco pedagógico de diferenciação em relação à escola tradicional. Com mais de trinta e cinco anos de tradição, a Escola da Ponte é baseada no tripé de valores: solidariedade, autonomia e responsabilidade. É uma instituição estudada e admirada, além de uma das mais importantes referências em educação básica em todo o mundo.

E o educador Brandão, ao tomar conhecimento de como e o que se ensina na Escola do Carmelo, ainda enfatiza:

– Admiro como conseguem fazer todo esse trabalho na escola, com a escassez de recursos e com o quadro funcional que têm. Na Escola da Ponte, o governo investe, há todos os recursos disponíveis necessários para o desenvolvimento do trabalho, os alunos são selecionados e os professores são qualificados. Aqui, vocês não têm nada disso, não dispõem dos recursos necessários para o desenvolvimento da proposta educativa. Sem falar que os alunos são crianças, em sua grande maioria, campesinas, de baixa renda, e os professores têm até a graduação. É um empenho admirável!

Em uma conversa com Brandão, no término do seminário, ele propõe um Encontro de Educação em Bananeiras, com a presença dele, de Frei Betto e de outros amigos do Carmelo, em benefício da escola. Assim, entre os dias 22 e 24 de agosto de 2012, é realizado o Encontro de Educação da Escola do Carmelo, com a parceria da Universidade Federal da Paraíba (UFPB). Nas palestras estão presentes Carlos Rodrigues Brandão, Frei Betto, Antônio Bogado (professor da PUC/Rio), Lúcia Ribeiro (socióloga/Rio), Eduardo D'Amorim (educador marista), Ana Gusmão (educadora popular/Recife) e diversas ONGs do Estado, como a Casa Pequeno Davi, Aldeias Infantis SOS, Casa dos Sonhos, Apoitchá, ONGIFA, Amazonas, Projeto Beira da Linha, Escola Viva Olho do Tempo, AJAC, NEI, Roda de

Leitura. Além das palestras, o encontro tem rodas de conversas, trocas de experiências e traz como foco de discussão a busca por uma educação mais humanizada e humanizadora.

Apesar dos elogios e esforços dos palestrantes que participam do encontro, as dificuldades financeiras continuam. Nova reunião com o secretário de estado da Educação para tentar a parceria com o governo, visando ao pagamento dos professores, a necessidade mais urgente.

Depois de dois meses e nada de solução, o jornalista Chico Pinheiro, do grupo de amigos do Carmelo, volta a campo e fala diretamente com o governador do Estado. Ricardo Coutinho envia a secretária da Educação para fazer a parceria escola-governo estadual.

Nesse meio-tempo, a priora telefona diretamente ao então ministro da Educação, e consegue falar com ele. Aloísio Mercadante explica:

– Madre Teresinha, o Ministério da Educação não tem como repassar verbas de seus programas diretamente para a escola. O caminho é obter uma parceria com o governo estadual, para alguns tipos de despesas, e com a prefeitura local, para outros.

O "caminho das pedras" está dado pelo ministro, o problema é caminhar nele. Novo período eleitoral, e agora, muda o prefeito de Bananeiras.

A diretora da escola não dá trégua. Escreve ao governador pedindo que o Estado assuma os educadores, professores e funcionários – as necessidades mais gritantes. As outras são verbas para transporte, quadra de esporte coberta, merenda escolar, material didático e pedagógico, manutenção do espaço físico etc.

Chico Pinheiro volta a ligar para o MEC e o ministro Mercadante telefona ao governador da Paraíba. Então, a secretária de Educação, professora Márcia Lucena, vai até Bananeiras e, em uma reunião na Escola e no Carmelo, com a presença da prefeita à época e do prefeito eleito, Douglas Lucena, assume o compromisso de ajudar a escola. Isso porque alguns recursos são repassados pela prefeitura.

Até ali, os governos municipais anteriores não haviam percebido a escola como algo a contribuir com a educação do município, mas sim como uma instituição que tira verbas da prefeitura, já que cada criança que vem para a escola rural Nossa Senhora do Carmo é um aluno a menos na rede municipal e, por consequência, uma verba a menos que a prefeitura recebe.

Inclusive, em tentativas anteriores de parceria com o município, as autoridades locais diziam que só haveria verba se a escola funcionasse como um anexo do município. Na prática, o que os políticos querem é municipalizar a melhor escola da cidade, construída com tantos esforços por parte do corpo docente, funcionários e alunos, para ganhar dividendos políticos.

A entidade mantenedora não aceita, pois a característica de escola filantrópica é ser uma instituição dissociada da municipalização, apta a desenvolver um método pedagógico que inclui valores como a autonomia, solidariedade e responsabilidade.

Começa o ano de 2013 e as pressões de Frei Betto e Chico Pinheiro continuam, até que nova reunião é feita com as secretárias da Educação estadual e municipal. O objetivo é assinar convênios para liberar as verbas para pagamento de professores.

Situação insustentável – a escola aguenta?

O ano de 2013 começa com uma interrogação... A Escola Nossa Senhora do Carmo vai fechar por falta de recursos?

Ninguém acredita nisso. É preciso redobrar esforços para que as parcerias sejam firmadas e os repasses comecem com o máximo de brevidade. Afinal, os objetivos precisam tornar-se realidade.

Vale contar porque o professor Carlos Rodrigues Brandão ficara tão encantado com a escola. É que, após a preparação inicial dos professores, em conjunto com os alunos adultos, as linhas pedagógicas e de formação humana definidas são baseadas em Paulo Freire. O método proposto pelo educador sugere construir o ensino não *para* os sujeitos, mas *com* eles. A partir dessa premissa, tudo na escola é feito numa construção coletiva baseada em três pilares:

1. Ensino acadêmico, cognitivo, como em qualquer escola.

2. Preocupação com a pessoa humana. Conhecer o sujeito, sua história de vida, os valores que o cercam. Entender a multidimensão – consciente e inconsciente – de cada um e a importância de olhar o aluno com essa percepção.

3. Espiritualidade, mas sem a conotação religiosa, e sim na grandeza humana da afetividade, do amor gratuito, do pertencimento. A ideia é sempre ter a percepção de despertar nos alunos uma visão de serem parceiros e agentes das transformações ocorridas.

Nessa perspectiva, os pais são convocados para construir a proposta pedagógica. Eles colocam o que desejam ver ensinado, os filhos dizem o que gostariam de aprender e a escola soma isso à base comum exigida de todas as escolas.

Uma característica levada em conta na hora de definir o tipo de aprendizado é ressaltada pela diretora da escola:

> Os pais pedem sempre o ensino dos valores humanos. Então, abordamos os valores pedagogicamente. A cada ano escolhemos um tema. Em 2012, os pais, alunos e funcionários escolheram o valor da solidariedade. E assim, passamos o ano vivenciando a solidariedade dentro da escola, quais ações solidárias já são desenvolvidas, quais precisam ser incluídas etc. Trabalhamos o primeiro bimestre refletindo e pondo em prática esse valor com o foco para a escola, com atitudes de como dividir..., ajudar o colega em suas dificuldades, dividir o material com o colega, não usar palavrão, e daí por diante... No bimestre seguinte, o tema fora a solidariedade na família. A partir de encontros pedagógicos entre os pais, alunos e a escola, nós identificamos que ações solidárias a família já desenvolve e quais precisam ser construídas. Por exemplo, auxiliar os pais nas tarefas domésticas, aumentar o dialogo familiar etc.
> Em seguida, no terceiro bimestre, o olhar é ampliado. Da escola e da família em direção à coletividade. Como exercer solidariedade com a comunidade. Que ações já existem e quais precisam passar a existir. Aí, é trabalhada a questão do meio ambiente, coleta do lixo etc.

A área rural de Bananeiras passa por mudanças, nos últimos anos, com a chegada dos condomínios de luxo. Pela divulgação da mídia, a cidade passa a ser um lugar de muita procura para descanso, pelo clima serrano que tem. Muitos condomínios estão sendo construídos para atender à demanda, em sua grande maioria, na zona rural. O entorno da escola, outrora só campo de pastagem ou de uso para a agricultura familiar, agora está se transformando em espaço para condomínios de luxo. Com toda essa metamorfose, a escola passa a se preocupar com a nova realidade.

Os pequenos agricultores da região começam a vender suas terras pela idealização de uma vida melhor, sem imaginar ou ter a noção de que, na verdade, estão vendendo sua identidade de camponês.

Simultaneamente, os condomínios vão sendo construídos, sem preocupação em realizar projetos integrados com os impactos ambientais. Assim, o lixo de construção é despejado ali mesmo, no campo. Acrescido a isso, a falta de uma coleta frequente do lixo na área rural leva à queima de resíduos no perímetro campesino.

Diante de toda essa constatação, a escola se reúne para desenvolver um trabalho de conscientização sobre esses aspectos, com encontros, palestras, vídeos e oficinas.

Com esse olhar, no quarto bimestre a escola toda trabalha a questão do lixo e meio ambiente. O próximo passo será a reabertura da Associação Comunitária de Chá de Lindolfo.

Essa entidade é importante porque a nova realidade começa a tomar conta da região rural. Os pequenos produtores, que vivem da agricultura de subsistência, como dito, estão se desfazendo de seus sítios por falta de valorização do homem do campo. Com isso, vendem suas pequenas propriedades, de onde tiram o sustento, perdem a sua identidade e se colocam em situação de risco. Daí a necessidade de reabrir a associação de agricultores para refletir sobre a situação.

Na campanha eleitoral de 2012, a Escola Nossa Senhora do Carmo foi a única escola a convocar todos os candidatos a serem ouvidos.

A diretora continua:

> A comunidade entende que não adianta trabalhar o assunto meio ambiente, se não tem coleta seletiva. Então, vamos a todas as vilas, discutimos sobre o lixo dentro da escola, nas comunidades (alguns alunos têm pais catadores), realizamos oficinas nas comunidades e focamos, ainda, na ação da prefeitura. A região tem inclusive comunidade feita sobre o lixo... E agora, após a conscientização, as pessoas querem saber quais providências serão tomadas... De um lado, fica o lixão, de outro, os condomínios. Então, toda essa integração com os valores vai formando uma nova percepção da realidade por parte dos alunos. Isso ajuda a discernir o que acontece em volta e como resolver os desafios que aparecem.

Até o momento, a escola caminha com a ajuda do Município e do Estado. A prefeitura se compromete a ajudar na merenda escolar, no transporte e assumirá sete funcionários. Os benefícios estão chegando, porém, ainda falta pôr em execução o convênio. Quanto ao Estado, a primeira das onze parcelas pagas em maio de 2013 vem de uma negociação iniciada em novembro do ano anterior. Porém, os convênios são temporários, e mesmo com a chance de renovação, fica a incerteza, principalmente, com as mudanças de governo em novas eleições.

Mesmo com a ajuda dos novos parceiros, Estado e Município, ainda não é possível assinar a carteira profissional e pagar um salário digno para os professores. Há a possibilidade de transformar a escola numa cooperativa educacional, mas ninguém sabe se é a melhor solução para os professores, que sonham com suas carteiras assinadas e um salário que chegue ao teto pago no Município.

E ainda sobra para o Carmelo pagar o 12º e 13º salários, bem como todos os encargos sociais, água, luz, manutenção do prédio, de equipamentos, mobiliário e demais despesas para o funcionamento da escola. A situação, por enquanto, é duvidosa. Para se ter uma ideia, só com alimentação os gastos anuais foram de R$ 65 mil em 2012.

É preciso achar uma solução para fechar as contas...

Luta pela escola modelo

Os pilares da Escola Nossa Senhora do Carmo incluem, além da formação pedagógica, um olhar para a educação humana, espiritual e técnico-educativa. A ideia é formar homens e mulheres do campo na íntegra.

Na área pedagógica, os estatutos definem que a instituição deve:

- oferecer educação básica com um excelente nível de aprendizagem nos níveis Infantil e Fundamental;
- potencializar o uso do telecentro, com o objetivo de ser um instrumento eficaz de inclusão social e digital, com a oferta de cursos para os alunos e a comunidade;
- realizar cursos profissionalizantes como trabalhos manuais, corte e costura, entre outros, para proporcionar geração de renda às comunidades circunvizinhas;
- fazer hortas comunitárias, com o objetivo de partilhar as experiências do trabalho no campo, agregar renda com base nos princípios de economia solidária e desenvolvimento sustentável;
- criar alternativas de incentivos às crianças e aos jovens na cultura, música e nas artes em geral, com o objetivo de educá-las para a solidariedade, tanto no plano humano como no plano espiritual;
- construir um ginásio poliesportivo, que atenda às necessidades da escola, e de seu entorno, como um espaço de lazer para o povo simples do campo;

- construir uma nucleação infantil, pois, atualmente, as atividades são desenvolvidas com todos os alunos juntos (grandes e pequenos), em um mesmo espaço e estrutura.

Com relação à formação humana, a Escola do Carmelo tem uma abordagem interdisciplinar que provoca a consciência do sujeito em relação a seu processo. Essa atuação visa promover o resgate e fortalecimento dos valores que proporcionam bem-estar e a socialização na escola, na família e na comunidade. Além disso, possibilita que o aluno do campo adquira a consciência crítica de ser e estar no mundo, de conviver com a diversidade socioeconômica e cultural de forma harmônica. A partir daí, a criança passa a atuar como agente transformador do meio, e participa na prática do exercício da cidadania.

Desde o início da escola, a formação humana é oferecida através de encontros mensais, para o corpo docente, discente, demais funcionários e pais. A formação humana é uma construção coletiva de toda a escola, a partir dos encontros mensais entre o corpo docente, discente, pais e demais funcionários. Nesses encontros todos discutem e avaliam os processos, as práticas, as ações, os comportamentos e se propõem metas a serem atingidas.

Além da atuação pedagógica e humanística, a escola também trata da formação espiritual voltada a uma visão cristã e aberta ao ecumenismo. O objetivo é que os alunos partilhem do conhecimento religioso plural, como caminho para uma vida centrada no amor ao próximo, na solidariedade, no bem comum e no resgate da autoestima.

Essa formação espiritual se dá nos encontros com o corpo docente, discente e demais funcionários, sob o acompanhamento de um coordenador pedagógico e do filósofo ou teólogo.

Além disso, há o encontro mensal para os pais, visitação nas casas dos lavradores e missas.

Para completar o ensino que a instituição propõe, há ainda uma preocupação de ligar o que é ensinado à vida do aluno, que haja relação com sua realidade. A ideia é que todo o processo educativo parta do cotidiano do aluno, dê fundamentação para ele ampliar os conhecimentos e fazer uma intervenção local.

No futuro, se o poder público comparecer, a ideia é fornecer uma formação técnico-educativa que seja voltada para atender as reais necessidades das crianças, jovens e adultos lavradores. Ela abrangerá a família como um todo, ao integrar a experiência prévia do aluno ao que ele precisa adquirir para aperfeiçoar sua prática. Além disso, ao obter novos conhecimentos, ele será capacitado e formado para a vida no trabalho, na perspectiva de conseguir um desenvolvimento sustentável.

A Escola Nossa Senhora do Carmo oferece no período diurno cursos de Educação Infantil (níveis I e II), para crianças de 4 a 6 anos, e Ensino Fundamental, nos níveis iniciais e finais, para crianças e adolescentes de 7 a 15 anos. No período noturno, Educação de Jovens e Adultos, para os lavradores. Nos dois turnos é fornecida alimentação para todos.

O prédio tem oito salas de aula, outras três em construção, sala de leitura, telecentro com dez computadores, refeitório, cozinha, salão de convivência e área de lazer. Trabalham ali dezenove professores, um coordenador pedagógico, uma diretora, uma vice-diretora e sete funcionários.

Essa visão dos educadores de formação do ser humano em sua totalidade permite treiná-lo como um todo, não só do ponto de vista físico e espiritual, mas também humanístico.

A perspectiva é sempre ter uma abordagem multidimensional para preparar pessoas em harmonia com a vida.

Os primeiros resultados práticos são sentidos pela direção da escola quando há a segunda formatura da turma, e aparecem na festa os colegas que receberam o diploma no ano anterior.

A direção aproveita a oportunidade para saber como os alunos que concluíram o ensino na Escola do Carmelo estão se saindo em suas novas escolas. Convidados para um encontro, a maioria comparece. Um momento muito importante para todos, porque, além da matar as saudades, a direção pode aferir qual o legado da escola na vida deles, como está sendo a nova realidade escolar e quais as dificuldades sentidas.

– Tia, lá é cada um por si. Ninguém quer saber da dificuldade do outro.

– Professora, pensa que lá há alguém capaz de um gesto de solidariedade? Que nada...

– Pensa que há um colega que seja para nos escutar? Professor, então, nem pensar. Reunião para críticas e sugestões? Também não.

Uma rodinha de antigos alunos se forma e começa a pressão:

– Precisamos do Ensino Médio aqui para termos chance profissional e pessoal no futuro. Lá, não tem solidariedade, não temos amigos, só vale a competitividade. Ninguém compartilha nem divide nada. Mentalidade de grupo, comunidade, nada disso existe lá.

– Sabe uma coisa de que tenho certeza? O que aprendi aqui servirá para o resto da vida. Hoje sei o que pode ou não, os limites que cada um de nós tem, e que a gente não pode ter tudo que quer.

– Temos que ter o Ensino Médio aqui na escola, professora. Assim, a gente não precisa ir para esses outros colégios. A gente tem saudade dos encontros com os pais, psicólogos, ginecologistas e outros médicos. Eles ouviam os nossos problemas, ensinavam coisas de muitas áreas da vida... Em tudo havia muito carinho... Se tivesse o Ensino Médio, todos nós iríamos voltar a estudar aqui...

A direção desconversa... Afinal, não há verba garantida nem para manter o que já existe...

Por outro lado, a diretora percebe, apenas com essas conversas rápidas, que os adolescentes sentem falta de uma educação onde sejam os sujeitos do processo educativo. Um pouco daquilo que Paulo Freire tão bem delineia sobre a escola.

Na Nossa Senhora do Carmo, o aluno, o professor, o diretor, o pai, cada funcionário é visto como um ser humano. A escola não deve ser um espaço só para aprender a ler e escrever. A escola é, sobretudo, um espaço de camaradagem, de construção de amizades e local de escuta.

Esta constatação dá ao corpo diretivo a certeza de que o ensino proposto é importante na formação dos alunos e está no rumo certo.

Olhar de esperança

A Escola do Carmelo já aplicou os recursos necessários à edificação, equipamento e mobiliário. Como contrapartida, há por parte da diretoria a clareza da necessidade de batalhar pelos recursos humanos, merenda escolar, material pedagógico e de expediente, além da manutenção da estrutura para o bom funcionamento da Nossa Senhora do Carmo.

Como explicado anteriormente, o Município se comprometeu a ajudar assumindo sete funcionários, uma parte da alimentação escolar e o transporte. A merenda e o transporte já estão regulares. Os funcionários aguardam a formalização do convênio municipal, ainda em processo.

Nessa perspectiva, embora as dificuldades sejam muitas, as pessoas envolvidas jamais perdem a esperança e o desejo de construir uma nova escola. A cada desafio, vem a certeza de um Deus que se faz presente em cada momento e mostra sempre sua face diante da paixão e ressurreição vivida por ele e revivida por todos.

A diretora comenta:

> A certeza da vida nova é a força que nos impulsiona a seguirmos em frente e não desanimarmos, pois sentimos muito forte a vontade de Deus em cada trabalho realizado dentro da escola. Dizem que sonho que se sonha só é só um sonho, mas sonho que se sonha junto torna-se realidade. Daí, a necessidade de ter parcerias para concretizar esse projeto que tem como meta trabalhar o educando em sua inteireza.

Para desenvolver a realidade da escola nova, são necessários recursos financeiros. Por isso, são muito bem-vindos novos colaboradores que ajudem a tornar cada dia mais concreto esse ideal que serve como porta de acesso do povo simples ao Reino de Deus.

Você, leitor, que acaba de conhecer a Escola Nossa Senhora do Carmo, pode ajudar esse sonho a se tornar realidade para outras centenas de crianças e adolescentes campesinos. Entre em contato e saiba mais.

Escola Nossa Senhora do Carmo
Sítio Monte Carmelo – Morro da Graça
Zona Rural – Bananeiras (PB) – CEP 58220-000
E-mail: <enscbans@yahoo.com.br>

Anexo I
Memória de Juiz de Fora

1. **Carta das irmãs fundadoras do Carmelo de Juiz de Fora a Dom Vital, Prefeito da Sagrada Congregação para os Religiosos**

Juiz de Fora, 1º de dezembro de 1981
Exmo. Rev. Cardeal Eduardo Pirônio
DD. Prefeito da Sagrada Congregação para os Religiosos

Eminência,

Com muita confiança e amor à verdade, vimos à presença de V. Ema. humildemente expor com detalhes o que vem acontecendo com o nosso Carmelo do Sagrado Coração de Jesus, de Juiz de Fora, nestes três anos em que Dom Juvenal Roriz assumiu o governo da arquidiocese.

Dom Geraldo Maria de Morais Penido, hoje arcebispo de Aparecida, em São Paulo, nos 20 anos que nos acompanhou desde a Fundação sempre nos atendeu com paternal bondade, como pode constatar por alguns xerox de documentos que anexaremos ao relatório.

Em menos de três anos, Dom Juvenal, sem conhecer-nos, transferiu à Santa Sé a solução de um caso pendente que ele próprio poderia resolver.

Não sabendo como agir para defender-nos, não conhecendo também em que termos nós fomos julgadas, resolvemos enviar-lhe este relatório.

Com data de 27 de abril de 1981, endereçamos ao Santo Padre um pedido de transferência de nosso Carmelo, desta arquidiocese de Juiz de Fora para a diocese de Itaguaí. Recebemos por intermédio da Nunciatura Apostólica do Brasil, datada de 27 de julho de 1981, uma carta de V. Ema. comunicando-nos que "Este dicastério ha examinado cuidadosa e atentamente las razones aducidas por su Comunidad y también ha examinado com mucha atención toda la documentación recebida sobre este asunto. Depois de madura reflexión este Dicastério cree que el Monastério Sagrado Coração de Jesus, perteneciente a La Ordem de Carmelitas Descalzas, debe permanecer em sua actual diocesis de Juiz de Fora".

Depois de muita oração e reflexão, tomamos a liberdade de recorrer novamente a esta Sagrada Congregação, convencidas da impossibilidade de vivermos em paz nosso ideal de monjas contemplativas em Juiz de Fora, uma vez que o motivo essencial que nos levou a fazer aquele pedido, e que, por delicadeza de consciência ocultamos para não macular a imagem de Dom Juvenal Roriz diante desta Sagrada Congregação, era a incompatibilidade de convivência que se estabeleceu entre o Sr. Arcebispo e nós, além dos apresentados:

• Saúde das irmãs;

• Problema vocacional;

• Acolhimento do bispo de Itaguaí, nosso irmão na Ordem.

Essa incompatibilidade, oriunda de fatos complexos, se patenteará através da leitura do relatório que agora anexamos a esta carta.

Rogamos, então, à Santa Sé Apostólica uma benigna reconsideração da decisão tomada e consequentemente a licença de transferir o Carmelo daqui para a diocese de Itaguaí, onde, sob a vigilância de Dom Vital Wilderink, bispo muito

competente e homem de oração, possamos num clima de paz e tranquilidade desenvolvermos a nossa vida de oração de acordo com as normas e decisões eclesiais e segundo os desígnios de Santa Teresa, nossa mãe, para o bem da Igreja.
Pedindo o beneplácito deste Sagrado Dicastério, imploramos uma bênção especial.
Assinam:
Madre Teresa de Jesus, o.c.d. – priora e fundadora
Irmã Teresinha do Menino Jesus, o.c.d. – 1ª conselheira
Irmã Maria da Glória, o.c.d. – 2ª conselheira
Irmã Maria de Lourdes, o.c.d. – 3ª conselheira
Irmã Rosa Branca do Coração de Maria, o.c.d.
Irmã Maria Clemencia do Bom Pastor, o.c.d.
Irmã Maria Amada do Coração de Jesus, o.c.d.

[Obs.: A resposta da "patente" demorou tanto que, quando chegou, dez meses depois, Madre Teresa de Jesus já havia falecido.]

2. Cartas de apoio dos amigos do Carmelo

21/06/1982

> Um amigo fiel é uma poderosa proteção.
> Quem o achou, descobriu um tesouro.
> (Eclo 6,14)

Querida Madre Teresa,
A paz de Deus nos guarde sempre!
Recebi sua carta e esperava a chegada dos documentos.
... Verifico que nosso Carmelinho passa por uma grande provação que só pode resultar em graças e benefícios para a

comunidade. O que conforta é verificar o apoio de pessoas categorizadas que não hesitaram em dar por escrito testemunhos importantes.

Nosso Carmelinho foi pregado à cruz com Cristo. E essa cruz só pode trazer para ele as riquezas que a cruz trouxe para a humanidade, ainda mais que, de todas as formas de vida contemplativa, é a que mais se preocupa com a humanidade ainda fora da família de Deus.

Não é Santa Teresinha a Padroeira das Missões, ela que tanto desejava ser uma missionária de Cristo para a terra toda e para todos os tempos? E sei que o Carmelo de Juiz de Fora, desde sua fundação, teve a preocupação de atender a jovens, adultos e idosos que aí encontraram não só uma casa de oração, mas também uma casa de acolhimento, de aconselhamento, de apoio espiritual, de compreensão e de verdadeiro amor.

Como é que a Congregação dos Religiosos não leva em conta isso tudo e o relatório minucioso e documentado que recebeu? ... Faz lembrar a própria história de São João da Cruz, perseguido por seus próprios irmãos, irmãos de hábito influenciados por preconceitos antievangélicos.

Por isso, querida Madre Teresa e todas as minhas enteadas que tanto prezo, agarrem-se com o Cristo na cruz, pois a ressurreição não tarda! A Mãe do Carmelo e o grande São José, tão presentes no começo da vida carmelitana descalça, estão agora muito presentes também nesse Carmelinho, o mais preocupado do Brasil em acompanhar a vida da Igreja pós-Vaticano II na sua abertura para o mundo de hoje.

E se, a exemplo de Cristo no alto da cruz, querem tirar de vocês até a túnica inconsútil para ser repartida entre os algozes de sua morte, não tenham receio, pois a nudez total de Nosso Senhor foi ocultada aos olhos do mundo pelas trevas que o envolveram. O despojamento total foi a condição para sua morte salvadora seguida pela ressurreição, prova cabal de sua vitória!

"Tua vitória onde está, ó morte?"

Querida Madre Teresa, é assim que estou vendo o momento difícil que vive nosso Carmelinho. Deus está com vocês! Confiança! Aguardem o terceiro dia, cheio de LUZ, de ALEGRIA, de AMOR.

Tenham certeza de minha união nessa fase penosa... como quero estar unido para cantar as aleluias da ressurreição!

O "padrasto" que as ama profundamente em Cristo,
Frei Domingos Maia Leite

***

Juiz de Fora, 20/08/1981

Ao Exmo. e Rvmo. Sr. Cardeal Eduardo Pirônio
DD. Prefeito da Sagrada Congregação para os Religiosos e Institutos Seculares
Piazza dei S. Ufficio 00193
ROMA – Italia

As minhas relações com o Carmelo Sagrado Coração de Jesus, de Juiz de Fora, datam de sua fundação, isto é, do ano de 1958. Sendo provincial dos dominicanos naquela época, e visitando mensalmente nossa escola apostólica, que era vizinha do Carmelo, assisti ativamente aos primeiros anos de vida das Carmelitas em Juiz de Fora: as dificuldades de sua implantação e o grande fervor que as animava.

Seus ingentes sacrifícios foram abençoados por Deus, pois, com o tempo, o Carmelo se transformou num dos lugares mais procurados da cidade por aqueles que desejavam uma vida cristã mais intensa e mais profunda.

Desde a sua fundação até hoje, o Carmelo de Juiz de Fora tem sido uma testemunha viva do Evangelho. Em janeiro deste ano, fui novamente eleito provincial dos dominicanos. Os deveres de meu ofício me obrigam a vir a Juiz de Fora todo mês, pois aqui fica nossa casa de noviciado. Retomei assim contatos mais frequentes com o Carmelo.

Pude, então, constatar que ele vive uma situação nova. Já plenamente construído, não perdeu seu antigo fervor, mas evoluiu na sua compreensão da vida contemplativa. Evolução que, a meu ver, se enquadra perfeitamente na linha de evolução da Igreja em toda a América Latina.

Premido, todavia, por dificuldades diversas, inclusive com o arcebispo de Juiz de Fora, o Carmelo decidiu mudar-se para Itaguaí, tendo para isso a aprovação entusiasta do bispo daquela diocese.

Vejo nesta decisão uma medida muito acertada e em consonância com a evolução por que passa o Carmelo. Posso testemunhar que esta decisão não obedece a um desejo de novidade nem de um relaxamento espiritual, nem ao medo de enfrentar as dificuldades existentes.

Esta decisão, tomada depois de muita reflexão e oração, é, sobretudo, fruto de uma aspiração a uma fidelidade ainda maior à vida contemplativa que leva em conta as opções da Igreja latino-americana. E tomo a liberdade de acrescentar que, no momento, as carmelitas não têm mais as condições indispensáveis, espirituais e psicológicas para permanecer em Juiz de Fora, de modo que a mudança para Itaguaí não é apenas aconselhável, mas absolutamente necessária a fim de que elas possam continuar na sua vocação religiosa e contemplativa.

Aliás, por que não respeitar e mesmo favorecer a decisão que elas tomaram como pessoas adultas e religiosas que são?

Eis, Senhor Cardeal, o que julguei de meu dever expor a Vossa Eminência a respeito deste doloroso problema do Carmelo de Juiz de Fora, onde as exigências da justiça humana e da caridade cristã nem sempre estão sendo obedecidas.

O servo em Cristo Nosso Senhor,
Frei Mateus Rocha, op
Prior provincial

3. Cartas de apoio dos bispos em apoio à mudança do Carmelo para Itaguaí

Dom Marcelo Pinto Carvalheira
Guarabira, 26 de agosto de 1981
Residência Episcopal Guarabira – PB
Revda. Madre Teresa de Jesus, ocd
Priora do Camelo do S. C. de Jesus, Juiz de Fora – MG

Prezada madre priora,

Tomei conhecimento do que vem ocorrendo nestes últimos tempos com o Carmelo de Juiz de Fora, que está sob a sua direção. Pelo relatório dos acontecimentos e, através de outras informações, como a carta do Frei Alano Porto de Menezes, op, formei meu juízo inteiramente favorável às irmãs.

Creio que uma casa contemplativa feminina merece acompanhamento respeitoso e fraterno, no espírito de Jesus Cristo e de seus servidores, São João da Cruz e Santa Teresa. Porém, parece-me inadmissível uma atitude arbitrária, inquisitorial e desrespeitosa para com uma comunidade de mulheres consagradas que, mesmo com as falhas inevitáveis a qualquer grupo humano na Igreja, tem que encontrar seu caminho próprio dentro de sua vocação específica.

Declaro-me a favor da transferência das irmãs desse Carmelo para a diocese de Itaguaí. Na verdade, o bispo diocesano, Dom Vital Wilderink, da Ordem Carmelitana, possui as qualidades para um devido acompanhamento das irmãs, com a instalação do Carmelo na sua diocese. Penso mesmo que essa medida viria tirar as irmãs da presente aflição e dar-lhes ânimo para continuarem sua missão na Igreja, na comunidade contemplativa, dentro do contexto de renovação pós--conciliar, sobretudo, em nosso continente latino-americano.

Unido na oração, na Esperança do Reino de Deus, a ser iniciado em nossa história humana, subscrevo-me fraternalmente na Caridade do Senhor Jesus.

Dom Marcelo Pinto Carvalheira
Bispo da Região Episcopal de Guarabira

***

18/08/1981

De Dom Tomás Balduino, op
Bispo de Goiás
Diocese de Goiás
Para o Eminentíssimo Senhor Cardeal Eduardo Pirônio
DD. Prefeito da Sagrada Congregação dos Religiosos
Piazza Pio XII, 3
00193 – Roma
Italia

Eminência,
Escrevo-lhe a propósito do Carmelo Sagrado Coração de Jesus, de Juiz de Fora. Minas Gerais – Brasil. Conheço a dolorosa situação vivida, há três anos, por aquelas irmãs e conheço o testemunho evangélico que elas sempre deram. Preciso, pois, em consciência, dizer duas coisas a V. Ema:

1) Aquele Carmelo é profundamente fiel à Igreja. Seu exemplo tem irradiado fé e esperança sobre os fiéis, especialmente sobre os jovens que procuram aquela comunidade com um ponto de referência na sua busca de Deus.

Por conseguinte, um julgamento eclesiástico totalmente condenatório das irmãs, como o que já transpirou para muitos, será fatalmente visto como uma tentativa de fazer prevalecer o poder de dominação sobre reais valores evangélicos testemunhados por um grupo de fracas reclusas indefesas, com grave dano para elas e para quem as conhece e estima.

2) Aquele Carmelo é reconhecidamente pobre. O único patrimônio de que dispõe é o pequeno terreno em que o convento está construído. Por conseguinte, uma expropriação desse patrimônio, sobretudo executado pela autoridade eclesiástica, será interpretada como o extrair a gota d'água do deserto para jogá-la no oceano e dar sério motivo de escândalo para o povo fiel que, de longa data, vem apoiando com apreço e simpatia as irmãs em suas necessidades materiais.

Eis o depoimento, Eminência, que, como bispo e colegialmente corresponsável pelo bem de todo o Povo de Deus, tinha necessidade, em consciência, de fazer chegar até a Santa Sé.

Em comunhão pela edificação do Reino na Verdade e na Justiça, saúdo Vossa Eminência com veneração e fraterna amizade.

Dom Tomás Balduino, op
Bispo de Goiás.

***

20/08/1981

De Dom Clemente José Carlos Isnard
Bispo de Nova Friburgo – RJ
Diocese de Nova Friburgo
Para o Eminentíssimo Senhor Cardeal Eduardo Pirônio

DD. Prefeito da Sagrada Congregação para os Religiosos e Institutos Seculares

Senhor cardeal,

Respeitosas saudações,

Tomo a liberdade de juntar minha voz à daqueles que pedem a Vossa Eminência a liberdade para as Carmelitas do carmelo Sagrado Coração de Jesus, em Juiz de Fora, poderem se transferir para a diocese de Itaguaí.

Não posso entrar no merecimento da questão, pois não ouvi o senhor arcebispo de Juiz de Fora. Meu pronunciamento não mede culpas ou razões, mas apenas expressa um respeito pelo direito que as irmãs têm de transferir seu Carmelo para outra diocese e de levar consigo seu patrimônio. Já que o bispo de Itaguaí as aceita em sua diocese, como me falou expressamente pelo telefone, não vejo por que prendê-las contra a vontade na arquidiocese de Juiz de Fora.

Acredito que o conflito, que se torna evidente pelos documentos que me foram comunicados, aconselha a transferência. Não edificará a Igreja local um conflito desta natureza em que as duas partes terão quem as aprove.

Quanto ao patrimônio, como o Carmelo deve gozar de personalidade jurídica civil, parece ser de direito que acompanhe a comunidade em sua transferência. Continuará na diocese de Itaguaí sob a vigilância de um bispo.

Agradecendo sua bondosa atenção, me subscrevo

servo em Jesus Cristo

† Clemente José Carlos Isnard OSB
Bispo de Nova Friburgo

***

26/08/1981

De Dom Lelis Lara
Bispo auxiliar da diocese de Itabira – MG
Do III Vicariato Episcopal
Diocese de Itabira – MG

Ao Cardeal Pirônio

Quando cheguei a Juiz de Fora, estava iniciando a vida do Carmelo Sagrado Coração de Jesus. De modo que convivi doze anos com o Carmelo.

Era a época do II Concílio do Vaticano. E o Carmelo, com todo o fervor, procurou entender os sinais dos tempos. Admirável ouvir as monjas (muitas delas já idosas) falar de renovação, de novo Pentecostes, de transformação do mundo, de volta à pureza das origens...

Posso atestar que o Carmelo Sagrado Coração de Jesus desde o início foi um lugar de refúgio, um oásis restaurador de forças, um lugar de refrigério, um grande confessionário, um "pronto-socorro" espiritual.

As irmãs sempre viveram na maior pobreza e austeridade. Levaram sempre a sério a vida contemplativa encarnada na realidade, isto é, vida de oração sobre a realidade do mundo, procurando sempre a assessoria de pessoas competentes, como seus capelães, os dominicanos e, mais recentemente, Dom Vital Wilderink, oc.

Creio que, a estas alturas, o mais sensato seria transferir o Carmelo para Itaguaí, onde Dom Vital, religioso da mesma Ordem, seria a pessoa mais indicada para dar às irmãs a devida assistência e acompanhamento.

Queira Deus que as irmãs possam viver em segurança e tranquilidade sua vida de contemplação, continuando o Carmelo a ser "pronto-socorro" espiritual, onde os aflitos desse mundo vão buscar luz e coragem para não serem vencidos pela vida!

† *Lelis Lara*
Bispo auxiliar de Itabira

***

11/09/1981

De Frei Alano Maria Pena
Bispo de Marabá – PA
Ao Eminentíssimo Revmo. Cardeal Dom Eduardo Pirônio
Prefeito da Sagrada Congregação para os Religiosos
C. Vaticano

Caríssimo irmão,

Fui informado, há dias, sobre a situação penosa e sofrida pela qual passa a comunidade do Carmelo do Sagrado Coração de Jesus, em Juiz de Fora, Minas Gerais.

Causou-me muito pesar esta notícia, e sinto-me no dever de consciência de manifestar a V. Eminência uma perspectiva de corresponsabilidade colegiada, meu pensamento e, mais do que isso, meu testemunho a respeito deste Carmelo.

Conheço-o desde a sua fundação, na época em que era ainda seminarista da Escola Apostólica São Domingos, em Juiz de Fora. O Carmelo ali chegou como uma semente de oração e caridade, em meio a uma pobreza verdadeiramente evangélica e cativante. Desde então, vem fazendo uma caminhada de inserção na vida do povo mais simples daquele bairro, como também aprofundando o espírito de renovação conciliar, buscando uma forma mais adequada de vida contemplativa a serviço do Povo de Deus.

Claro que tal caminho nem sempre foi "bem-visto pelos que pretendem mais a rigidez da instituição do que os apelos do

Espírito". E é nessa perspectiva que vejo toda a incompreensão e as reservas que já se tornam excessivas contra esta comunidade, impedindo-a, inclusive, de se desenvolver com novas vocações. Como religioso e como bispo, eu não posso deixar de prestar meu apoio integral ao Carmelo Sagrado Coração de Jesus. E solicito de V. Eminência que lhe seja assegurado o direito evangélico de buscar as condições de realização do seu ideal na diocese que está pronta para recebê-lo.

Certo de que seu coração de pastor e de irmão seja sensível às aspirações singelas e autênticas desta querida comunidade, coloco-me à disposição de V. Eminência para eventuais esclarecimentos nesse sentido.

Com fraternal sentimento de respeito e estima, subscrevo-me servo in Christo,

Frei Alano Maria Pena
Bispo de Marabá

***

11/09/1981

De Dom Luiz Gonzaga Fernandes
Bispo auxiliar de Vitória – ES
Ao Exmo. Revmo. Cardeal Eduardo Pirônio
Prefeito da Sagrada Congregação para os Religiosos e Instituições Seculares
Roma – Italia

Eminência,
Paz e alegria no Senhor!

Há muitos anos, tenho o prazer e a graça de me relacionar fraternalmente com o Carmelo do Sagrado Coração de Jesus, de Juiz de Fora. Não poderia dizer que acompanho de perto a vida do convento: as distâncias e afazeres múltiplos não me permitem. Contudo, sempre tive excelente impressão pessoal e as melhores informações sobre a vivência evangélica da comunidade.

Faz algum tempo, fui cientificado do propósito do Carmelo de se transferir para outra diocese. Houve, inclusive, cogitação no sentido de uma mudança para Vitória – ES. Acontece, porém, que outro grupo carmelitano agora mesmo se implanta entre nós. Firmou-se, então, a alternativa de Itaguaí, com total apoio e entusiasmo do bispo local.

Não gostaria – nem tenho condições – de entrar no mérito das razões últimas dessas decisões.

Pretendo aqui apenas rogar sua alta compreensão para com essa pequena comunidade, que sei muito sofrida e que julgo merecer as franquias da liberdade para buscar sua melhor realização. Ao meu modesto ver, nada mais legítimo, nada mais louvável.

Permito-me enviar cópia desta carta ao meu caríssimo irmão, arcebispo de Juiz de Fora, Dom Juvenal Roriz.

Rogando a caridade de suas preces, servo em Cristo Jesus,

Luís Gonzaga Fernandes
Bispo auxiliar de Vitória

4. Poesia de Clélia Jardim Casadio por ocasião do falecimento da Madre Teresa

Madre Teresa, estrela do amor

E se foi...
Seu brilho ofuscou os homens de pedra
Quebrou os tabus
Serrou os gradilhos
Abriu uma porta e seu coração

Viveu uma vida encerrada no ideal
Coloriu outras vidas descoloridas
Aconchegou os desesperados
Criou laços
Fez amigos
Deu seu recado

A luta foi árdua
A estrada penosa
Negra a noite
Frio o dia
Pesada a incompreensão

Enfim
É chegada a vitória
Para a casa por ela fundada
Porque a estrelinha do Carmelo amou
Amou muito
E os anjos disseram amém!

O seu sorriso singelo
Franco
Seguro
Fez da mulher que teceu com fios de doçura
A querida dos pobres e ricos sofredores

Mas eis que um anjo do Senhor a chamou
Ela estava triste demais
Sofria a dor dos humilhados

A profetisa estrela de nosso tempo
Brilha agora em prata nos céus brasileiros
Irradiando ternura
Gerando esperança
Fortalecendo a nossa fé

Canta o ofertório
Na doação de uma vida
Eleva em oração
Nossos anseios de paz
E na ressurreição que emerge da dor
Canta vitórias em Cristo Senhor

Juiz de Fora (MG), 29 de dezembro de 1982

5. Entrega da Comenda ao Carmelo

Juiz de Fora, 6 de junho de 1983

Dom Vital, querido amigo,
Paz e alegria!

Os "Amigos do Carmelo" de Juiz de Fora querem partilhar com o senhor a alegria, felicidade e, por que não dizer, ação de graças, intensamente vividas na manhã de 31 de maio, quando da entrega da Comenda Henrique Halfeld à nossa querida Irmã Teresinha.

Se a gente soubesse refletir, descobriria por trás desse título sinais da delicadeza do Pai, que não se deixa vencer em generosidades, do Deus justo que "depõe os poderosos de seu trono e eleva os humildes".

Os aplausos que encheram a sala, partindo, sobretudo, dos pobres e jovens (e, de passagem, mais "vibrantes" que os dirigidos ao governador de Minas), no momento em que a nossa carmelita era agraciada, se dirigiam a todo o Carmelo Sagrado Coração de Jesus. Dentro dele visualizamos cada irmã da comunidade, e principalmente, Madre Teresa de Jesus.

Comenda e aplausos foram precários símbolos humanos ao alcance do povo juizforano para externar a gratidão imensa por vinte e quatro anos de serviço, pelo testemunho do amor de Cristo concretizado em constantes orações, palavras afetuosas, sorrisos abertos, braços acolhedores, gestos de ternura... Só o contemplativo tem a resposta que satisfaz plenamente: "Água Viva" que ele busca no próprio Cristo para saciar todos os que o procuram.

A linda placa oferecida pelos ex-vizinhos do mosteiro constitui para nós uma lição de generosidade e sensibilidade fraterna. Quanto nós temos que aprender com os pequeninos!

Estamos desejando com muita força que o prédio do Carmelo tenha o melhor "destino". Seria ótimo se a prefeitura o destinasse à Secretaria de Educação. Entusiasmou-nos a ideia do Centro de Espiritualidade. Deus queira se torne realidade.

Alegramo-nos profundamente com as notícias do Carmelo em Itaguaí. É bom viver o mistério da ressurreição depois de ter sofrido o calvário dos últimos tempos em nossa cidade.

Companheiros de caminhada, os Amigos do Carmelo o abraçam fraternalmente. Que o Espírito o assista e fortaleça.

O grupo
Amigos do Carmelo

***

Há algo de fascinante nesse itinerário de Madre Teresa que condensa de maneira paradigmática a sofrida metamorfose de uma consciência eclesial que encontrou a sua expressão no Vaticano II. A virada significativa de uma vida religiosa que recupera aos poucos a sua identidade evangélica, a partir da opção pelos pobres, e a existência frágil e ameaçada de uma maneira nova e original de ser Igreja nas CEBS.

Madre Teresa foi um pouco isso tudo: alguém que soube abrir-se à novidade e à exigência do Concílio e que, por isso mesmo, foi cada vez mais sensível à consciência da Igreja e da vida religiosa na América Latina.

A vida e o itinerário de Madre Teresa é uma experiência da presença criadora, livre e incontrolável do Espírito.

Experiência silenciosa de atenção aos acontecimentos e de interpretação dos sinais. Rara e fascinante síntese na qual se reencontram a força originária do ideal contemplativo e a liberdade espiritual dos filhos de Deus diante das suas, necessariamente, limitadas configurações históricas.

Padre Carlos Palácio
Provincial dos Jesuítas

***

A grandeza espiritual de Madre Teresa e sua riqueza de perspectiva são tanto mais extraordinárias, quanto de um lugar tão isolado do mundo, o Carmelo, brotavam os anseios de transformação. E as mudanças a que ela almejava, e pelas quais ansiava, orientavam na direção de uma maior inserção do Carmelo na vida do povo pobre e necessitado.

Madre Teresa sonhava com um Carmelo leve e transparente, bonito, de modo que nenhum pobre tivesse medo de procurar aí consolo para seus sofrimentos.

Impressiona-nos a síntese maravilhosa que Madre Teresa realiza em sua vida numa experiência mística de profunda oração, de intensa união com Deus que transparece de modo diáfano em seus escritos, e esse anseio de criar e fundar um novo Carmelo com tudo o que significa de preocupações, de iniciativas etc.

E a maior marca que ela é de Deus parece-me estar numa dupla atitude difícil e paradoxal de obediência, de submissão, de um lado e, do outro lado, a constante perseverança em tentar realizar aquilo que vem de dentro como exigência do Espírito.

Lutar e esperar, resistir e confiar, obedecer e continuar insistindo. Liberdade de seguir os impulsos do Espírito.

Liberdade de encontrar as raízes profundas do Carmelo e, assim, viver essa experiência mística no mundo de hoje, no meio dos pobres.

Padre Libanio
Jesuíta

6. O arco-íris de Deus

Tudo é luminosidade, limpidez, transparência na vida de Madre Teresa. Como um arco-íris, desdobrou seus múltiplos aspectos nas suas coirmãs. Cada uma a seu modo traduz as muitas qualidades, das quase infinitas "cores", que ela cultivou em si e em cada uma de suas irmãs.

Meu coração de franciscana hospitaleira registrou marcas profundas no contato com ela e, hoje, guardo a luminosidade do seu olhar ao atestar que, de fato, sua luz brilhou diante dos homens e eles vendo-a renderam glória ao "Pai que está nos céus" (Mt 5,16).

... Percebia que raios de verdade a atingiam, momentos de bondade e misericórdia palpitavam nela, elevação de desejos a impeliam para além das aparências visíveis e senti a obra secreta da graça em seu coração.

Por isso eu sonhava com a hora de retornar ao Carmelo. Seu cândido e luminoso olhar me conduzia pelas estradas de minha interioridade e, num silêncio dialogante, nos sentíamos possuídas pelo mesmo tesouro: Jesus de Nazaré.

Guardo com imensa ternura sua doce e exigente lição de vida: ela era toda de Deus, vazia para ele, "como uma virgem pobre".

Como era gostoso ficar ao seu lado. Dava graças sempre ao Pai por ter revelado seus melhores segredos aos pequeninos. Era assim, um coração ardente, palavra inflamada, luminosa e criativa, brilhante na linguagem e hábil nas sínteses e sugestões.

Como pobre despojada, esposa de Cristo, e "virgem fiel", impressionava-me sua entrega total, perene, constante e crescente, a um Jesus ao mesmo tempo concreto e vivo, mas espantosamente transcendente.

Uma síntese harmoniosa de vida. Uniu-se ao Povo de Deus em "esponsais ternos e eternos". Mergulhou na luz e, como arco-íris de Deus, foi emergir na plenitude eterna.

Obrigada, Madre Teresa, sua luz me revelou que a imensidão do Eterno está ao alcance de minha mão.

Irmã Maria Vilani da Rocha de Oliveira
Franciscanas Hospitaleiras da Imaculada Conceição

Anexo II
Memória de Itaguaí e Bananeiras

1. **Carta do capelão do Carmelo, Frei Alano Porto de Menezes, às carmelitas em Itaguaí, por ocasião do aniversário de Irmã Maria Amada**

Às queridas noviças carmelitas, atuais e as que hão de vir, ofereço com muito carinho esta Gênese do projeto um Carmelo leve e transparente de Madre Teresa de Jesus. Que ele sirva para refletir, como um espelho, os passos da sua caminhada.

Dou testemunho da veracidade deste projeto que acompanhei de perto, assim como meus confrades, que, sem dúvida, cresceram espiritualmente na partilha com Madre Teresa.

Ela foi como as matriarcas da Bíblia: mulher que saiu de si, guiou o Povo de Deus na oração e deu luz em abundância para todos nós. Como diz Frei Betto: "As conversas com Madre Teresa eram um 'destilar de contemplação' que ela fazia mineiramente".

Aquele monte onde o Carmelo se instalou durante vinte e quatro anos e meio em Juiz de Fora foi realmente uma escola de oração. Rezo e espero que as seguidoras dela sejam fiéis e façam o mesmo, de acordo com a realidade em que estiverem inseridas.

Madre Teresa sempre me dizia que uma carmelita deve estar atenta para três opções: o Carmelo, a Igreja local e os sinais dos tempos.
"Olha e faze de acordo com o modelo que lhe foi apresentado no monte" (Bíblia).

Frei Alano, op

[Na ocasião, Frei Alano presenteia as irmãs com o livro *Gênese do Carmelo leve e transparente*, escrito por ele, a partir anos de convivência com Madre Teresa de Jesus.]

2. Testemunhos dos cinquenta anos de vida no Carmelo

Cartas extraídas de textos dirigidos a Madre Teresinha pelos seus cinquenta anos de vida monástica carmelitana, que serviram de decoração no local onde foram feitas as homenagens e o almoço comemorativo, no claustro do Carmelo em construção.

Cada frase foi colocada em um quadro confeccionado em estopa e bordas douradas, por um artista da região, de fino gosto. Tudo ficou muito lindo.

Toda a decoração do espaço foi custeada por uma benfeitora do Rio de Janeiro, já com 94 anos, Jardelina Amaral Miller, que se encontrava nos Estados Unidos. Justo na hora do início da missa, ela voou dos Estados Unidos até Bananeiras, para comemorar com a monja querida, que ela admira e considera filha.

A seguir estão os textos usados que enfeitaram e serviram de reflexão para todos os que ali se encontravam.

***

Acabo de ler o Diário do sol, *escrito por Regina, filha do meu amigo Hargreaves. E hoje, Madre Teresa, a senhora veio apresentar-me a primeira noviça do seu novo Carmelo. Ela é um sol. Irmã Teresinha, seja um sol diário de esperança para o nosso Carmelo de Juiz de Fora, como foi Teresa d'Ávila para a Espanha no século XVI. Caminhe com os pés no chão como ela caminhou. Essa é sua missão.*

Tristão de Athayde (Petrópolis – RJ)
Alceu de Amoroso Lima

***

Minha filha, quando alguém entra no silêncio do Carmelo, carrega consigo a humanidade inteira. O Carmelo é o pulmão da Igreja. Que nossa arquidiocese possa respirar o ar puro da vida mística de vocês.

Dom Geraldo Maria de Morais Penido
Arquidiocese de Juiz de Fora
30/05/1959

***

Fico feliz de você estar subindo a Montanha do Carmelo apressadamente, logo após ele ter sido fundado. Antes de você, Maria já fez o mesmo: subiu a montanha na Galileia para servir a Isabel. Que sua missão no Carmelo seja servir e amar.

Padre João Bosco Penido Burnier
1959

***

Irmã Teresinha, seja fiel à sua missão de carmelita. Dessa fidelidade vai depender muita coisa no futuro. O Carmelo precisa do seu sorriso, de sua alegria.

Dom Martinho Michler, osb
Abade do Rio de Janeiro
03/06/1963

***

Irmã Teresinha, estou orando por você... Que Deus lhe dê muita força e coragem para assumir os riscos da missão de cada novo momento.

Pastor Breno Schuman
Juiz de Fora – MG

***

Teresinha, Deus te fez bonita por dentro e por fora; os que permanecem nas trevas não suportam a tua luminosidade. Santa Teresa passou pelo que estás passando. A história se repete.

Frei Betto
Carta de 1975

***

Minha filha, você tem uma grande missão na Igreja e no Carmelo... Como vivê-la? Continue sendo você mesma: sincera, coerente. Ser sincera é ser sem cera, sem verniz. Deus te fez capaz para essa missão. A tarefa é sua, o dom é do Espírito Santo.

Dom Hélio Campos
Bispo de Viana – MA

***

Madre Teresinha, agradecemos por seu coração de mãe para a família humana.

Presos políticos da Penitenciária de Linhares
Juiz de Fora
1974

***

Madre Teresinha, somos gratos a Deus por nos ter presenteado com sua formosura espiritual. É com muita alegria que compartilhamos com a senhora esta data que marca o início de uma nova eternidade. Nossos parabéns.

Paulo Afonso D. Borges e família
11/12/2008

***

No ano jubilar os cristãos colocar-se-ão, com renovado enlevo de fé, diante do amor do Pai, que deu seu Filho, para que todo o que nele crer não pereça, mas tenha a vida eterna (Jo 3,16).

Irmã Teresinha comemora o seu Jubileu como uma data festiva e especial, mas todos os dias ela tem seu encontro pessoal com Cristo e a cada minuto renasce espiritualmente. Sua inabalável fé transmutada em constante alegria e vitalidade, tornando aqueles que lhe são próximos pessoas melhores.

Os amigos de Juiz de Fora desejam que neste dia especial possam unir-se com amor mais intenso ao mistério salvífico de Cristo e participar de maneira mais profunda no seu projeto de salvação.

Obrigado pelo exemplo de amor, dedicação e fidelidade à vocação recebida, por vós oferecida! É difícil expor em palavras sentimentos, afetos. Sinceramente queremos mostrar o quanto Irmã Teresinha é importante para todos nós.

Jornal Tribuna de Minas
Equipe Igreja em Marcha
Grupo de Amigos do Carmelo em Juiz de Fora – MG

***

Caríssima Madre Teresinha,

Queridas Irmãs da Profissão Solene, Simples e Vestição Monástica e Irmãs da Comunidade.

Do amor, brota a força e a paixão alimentando a coragem de ousar na fé e acreditar sempre num novo amanhã. "Eis que faço novas todas às coisas".

Assim, pessoas especiais e iluminadas como Madre Teresinha – há 50 anos – levaram outras a acreditar na possibilidade de realização deste Sonho de Deus.

"Eu escolhi e santifiquei esta casa" (1Rs 9,3).

Elas, mulheres evangélicas, somando forças, ampliaram seu horizonte de sentido, selando uma aliança de vida, consagração e missão dentro do estilo de vida revitalizado. E nós hoje estamos todas e todos alegres celebrando este dom de Deus para a Igreja, para a comunidade e para a vida religiosa consagrada, seja assim chamada de contemplativa ou apostólica.

Celebrar um Jubileu de Ouro é fazer uma memória agradecida do que o Senhor realizou ao longo de 50 anos; é atualizar e proclamar seu favor divino e sua ação salvadora; é renovar o compromisso da missão recebida e Aliança feita de amor e fidelidade.

"Enfim, é somar nossa voz à voz do salmista, da comunidade e toda assembleia reunida para cantar: Anunciai em toda a terra, anunciai as maravilhas do Senhor... pois seu amor se estende de geração em geração" (Lc 1,59).

Em nome da Presidência da CLAR – Confederação Latina Americana e Caribenha de Religiosas/os, queremos, de um modo especial, parabenizar Madre Teresinha, uma das fundadoras, toda a sua comunidade em festa, pessoas amigas e todas aquelas que de uma forma ou outra fazem parte desta história amorosa e providente de fundação e de vida consagrada.

Nós nos alegramos, e cheias de júbilo rendemos nossa ação de graças pela sua bondade e fidelidade ao Senhor, que se "estende de geração em geração" (Lc 1,50).

Desejando todas as bênçãos, e que esta casa que Deus escolheu para sua morada continue sendo um polo irradiador de vida, paz, bênçãos e luzes.

Irmã Maris Bolzan, sds
3ª Vice-presidente da CLAR
Florianópolis, 24 de maio de 2009
Solenidade da Ascensão do Senhor

***

Madre Teresinha,

Obrigado por ter-nos ensinado a ser a presença de Deus para os outros.

Os amigos do Carmelo em Bananeiras – PB

***

Jubileu do Carmelo Sagrado Coração de Jesus e Madre Teresa
31 de agosto de 2008
Comemorado em 16 de novembro

Esta obra que está comemorando cinquenta anos de caminhada foi gestada no centro do coração de Jesus, que iluminou Madre Teresa de Jesus como instrumento, força e luz para realizar o projeto de Deus nos tempos atuais.

Bispo Dom Jaime Vieira Rocha
Diocese da Campina Grande

***

Querida Madre Teresinha, irmãs e queridos irmãos,
Muita alegria em saber dos cinquenta anos do Carmelo, que teve tantos sofrimentos e alegrias. Nesse percurso de Petrópolis, Juiz de Fora, Itaguaí, até este porto seguro, de Bananeiras, Paraíba.
Quanto silêncio paira em minha vida e quanta gratidão em ser amigo e irmão dessa obra do Senhor. Parabéns, Irmã Clemência, Irmã Glorinha, e à mais jovem e inquieta Teresinha.
Assim, abraço a todas. Tenho muita saudade da festa em que ainda não posso ir. Estarei presente no espírito do Carmelo.

Do sempre irmão,
Frei Antônio Muniz, oc
Bispo de Maceió – AL

***

Muito queridas irmãs do Carmelo de Bananeiras,
Que bom poder ser time em sintonia, em ação de graças com vocês. Neste momento, tudo é graça!
Irmãs, devo dizer-lhes que, nos confins mais significativos, este convite eu não posso deixar de atender, mas não tenho como... Estou com viagem marcada para as nossas comunidades missionárias de Mato Grosso. Por isso, não querendo desmerecer a missionariedade deste Carmelo, acho que ele é genuinamente missionário. Queria demais estar com vocês.
Em 1999, quando as visitei pela primeira vez, pude dizer a mim mesmo o que sempre desejei, pensei e imaginei que devia ser um Carmelo, a partir de um sonho inquieto e andarilho de Santa Teresa, leve e transparente. Não por que quisesse uma vida contemplativa desafetada, sem peso e sabor da lei. Consegui perceber o esforço que este Carmelo está fazendo para viver junto com o povo, não apenas rezando pelo povo, mas tendo essa proximidade e liberdade teresiana de rezar com o povo e ajudá-lo a ser orante e contemplativo na ação.

Eu confesso, irmãs, sempre tive dificuldade de entender certas estruturas estreitas e ultrapassadas dos Carmelos. Vocês me deram uma luz maior. Confirmaram-me o que sempre quis ver afirmado.

Esta comunidade foi precursora, embora muitas vezes mal compreendida, ao longo desses cinquenta anos, de um jeito novo de viver o carisma do Carmelo. Aliás, não é novo. É a grande Teresa d'Ávila. Ela que quis um Carmelo leve e transparente, no sentido de relativizar o que é acréscimo arcaicamente humano, histórico, costumeiro. E ficar com o Senhor, como diz ela, o Amado. E com ele a pessoa, a vida, o Reino maior.

Vocês conseguiram e conseguem perceber lindamente que não são as estruturas, a observância pura e simples, a repetição mecânica da rotina diária que fazem a santidade no seguimento de Jesus, mas a inquietante pergunta: "O que este Amado quer de nós? Como nos quer? Como podemos ser fiéis a esta história nessa terra paraibana, nessa realidade?".

Fico feliz por vocês e com vocês. Repito, gostaria imensamente de estar aí. Mantenham essa fidelidade ao Deus da vida. O carisma teresiano tem uma leitura e releitura muito particular encarnada em vocês.

As Madres Teresas santas devem estar muito contentes por seu sonho que está vivo e continuado mundo afora, sertões afora, matas afora. Irei visitá-las em outra hora. Preciso também desta água, que não é salobra.

Um abraço, beijo carinhoso para vocês e para esse povo fantástico, transbordante de teimosa esperança. Feliz e abençoada festa!

Frei Gilberto Hickmann
Provincial da Regional Sul/Sudeste dos Carmelitas

***

Caríssima Irmã Teresinha e irmãs,

Partilho da alegria de vocês na celebração dos cinquenta anos de fundação do Carmelo Sagrado Coração de Jesus e Madre Teresa. Por compromissos assumidos anteriormente, não é possível estar presente fisicamente, e o faço nas palavras de Madre Teresa de Jesus: no espírito de luta, amor e sacrifício que se revelam em sua história.

O seu amor pela Igreja e seus males, seu espírito guerreiro e seus ideais são espírito de tantos que lutam pelos mesmos ideais. A Igreja de ontem e a de hoje têm suas grandezas e fraquezas. Porém, ao longo dos anos, anima-a a força do Ressuscitado. Ele a anima e a faz instrumento de vida, de fraternidade, de justiça e de solidariedade. E vocês, nesse mesmo ideal teresiano, procuram ser algo diante de sua Majestade. E, sem render-se diante das forças humanas, podem dizer, como Santa Teresa: "Morrer sim, mas jamais ser vencida".

Esse cinquentenário de fundação é a ação de graças pelos benefícios recebidos de Deus, através de tantos vivos e falecidos. É a ação de graças pela fidelidade de tantas irmãs, por sua vida escondida, seu sofrimento inocente e silencioso, como o de Jesus. Vocês mostram o seu valor do puro amor, pelo bem da Igreja.

Por isso, as cumprimento e peço ao Senhor que as abençoe. Que a Virgem do Carmo as ampare.

Com fraterno abraço,

Frei Alzinir Debastiani
Provincial da Regional Norte/Nordeste
dos Carmelitas Descalços

***

Onde existe um Carmelo, ali está uma fonte, um oásis onde brota a água viva da oração, da intercessão, e o permanente testemunho evangélico da pobreza, da castidade e da obediência. E quantas pessoas não virão a este Carmelo pedir orações, recomendar entes queridos e fazer-se ouvir por aquelas pessoas, e que certamente aqui receberão conselhos das monjas, que assim vão desenvolvendo o seu carisma e a sua vida a serviço dos irmãos e de toda a Igreja.

É uma graça de Deus, é uma bênção de que Deus nos vai cumulando e fortalecendo para uma caminhada de vida em uma diocese abençoada, acompanhada pelas novas vocações.

E aqui quero lembrar uma exortação da Santa Madre Teresa de Jesus: "Rogo-lhes, por amor de Nosso Senhor, ponham sempre os olhos naqueles santos profetas dos quais descendemos". E celebrando esse jubileu áureo de fundação, diz Madre Teresa de Jesus: "Agora começamos!".

Procurem, pois, ir sempre começando... E cada vez melhor. É isso que Deus vai concedendo e iluminando toda a vida. Portanto, irmãs, ajudem o povo a olhar o futuro com a esperança que só se encontra em Cristo!

Todos necessitam de Deus e o Carmelo tem essa finalidade de assegurar uma vida espiritual e afetuosa. Enfim, recomendo-as à Santíssima Virgem do Monte Carmelo, assim como à intercessão de Santa Teresa de Jesus. Que Deus as abençoe, e a todo nosso povo, toda a nossa caminhada de ação evangelizadora e missionária.

Alegria de ter a presença de Dom Jaime concelebrando com Padre Luis, Frei Francisco Sales, provincial dos Carmelitas, Padre Adauto, Monsenhor José Fidelis, Padre Adonis, Padre José Floren, reitor do Santuário do Padre Mestre Ibiapina e capelão do Carmelo, Padre Silva, diáconos, amigos do Carmelo, benfeitores, religiosas e todas as comunidades de Campina. Por toda caminhada de luz e força.

Dom Jaime Vieira Rocha
Bispo de Campina Grande – PB

***

Parabenizamos nossas irmãs carmelitas do Carmelo Sagrado Coração de Jesus e Madre Teresa. E juntamos nossa voz a toda comunidade eclesial, agradecendo as maravilhas operadas por nosso Deus, na cumplicidade de vossa doação. Com imensa ternura e estima nosso canto de louvor!

Presidência da Confederação Latino-Americana
de Religiosos e Religiosas (CLAM)
Bogotá – Colômbia
Representando a vida consagrada do continente:
Padre Ignácio Madera Vargas,
Irmã Maria das Dores,
Irmã Angel Medina,
Maris Bolsan,
Padre Pio Gonzáles
e Irmã Maria do Socorro.

***

Enquanto eu estava nu numa prisão, porque o pecado da ditadura humilhava a gente com a nudez, enquanto eu estava algemado na prisão, o pecado da ditadura humilhava a gente com a algema, a Igreja que estava no Carmelo estava orando por mim. Aliás, por nós.

A gente teve muito medo, mas a fé nos manteve de pé. É preciso que a gente resgate a grandeza da oração do Carmelo naquele momento em que eu estava preso. Mal sabiam eles que esse medo, essa fé, essa oração, nos ajudaria também a comemorar o jubileu do meu casamento com Neide. Eles não percebiam isso. Eu dou louvor a Deus pelas orações do Carmelo naquele momento. É pena que minha esposa não esteja aqui. Aquela perseguição, aquela humilhação, ajudou que depois a gente comemorasse cinquenta anos de casamento.

Sou ministro do matrimônio, profeta pelo batismo, como todo mundo é profeta pelo batismo. Então, faço questão de lembrar a oração que o Carmelo fez para que suportássemos a perseguição.

A oração do Carmelo foi fundamental para que pudéssemos sustentar todas as algemas, todas as calúnias, toda a nudez, toda a perseguição. Peço então, por favor, que continuem orando pelos atuais cativos. Pelos cativos das bolsas de valores que insistem em colocar o Papai Noel no lugar do menino Jesus. Essa é uma forma de cativeiro. Então, peço que mantenham a santa insistência da oração.

Professor Itamar Bonfati
Juiz de Fora – MG

3. Recados gravados em vídeo

Cinquenta anos da Madre Teresinha

O Carmelo em Bananeiras trouxe muitas mudanças em minha vida, através do testemunho da presença de Deus no dia a dia. E a Madre Teresinha é a figura iluminada que traz esperanças em hora de trevas.

A presença das irmãs modifica o jeito de a gente olhar para os problemas. É isso que mostra a presença de Deus.

Pedreiro que trabalhou na construção do Carmelo

***

Convivemos com o Carmelo desde a época da Tropa, grupo de jovens de Juiz de Fora. Após um período fora do Brasil, reencontrei Madre Teresinha numa rua do centro no Rio de Janeiro. E sabendo dos problemas de saúde da madre, não dormi naquela noite. Foi um encontro mágico. Então, disse para Jujuba, minha esposa: "Temos oportunidade de estar com nossas carmelitas em Itaguaí".

E fomos até lá. A partir daí, retomamos o contato. Ao saber que as irmãs iam sair dali e que estavam buscando para onde ir, acompanhamos o processo de decisão, de mudança. E com grande felicidade vimos o mosteiro sendo construído e, agora, sabemos que nossas irmãs carmelitas estão bem.

Nossos filhos, Ricardo e Marcelo, independentemente de quanto praticam a fé, em momentos de aperto falam: "Papai, liga para Madre Teresinha, para o nosso Carmelo". E eu respondo: "Liguem vocês, pois elas estão sempre presentes em nossas vidas e em nossas orações, porque nos sentimos literalmente abençoados por elas".

E obrigado pela comunidade de Bananeiras receber nossas carmelitas com tanto carinho. Obrigado mesmo!

Vitor Hallack
Amigos do Carmelo MG/RJ/PB

***

O Carmelo é para sempre. Porque eu vejo que o que foi construído é uma obra perene. Sinto Madre Teresinha como uma folha ao vento nas mãos de Deus. Após tantas dificuldades, é muito bom ver o que ela e sua comunidade estão construindo... E a coragem dela de se deixar moldar pela vontade de Deus. Depois de todas as dificuldades de Itaguaí, um segundo momento de crucifixão após o de Madre Teresa, e, agora, um momento de ressurreição. Tenho certeza de que o mosteiro vai significar muito para o Nordeste todo.

Ana Lucia Ribeiro de Oliveira
Amigos do Carmelo Juiz de Fora

***

Se Deus as guiou por cinquenta anos, é sinal que com as luzes do Espírito Santo tudo se resolve. Quero ressaltar a quantidade de vocações que a madre desperta, o que não é muito comum na atualidade. A vida monástica é dura e difícil para os jovens. Mas, se Deus inspira tantas vocações, é porque ele espera que o Carmelo possa produzir novas sementes para o mundo.

Sobrinho das Irmãs Maria Amada e Maria de Lourdes

***

A vida de nossa família se divide no antes e depois do Carmelo, porque, com a convivência, aprendemos muito a como partilhar com os amigos, com as monjas, esse amor gratuito, fraterno. Amor que sabe acolher pacientemente, compreender com misericórdia, sabe perdoar e esquecer mágoas. Mais do que comemorar essa data com Madre Teresinha, nós queremos agradecer o presente de Deus em nossas vidas. Que ela possa irradiar essa luz, essa energia que tem, e que continue a contagiar todos que estão a seu redor na partilha dessa força, dessa garra. E siga levando alegria e esperança para as pessoas e os pobres, local onde a gente planta esse amor maravilhoso.

Luciano Coelho
Amigos do Carmelo Bananeiras

***

Madre Teresinha, você captou bem a passagem bíblica que fala do semeador. Estás sendo, madre, aquela semente que caiu em terra boa...

Vamos falar do lado social. Madre, a senhora não se aquieta, não para mesmo. Que desafio fundar uma escola! De uma coisa, eu sei: quantas crianças são gratas por este projeto, por essa ação. Serão propagadoras do Reino de Deus.

Queria agradecer o seu "sim" a Deus, ao fazer esta escola, onde nós vemos a gratidão das crianças e suas famílias. Como elas são bem cuidadas, bem zeladas. Nós, que participamos de outras escolas, sabemos a diferença que faz na vida de cada uma dessas crianças e de cada um de nós, profissionais que estamos aqui trabalhando... Gostaríamos de agradecer seu estímulo e sua dedicação, como amiga, irmã e uma grande educadora.

Há quatro anos, quando eu estava desacreditada de tudo, existiu uma mulher que, com seu olhar misericordioso, me convidou a fazer parte de um sonho, um sonho de Deus. E esse convite mudou a minha vida. Hoje sou outra e agradeço a Deus por sua existência em minha vida, com seus conselhos, suas palestras, e por ver na senhora uma pessoa santa e sábia.

Agradeço a senhora por ser luz também em minhas noites escuras, de trevas. A senhora é luz para muita, muita treva. Seu testemunho mostra que a santidade é algo que podemos buscar a cada dia de nossas vidas.

Jailma Marcelino
Coordenadora pedagógica da
Escola Nossa Senhora do Carmo

***

Queridos Amigos do Carmelo,
Estamos aqui, hoje, para celebrar o dom da vida, o dom da criação. Em sua infinita bondade e sabedoria, Deus presenteou essa comunidade com a convivência do Carmelo em Bananeiras, que também é da diocese de Guarabira, e é oportuno lembrar: nunca deixará de ser de Juiz de Fora e Itaguaí.

Viver esse momento de júbilo é olhar para o hoje lembrando a história. A gênese deste mosteiro, sua fundação, sua peregrinação e, por fim, sua estada em Bananeiras. Aqui firmaram sua morada, após uma longa caminhada.

Como terra prometida, à comunidade cabia a construção da sua casa, casa de Deus. Como parte do processo dos que decidem testemunhar Jesus Cristo, o calvário faz parte da vida. A travessia das noites escuras é necessária para que a subida ao monte seja firmamento do laço entre Criador e criatura, "duas coisas desiguais, não desateis o que atais, pois atando força dais".

A união com Deus se realiza na oração e no despojamento. A entrega plena e absoluta nos braços do Pai não nos permite desanimar. A perseverança é a confiança de que ele é o tudo que engrandece o nosso nada. Processo natural de transcendência, que nos propicia a contemplação do divino no humano, pois o simples olhar humano não explica essa obra, projeto de Deus, uma vez que é humanamente impossível sua realização a partir da realidade de vida das monjas carmelitas.

Somente o amor é capaz de definir esta obra. O que, se não o amor, explicaria as doações generosas dos amigos benfeitores do Carmelo de Juiz de Fora, Belo Horizonte, Rio de Janeiro, São Paulo, Bananeiras e tantos outros?

O que leva amigos a se mobilizarem, estando muito distantes, a se juntarem na escolha e compra do terreno, se não esse sentimento tão nobre?

O que faz uma pessoa receber uma bonificação pelos anos de serviço e doá-lo integralmente para a construção desse mosteiro e ainda continuar ajudando, se não o amor pelo Carmelo?

Que nome se pode dar à colaboração recebida do povo das comunidades rurais e da cidade na campanha do piso, e que hoje se sente parte deste mosteiro; que nome se dá, se não amor, aos arquitetos e engenheiros desta obra, que construíram mais que uma edificação, construíram vínculos afetivos com esse Carmelo?

Como se chama esse comportamento de tamanha dedicação, percebida em cada operário, que cedeu não só as mãos e os instrumentos de trabalho, mas também colocou seu coração em cada parede construída?

Como se explica essa tamanha dedicação do nosso capelão, estimado Padre Zé Floren, que incansável e permanentemente tem se doado em prol de nossas carmelitas; que sentimento é esse que, quando se diz: "é para ajudar o Carmelo", logo se junta em mutirão uma grande equipe, que não tem hora, nem cansaço, para fazer a limpeza do mosteiro na subida das irmãs e em todas as suas necessidades? O que nos une hoje aqui, gente de tantos lugares, se não o amor por esse mosteiro?

Amor que, antes de receber, se doou por inteiro ao próximo. Que nome poderíamos dar à atitude de uma mulher que, antes de pensar em si mesma, na sua comunidade específica, pensou no povo simples que vive ao seu lado e construiu esta vida, chamada Escola Nossa Senhora do Carmo? Um local cuja missão é muito mais do que simplesmente ensinar a ler e a escrever. É fazer com que as pessoas se reconheçam como agentes transformadores do meio, a partir da vivência dos princípios cristãos.

Pelo amor, a abundância dos frutos testemunhados na fundação de uma Ordem Carmelita Secular. Sedentos de viver também esse amor e de se lançar nos braços do Pai e de se deixar conduzir por ele, bebeu da fonte desta água viva, o Carmelo.

Amor, queridas irmãs, é o que vocês, na gratuidade, nos dão e é como nos sentimos acolhidos e muito amados neste enlace com o Carmelo.

Amor transbordante do coração da nossa Madre Teresinha, que humanamente não se consegue entender tamanha força e dedicação por todos nós. Que enxerga o invisível no visível e o oblativo na transitoriedade. Mulher humana, mas divina, não temos dúvidas.

E como fruto desse amor grandioso, ele proporcionou amplas condições para a construção desta Casa de Oração, que é um reconhecimento a tudo que nossas queridas monjas têm nos dado, numa demonstração de amor gratuito, despojamento e humildade. Elas merecem. E nós as agradecemos imensamente por tudo isso.

Este mosteiro é um sinal de amor, de doação, de esperança e de luz para todos nós. Temos a certeza da presença de um Deus Pai, misericordioso, cuidadoso e muito amoroso. É como estar mais perto do céu, com a graça e proteção do Sagrado Coração de Jesus e do Espírito Santo.

Queremos, assim, agradecer, imensamente, a todos que participaram, direta e indiretamente, na construção desta Casa. Que por tudo e em tudo Deus seja glorificado, na certeza de que só o amor dá sentido a todas as coisas. Amém.

Leila Rocha Sarmento Coelho
(em nome dos Amigos do Carmelo de Bananeiras)

***

Madre Teresa de Jesus, a fundadora do Carmelo leve e transparente de Juiz de Fora, inspiradora de Itaguaí e Bananeiras, também esses leves e transparentes, dá testemunho por suas discípulas Irmãs Teresinha, Clemência e Glória.

Madre Teresa mostra que foi corajosa e empreendedora. Cheia de expectativas e geradora de sonhos, aberta às novidades da história e repleta de Deus. Por deixar marca tão profunda e indelével em muitos, não posso deixar de compará-la com outra Teresa, a de Ávila, a reformadora do Carmelo. Teresa d'Ávila, Teresinha de Jesus, a de Liseaux, Teresa de los Andes, Teresa de Jesus, a de Petrópolis, Teresinha de Jesus, a de Bananeiras. São tantas as Teresas... A trajetória dessas Teresas, geograficamente distantes umas das outras, impressionam pelo legado humano e espiritual que deixaram para suas filhas e para a Igreja.

A herdeira do legado espiritual de Madre Teresa de Jesus, e continuadora com suas irmãs do Carmelo leve e transparente de Petrópolis foi e é Madre Teresinha do Menino Jesus, que hoje comemora seu Jubileu Áureo de Consagração Religiosa.

De Petrópolis para Juiz de Fora, de Minas para Itaguaí, da baixada fluminense para Bananeiras, nesse longo êxodo peregrinaram e ombrearam, com Madre Teresinha, a Irmã Maria Amada e sua irmã Maria de Lourdes, ambas intercedendo hoje aos pés do Pai, e junto à Mãezinha. As Irmãs Maria da Glória e Clemência continuam, com a graça do Senhor, testemunhando os valores perenes do encontro com Jesus e com as irmãs e irmãos. Exemplo e testemunho. Aqui está Teresinha, o fruto de sua tenacidade, da sua ternura e da sua audácia. Um belo e povoado Carmelo repleto de jovens com brilho nos olhos e fogo no coração. Aqui está o livro bordado, tecido com a habilidade de seu coração e alinhavado pela força do coração de Jesus, fonte de vida e de esperança.

Seus cinquenta anos de vida consagrada permitem-lhe contemplar a terra prometida, não do alto da montanha como

Moisés, mas do seio do Carmelo, no aconchego de suas irmãs, na admiração de seus amigos e no coração de Deus.

Fico feliz que Deus me tenha permitido estar presente, por vinte e cinco anos, nessa saga e nesse êxodo do Carmelo.

Madre Teresinha, fico muito honrado pelo testemunho de sua vida, pela confiança em Deus, pelo seu carinho pelo Carmelo e cuidado com suas irmãs e seus irmãos. Por seus cinquenta anos de vida consagrada, contemplativa, exemplar. Outros tantos Deus lhe conceda. Amém!

Irmão Claudino Falchetto
Presidente da Conferência dos Religiosos do Brasil
(1983 a 1989)

4. Jubileu de Madre Teresinha

Em 9 de maio de 2009, chega o momento de lembrar os cinquenta anos de Carmelo de Madre Teresinha. Uma missa concelebrada por nove religiosos de diferentes patentes tem a presença de amigos de diversas partes do país e de religiosos de diferentes congregações. Na celebração, Madre Teresinha fala aos presentes e faz questão de mencionar a renovação do Carmelo Sagrado Coração de Jesus e Madre Teresa.

***

Antes dos agradecimentos eu gostaria de colocar que esta grande festa em comemoração aos meus cinquenta anos de Carmelo é apenas a moldura do quadro, mas o retrato do quadro é a entrega destas jovens ao Deus todo-poderoso, segundo as Constituições e a Regra da Ordem do Carmo.

Elas estão jovens, com vigor, e têm o mundo como limite, com todas as seduções que ele oferece. E essa entrega delas ao

Carmelo, ao Deus todo-poderoso, ao serviço da Igreja e aos irmãos é a festa maior.

Uma de nossas irmãs falou: "A Irmã Ana Elisa é o alfa, nossa madre é o ômega". Ela falou certo. Elas estão começando, enquanto eu já virei a serra; elas têm outros horizontes na frente e não a caminhada do Carmelo como eu nesses cinquenta anos. E Cleon me pergunta o que significaram para mim esses cinquenta anos... Penso em Teresa d'Ávila... Aquela mulher, quando escreveu, quis dizer o que Deus fez na vida dela... Hoje é essa a necessidade que tenho de gritar: a vida de Deus em minha vida.

Como Deus me conduziu, cuidou de mim nesses cinquenta anos de vida carmelitana, e a gratuidade do seu amor por mim. Em muitos momentos me senti só com o só, foram momentos muito fortes em minha vida.

Ano passado, no dia 30 de maio, quando começou o meu ano jubilar, sentia em meu coração que deveria fazer uma preparação muito caprichada para esse evento de hoje. Então, além dos meus compromissos com a vida no Carmelo, reservei uma hora de oração para fazer uma retrospectiva desses anos, pensar nos altos e baixos, onde fui mais fiel, menos fiel, onde errei e onde acertei, onde deveria ter feito melhor e não fiz.

Tudo isso foi refletido, rezado e aprofundado numa profunda paz. Eu reservei das 3h30 da madrugada até as 4h30 da manhã todos os dias, durante 365 dias.

Foi um momento fortíssimo em minha vida e de uma riqueza que as palavras são pobres para poder explicitar o que se passou nessa experiência entre Deus e a minha alma.

Foi uma coisa muito importante, mas eu digo a vocês de todo o meu coração, vocês todos estavam lá, eu não estava sozinha com Deus. Eu carregava no meu coração essa multidão de amigos, a Igreja de Deus, a Ordem do Carmo; eu carregava tudo isso e colocava no ofertório, diante da face do Senhor, por quem deixei tudo; e ele a quem me tinha por filha muito amada.

Foi uma coisa muito forte, e ficaram completos os 365 dias de preparação ao jubileu. E algo que foi muito importante é que nesses últimos dias fiquei impressionada com telefonemas de Norte a Sul do país me fazendo uma pergunta mais ou menos igual a essa que o Cleon me fez agora: "Madre Teresinha, por que a senhora saiu de Juiz de Fora? Por que a senhora saiu do Rio de Janeiro? Por que a senhora entrou no Carmelo? O que a levou ao Carmelo?".

Eram tantas perguntas, uma pessoa sem saber da outra, me perguntando... E eu levei aquilo para a oração e percebi que não era curiosidade, era uma sede de testemunho de vida, e eu rezei muito por isso.

Nosso mundo, nossa Igreja precisa de testemunhos de vida, existe uma carência muito grande nesse sentido; as palavras são tão vazias, que não transmitem mais nada. A palavra amor não tem nada a ver com gratuidade do amor, é mais conveniência pessoal, o amor como cobrança, o amor como acusação, não o amor como humildade.

O amor nudez, diante de Deus, para ser reconhecido no mais íntimo do nosso íntimo, pelo olhar amoroso e misericordioso dele, é muito raro nos dias de hoje. Eu sentia essa necessidade de, daqui em diante, mais do que nunca, pensar seriamente no testemunho de vida, meu e da minha comunidade.

Minhas irmãs, eu renunciei ao báculo próprio dessa cerimônia, porque quero que vocês se tornem o báculo da minha velhice; quero que vocês sejam mulheres maduras e de Deus, não estraguem a vida contemplativa, a vida carmelitana de vocês com ninharias, com formalidades.

Minhas irmãs, saibam para que vivem, saibam o que vocês realmente querem, sejam coerentes com a opção fundamental que fizeram. Quando comecei meu ano jubilar, coloquei como pano de fundo o Salmo 138, do qual, desde a minha época na Ação Católica, gostava muito. E este salmo me acompanhou e me acompanha durante esses cinquenta anos.

Minhas irmãs, a certeza de que Deus me conhece foi o que me manteve de pé. Nesse sentido, espero que se tornem minhas imitadoras, como sou de Cristo, porque não escutei as vozes das sereias, eu relativizei as criaturas e absolutizei o Criador, que me conhece para valer. Tudo isso pela graça de Deus, que não foi vã em mim.

Quando estava sentada, de pé, quando estava andando, nos abismos das noites escuras dos sentidos e do espírito pelos quais passei, lá experimentei o amor dele.

Minhas irmãs vivam da experiência de Deus, sigam a Jesus nos seus mistérios, não tenham medo de sofrer, porque sem cruz não há ressurreição. Eu li uma frase de Frei Camillo, nosso ex-geral, fazendo uma releitura da Regra na perspectiva da América Latina, com outros colegas, e me encontrei lá.

Desculpe a falta de modéstia, mas acho que eles falaram mais de Irmã Teresinha do que de qualquer outra pessoa, pelo menos senti isso. Foi no IV Congresso Internacional Ecumênico. Frei Camillo cita o seguinte: "A vida contemplativa cristã, a oração cristã dá sentido a nossa vida mesmo dentro dos fracassos, e nos impulsiona a aceitar a cruz como caminho de libertação".

É a minha cara. Desculpa, mas é isso aí, foi isso mesmo. A oração deu sentido à minha vida e a cruz abriu novos caminhos de libertação, mesmo dentro dos fracassos: um deles foi nossa saída de Juiz de Fora.

Creio que nem sempre a obediência é um canto jubiloso, muitas vezes ela é um choro que parte do mais profundo do nosso ser. Mas a gente tem que obedecer, porque Deus sabe o que nos convém.

A saída de Juiz de Fora foi esse choro, não foi um canto jubiloso, foi um choro muito profundo, porque nunca pensei em sair de Juiz de Fora. Mas, por outro lado, foi uma abertura de novos caminhos para a libertação, foi o Carmelo do êxodo, e quando a gente olha o êxodo na Bíblia, o êxodo é sempre o modo de Deus libertar o seu povo. E foi assim que ele também nos levou a uma libertação, a uma segurança interior, a uma relação pessoal com ele, que é a única garantia de uma carmelita.

Não é possível viver uma mística, uma profecia, uma missionaridade carmelitana, se a gente não experimenta o Senhor na intimidade. Fora disso, tudo é ilusão.

Lembro que Madre Teresa falava muitas vezes: "Se for para o Carmelo não ser autêntico, é melhor acabar"; eu concordo com ela, por isso, minhas irmãs, sejam mulheres maduras, sejam de Deus, o resto é ilusão. Sejam coerentes, falem pela vida, que a eloquência de vocês seja o testemunho de vida silenciosa.

Essas palavras: silêncio, solidão e missão, me trouxeram ao Carmelo, e todo mundo não acreditava. Diziam: "A Suly Rose no Carmelo! Isso não tem nada a ver com o temperamento dela". Porque eu, na Ação Católica, era uma pessoa feliz, realizada, gostava do meu trabalho, me empenhava demais, porque não sou de "meias medidas": ou sou pecadora demais ou tenho que caminhar para a santidade para valer, pois mais ou menos não "cola" comigo, não "cola" mesmo.

Então, na Ação Católica, eu era plena naquele trabalho, e acho que ali avistei uma das coisas mais importantes para mim: descobrir que só uma opção radical por Jesus Cristo dá sentido à vida. Isso devo à Ação Católica; a gente tem que mergulhar de cabeça nesse projeto de Deus, para que a gente possa dar sentido à vida.

Antes de entrar no Carmelo eu "caí do cavalo" como Paulo de Tarso, e precisei dos Ananias para tirar "as escamas dos meus olhos". Uma vez que a gente está no Ano Paulino, é bom refletir com ele. Eu sempre pensei assim: não fui eu que toquei em Deus, como a hemorroíssa; essa mulher era sofrida, e eu não era uma mulher sofrida, eu não sofria... Eu era feliz, muito feliz.

E, então, não fui eu quem tocou Jesus, foi ele quem me tocou.

Ele tocou fundo: eu estava trabalhando numa biblioteca e abri um livro a esmo, e desse livro eu não sei o nome, o número da página, eu não sei nada desse livro, só sei que tinha em negrito, no meio da página do livro, uma frase com o n. 8, que procurei no rodapé. A frase era de São João da Cruz e dizia o seguinte: "Se ouves a voz da solidão, deixa tudo e vai ter com ela". Aí, fui atrás dos Ananias, eu não estava enxergando nada. Cheguei à Ação Católica, numa reunião, e perguntei ao dirigente, que era um padre: "Quem era São João da Cruz?".

Na Ação Católica líamos muito, mas não os místicos, como Teresa d'Ávila e São João da Cruz, nossa leitura passava por Tristão de Ataíde, Jaques Maritien, entre outros. E o padre: "Isso é sério, Suly Rose, você está procurando saber quem é São João da Cruz!".

Vi que não queria me responder. Ele queria era saber o que estava por trás de minha pergunta, então desconversei e saí.

Outra coisa que faço aqui é um apelo: os sacerdotes devem ser santos, antes de a Igreja ser evangelizadora, ela tem que ser contemplativa. Graças a Deus, eu tinha um padre amigo e santo, ele fazia um trabalho social e às vezes chamava pessoas da Ação Católica para ajudá-lo. Fui atrás dele, o Ananias que conhecia o coração de Deus. Cheguei até ele e perguntei: "Padre Hélio, quem é São João da Cruz? O senhor me dá o sentido mais profundo de solidão, o que é que significa de modo profundo a palavra solidão na vida cristã?".

Primeiro, ele me disse o que não é e, depois, disse o que a solidão é. "Suly Rose, a solidão não é o vazio, a solidão é silêncio de Deus, e só uma pessoa capaz de escutar o silêncio de Deus é também capaz se ser solidária. A solidão é o encontro de dois silêncios, o silêncio do nosso íntimo com o silêncio de Deus". Ali fiquei satisfeita... Fui para outra reunião à noite na Ação Católica e, chegando lá, todo mundo de "metralhadora" na mão para me questionar: "Suly Rose, como é que você vai sair da Ação Católica, uma pessoa tão ativa, faz seu trabalho muito bem etc. Você não vai encontrar ninguém para te entender, partilhar com você, trocar as ideias, as experiências de vida". Respondi: "Tenho duas pessoas que podem me ajudar muito nessa aventura de fé, a primeira é o Espírito Santo e depois eu mesma". Porque aprendi na Ação Católica que as motivações, mesmo afetivas, por mais legítimas, são insuficientes; é importante que seja algo do mais íntimo de nós mesmos.

A gente não é livre porque não quer descer ao Castelo interior para essa convivência amorosa com Deus.

O que me trouxe ao Carmelo foi querer viver a partir de dentro de mim e de Jesus Cristo. E foi para essa missão, por incrível que possa parecer, que fui tocada aos seis anos de idade. O coração de uma criança não sabe das coisas, mas capta mais do que uma antena.

Era época das santas missões e minha mãe era uma pessoa muito querida do pároco, ela o ajudava muito, então ele formou uma comissão para a preparação das santas missões e a chamou. Na primeira reunião, ela me levou, me deixou no pátio brincando com as crianças e foi para a sala. Eu estava muito curiosa, querendo saber o que se passava com os adultos. Então, corria do pátio para ficar perto da porta, porque minha mãe estava de costas. Assim, eu sabia que ela não ia me ver nem me mandar voltar, porque não me enxergava. Fiquei escutando a palavra missão, missão... Missão... Toda hora, essa palavra missão. Eu pensava: "Que coisa, tanta missão... O que é missão?".

Esperei a reunião terminar e, quando as pessoas saíram pela porta de frente, entrei pela porta lateral e o padre estava sozinho escrevendo. Cheguei perto dele e falei: "Padre Estrela, missão é uma missa grande? É uma missa bem comprida?". Ele não me refutou, e respondeu: "Você acertou, Suly Rose, missão é a celebração da vida, é uma missa grande que a gente celebra todos os dias, assim como a gente celebra a missa todos os dias. Você vai celebrar a vida todos os dias até ficar bem velhinha, aí o Papai do Céu vem te buscar... aí você termina uma missa comprida, grande e vai para o céu".

Aquilo ficou no meu coração. Aquele dia foi o primeiro toque de Jesus. As coisas passaram, cresci, outros caminhos se abriram na vida, fiz uma série de coisas, mas aquilo ficou: missão, missão, missão?

Um ano antes de entrar para o Carmelo, passei a prestar atenção na palavra solidão, que é o silêncio de Deus, que não é vazio, que nos leva a uma comunhão maior...

No dia da minha entrada no Carmelo, o bispo bateu três vezes na porta de clausura e disse: "Minha filha, quando alguém entra no Carmelo, no silêncio do Carmelo, na solidão do Carmelo, carrega consigo toda a humanidade". Falei comigo mesma: "A missão e a solidão me perseguem mesmo".

Então, minhas irmãs, a solidão e a missão teceram a minha vida nesse sentido profundo de comunhão com Deus, de silêncio com Deus.

Minhas irmãs, sejam companheiras. Isso se dará na medida em que vocês desejarem viver a solidão solidária. Que vocês escutem o grito dos pobres na solidão da comunhão profunda com Deus.

Tenho três paixões fortes na vida, porque sou alguém que não consegue se empenhar em uma coisa, em um trabalho, sem me apaixonar. Sou uma mulher apaixonada, só trabalho por uma causa se me apaixono por ela.

Então, tenho três paixões: a primeira é por Jesus Cristo e seu Reino; a segunda paixão é pelo Carmelo, eu sou apaixonada pelos meus irmãos, por minhas irmãs... tenho um carinho muito especial pela Ordem. Estou aqui há cinquenta anos, feliz e a cada dia, de novo, me sinto muito feliz por ser carmelita, por ser irmã dessas irmãs e irmãos queridos. E minha terceira paixão é pelos pobres, que alimentam a minha vida contemplativa. Eu os escuto, a contemplação deles, que emerge do seu clamor pela justiça, por não terem vez e voz, por gritarem pela dignidade humana, escuto na oração, onde me torno solidária com eles.

Minhas irmãs, sejam amigas dos pobres, tenham a contemplação capaz de escutá-los no mais profundo do ser de vocês; os pobres são, na nossa vida, luzes na nossa caminhada. Que a gente não apague essa luz pela indiferença, pela exclusão. Que possamos compreender na misericórdia, perdoar sempre, não ter nenhum ressentimento, porque eles não têm capacidade de entender o que nós entendemos, pela nossa cultura livresca, escolar, pela escolaridade. Eles são tão simples, e por isso é que eles falam de Deus.

Então, é esse o motivo que me fez atravessar todas essas noites, os êxodos e as frustrações. Todo mundo e em qualquer lugar tem que assimilar isso, não ter medo delas, a gente é muito maior que elas. As lutas nos levam a sermos livres para amar, ter o interior libertado de qualquer apego, de qualquer dependência. A nossa dependência total é depender do Pai. Quando a gente relativiza as criaturas, a gente não tem mágoa, a gente não se fere, porque o nosso coração é de alguém que não se fere, que também não se magoa, porque sabe perdoar, sabe compreender na misericórdia.

Que o resto da vida que me falta viver, não sei até quando, seja essa busca da mística do Carmelo, da profecia do Carmelo, da missionaridade do Carmelo.

Minhas irmãs, não estraguem a vida contemplativa de vocês com formalidades, com "coisitas"; cuidem do essencial, sejam pessoas capazes de captar o que é indispensável na vida de relacionamento com Deus. Façam isso, deixem que Deus seja Deus em cada uma, para que vocês sejam de todos nós.

Esse caminho eu já fiz e tenho que fazer o resto da vida, mas faço um apelo para vocês fazerem também... A vocação é sempre uma aliança dialogal e um apelo, uma resposta.

Acho que a mística do Carmelo de Bananeiras é escutar a Deus e responder a ele com muita generosidade aos riscos e desafios da missão que Nosso Senhor nos confia a cada momento. Unir nossa vontade à vontade de Deus.

Quando era mocinha em Juiz de fora, um pastor protestante me disse: "Eu rezo por você, para que você, Teresinha, seja capaz de assumir os desafios da missão que Deus te dá a cada novo momento. Que seu coração esteja aberto, sempre aberto para ele realizar em você o plano de amor que ele tem para você".

Esse meu irmão querido me ajudou demais, ele ia toda quinta-feira para trocarmos ideias; foi um grande teólogo presbiteriano.

Outra coisa que gostaria de falar rapidinho com vocês, é que estou muito comovida porque a mais antiga de todos os amigos do Carmelo está aqui com mais de 90 anos. Ela estava nos Estados Unidos, voou para o Rio de Janeiro e chegou aqui. Com 94 anos, ela fez toda a decoração do almoço. Vocês estão todos convidados a almoçar conosco lá na obra do Carmelo. Ela fez toda a decoração, colaborou com o maior carinho com esta festa. Ela sempre diz: "Madre Teresinha é uma guerreira". Mas não chego nem aos pés dela. Ela que me dá o exemplo de ser guerreira, estar aqui, bem, com seus 94 anos de idade. Niná, você atravessou a vida deste Carmelo com o coração de mãe, Deus lhe pague minha querida, Deus lhe pague!

Queria responder uma pergunta que também todo mundo me faz: o porquê de sairmos de Juiz de Fora. A vontade de Deus, muitas vezes, também não é um canto jubiloso, mas um choro. E quando eu estava nessa situação, de sair de Itaguaí e vir para cá, apareceram os Ananias para tirar as escamas dos meus olhos.

Dois amigos queridos me ajudaram a fazer o discernimento, Irmão Claudino Falqueto, que digo, é o autor do crime. Ele diz que não fez nada por nós, só comprou as vacas, que produziram o leite para fazermos os queijos que vendíamos para ajudar na manutenção do Carmelo. Mas Irmão Claudino ajudou demais no discernimento, na orientação teológica. E Frei Betto me ajudou muito a acreditar na força dos pobres. No momento, ele está na Itália.

Depois, aparece um irmão muito amado, Frei Pierino, que veio com o cargo jurídico do Governo da Ordem e da Santa Sé para avaliar a transferência para Bananeiras. A mudança de um Carmelo, sair de um lugar para outro, não é fácil; ele fez um trabalho muito bom, muito competente do ponto de vista jurídico. Mas ele fez muito mais: um trabalho profético. Um trabalho de irmão, um trabalho de quem tem a escuta, de quem aprendeu a sabedoria da intimidade de Deus, esse grande poeta da nossa Ordem, que tenho a graça de ter aqui hoje.

E a todos vocês, Deus lhes pague por tudo!

Nossas irmãs de Camaragibe vieram aqui para o abraço fraterno. Muitos amigos meus me diziam: "A Teresinha de Juiz de Fora define Deus como um abraço". Pois acredito que Deus é um abraço. Cada um de vocês se sinta abraçado por Deus, e, quando ele abraça a gente, é capaz de passar por todas as dificuldades da vida, por todas as frustrações inerentes à vida, por todos os fracassos que fazem parte do nosso caminhar; a gente passa por cima de tudo isso, acreditando que a cruz é penhor seguro de ressurreição e que ela abre caminhos de libertação, que ela nos leva ao infinito.

Minhas irmãs, tenham horizontes amplos, pelo amor de Deus, sejam águias e não sejam galinhas que olham para baixo. Voem alto, não escutem os cantos da sereia, relativizem as criaturas e absolutizem o Criador. Se firmem no Senhor, olhem para o Crucificado e cumpram a missão de vocês como carmelitas. Amém!

"Tudo é graça!" Deus seja louvado por tudo que ele opera em nossa história, em nossas vidas. Amém!

Madre Teresinha do Menino Jesus, ocd.

Historiografia
A origem das carmelitas

A história na visão das monjas

A procura de Deus na solidão é um fato que acontece em todas as culturas. A busca pelo transcendente é um desejo inerente a todo ser humano. Somente na solidão da alma, no silêncio interior, o absoluto de Deus comunica o seu amor. Nessa experiência mística que nasce do amor trinitário surge a vida contemplativa do Carmelo.

A Ordem da Bem-Aventurada Virgem Maria do Monte Carmelo tem origem nessa busca de amor pleno, vivido na solidão, através de um grupo de cristãos que, a partir do século XII, reúnem-se no monte Carmelo, a fim de "meditarem dia e noite na Lei do Senhor".

Após as invasões dos mulçumanos na Terra Santa, os cristãos se dispersaram. E é na Inglaterra que a história destes religiosos passa a tomar um novo rumo.

São Simão Stock, o superior-geral, recebe da Virgem Maria o escapulário. Nesta aparição, a Virgem dizia: "O Carmelo é a minha Ordem preferida. Vou cuidar dela e o sinal da minha proteção será o escapulário".

Não demora muito e o Carmelo é aprovado pelo papa como uma ordem religiosa. Com o passar do tempo, o Beato João

Soreth funda o mosteiro para monjas. O protagonista desta Ordem é o profeta Elias, que, no Monte Carmelo, na montanha do Horeb, comunicara-se com Deus na escuta da "brisa suave" (1Rs 17).

Seguindo seu exemplo e de Maria, as monjas nos Carmelos, através de uma vida simples, que escuta Deus nos fatos e acontecimentos da história, experimentam o amor apaixonado por Jesus Cristo. Vivem em seu "obséquio e servindo-o fielmente com puro coração e reta consciência".

Como visto, no século XVI, Teresa d'Ávila (Santa Teresa de Jesus), mulher de fibra e coragem, na Espanha, interpelada pelo Senhor, num desejo ardente de retorno às fontes do Carmelo a fim de beber das águas da "Torrente de Carit", procura uma vida mais intensa de oração, silêncio e sacrifício. Com determinação e intrepidez, supera obstáculos e enfrenta os homens poderosos de seu tempo, para dar início ao Carmelo Reformado. Surgem as monjas carmelitas descalças.

Logo em seguida, Santa Teresa encontra em São João da Cruz um exímio colaborador, e algo extraordinário acontece naquela época medieval em que a mulher não tem o menor valor: Teresa, uma mulher, funda o Carmelo Descalço masculino para os frades!

Santa Teresa e São João da Cruz tornam-se mestres e doutores da espiritualidade carmelitana até os dias atuais. Seus escritos priorizam a vida de simplicidade, oração e recolhimento, mas também uma constante luta pela permanência com "Aquele que sabemos que nos ama".

É difícil para o mundo de hoje ter como fundamental em sua vida o que Santa Teresa pede aos seus Carmelos: "Deus só e depois amor e sacrifício".

Ou, ainda, seguir o que São João da Cruz prega: "Se queres saber tudo, não queiras saber nada; se desejares saborear tudo, não queiras saborear nada; para possuir tudo, não queiras possuir nada; para ser tudo, não queiras ser nada... Porque para vir de todo ao tudo, hás de deixar de todo ao tudo; e quando venhas de todo a ter, hás de tê-lo sem nada querer, porque se queres ter algo em tudo, não tens puro em Deus o teu tesouro".

O Carmelo é, para o mundo, um sinal de esperança e, ao mesmo tempo, um mistério, porque o amor despojado e humilde que se deixa burilar pelo sofrimento aceito num caminho árduo, identificado com Jesus Cristo, torna-se cada vez mais incompreensível numa sociedade que quer entender tudo, explicar tudo e gozar de todos os bens passageiros.

Com o passar do tempo surge mais uma grande doutora dentro da família teresiana: Santa Teresinha do Menino Jesus, uma jovem francesa que, aos 15 anos, entra para as monjas descalças. Torna-se a doutora da Ciência do Amor.

As carmelitas, de um modo geral, permanecem ocultas pelo seu próprio estilo de vida e são conhecidas e invocadas depois da morte. Esse tem sido o caminho mostrado por santas e santos da Ordem.

Outra figura feminina (e feminista) que merece destaque no Carmelo é Teresa Benedita da Cruz (Edith Stein), uma santa de nosso tempo. Nasce em Breslau, Alemanha, no dia 12 de outubro de 1891, de família judia. Na adolescência deixa a escola e a religião, pois tem grandes dúvidas existenciais sobre o sentido da vida, e, principalmente, se indigna pela discriminação da mulher. Desde ali se inicia sua busca motivada por um só princípio: "Estamos no mundo para servir à humanidade".

Por ser uma mulher de personalidade forte, a situação de degradação do ser humano causa nela um profundo questionamento existencial. E, por isso, decide alistar-se na Cruz Vermelha durante a Primeira Guerra Mundial (1914-1918) e, em 1915, recebe a "medalha por valor" pelos serviços prestados.

Mulher bem à frente de seu tempo, de inteligência e cultura singulares, retorna aos estudos, cursa Psicologia, Letras, História e, em 1916, tem nota "máxima com louvor" em a sua tese de fenomenologia. É uma das únicas doze mulheres doutoras na Alemanha dos últimos quinhentos anos!

Apaixonada pesquisadora da verdade, como racionalista e ateia, buscou-a através de aprofundados estudos filosóficos, mas só a encontrou mediante a leitura da autobiografia de Santa Teresa de Jesus (*Livro da Vida*). Dali conclui: "Quem busca a verdade busca Deus, quer saiba ou não".

E começa aí o processo de sua conversão. Em 1922, recebe o batismo na Igreja Católica. Edith, defensora da causa da mulher, torna-se professora na escola de moças e, com seu trabalho, começa a compreender a discrepância entre a realidade vivida pelas jovens alemãs e sua formação pedagógica. Essa última, presa a inúmeros formalismos arcaicos que não levam em conta nem a época em que elas vivem, nem as especificidades inerentes à condição feminina.

Desenvolvendo seus dons de conferencista, viaja intensamente pela Alemanha e por outros países da Europa, geralmente patrocinada e convidada por instituições católicas, leigas em sua maioria, como a União Católica das Mulheres Alemãs, entre outras. Ela organiza métodos de educação inovadores, que, além de atrair as moças ao estudo e conhecimento, contribuem para sua formação moral e espiritual, como pessoas e mulheres. Também é docente no Instituto Alemão de Pedagogia Científica em Münster.

Em 15 de abril de 1933, entra para o Carmelo, aos 42 anos de idade, e recebe o nome religioso de Teresa Benedita da Cruz. Do silêncio da clausura, Edith acompanha inquieta e preocupada as notícias sobre a perseguição nazista aos judeus e chega mesmo a escrever uma carta ao papa sobre a situação cada vez mais alarmante.

Em 2 de agosto de 1942, dois oficiais se apresentam ao Carmelo com ordens de levá-la ao Campo de Concentração. Lá, a carmelita suporta com paciência os sofrimentos, procura consolar os mais aflitos e levantar o ânimo dos abatidos. Mostra-se particularmente solícita e atenciosa com as inúmeras crianças que perambulam pelo campo, sozinhas e confusas. Conforme este testemunho de um dos sobreviventes: "As lamentações e o desespero dos recém-chegados eram indescritíveis".

Edith Stein só pensa no sofrimento do próximo, não em seu próprio. Por isso, está sempre tranquila e vai de uma parte a outra, entre as mulheres, consolando, ajudando, tranquilizando. Muitas mães, a ponto de enlouquecer, esquecem-se de seus filhos durante dias. Edith cuida dos pequenos, lavando-os e alimentando-os como pode. Essa testemunha conta que numa conversa ela diz: "O mundo está cheio de contradições, no último momento nada disto permanecerá. Só o grande amor permanecerá".

Morre em 9 de agosto de 1942, nos fornos crematórios de Auschwitz, e oferece seu holocausto pelo povo de Israel.

Nesse início da segunda década do século XXI, há mais de oitocentos mosteiros carmelitas espalhados em oitenta e quatro países, com mais de quinze mil monjas. No Brasil temos cinquenta e seis Carmelos e mil monjas. E é a esta grande família que pertence o nosso Carmelo Sagrado Coração de Jesus e Madre Teresa.

Nossa Senhora do Carmo

História

A devoção a Nossa Senhora do Carmo tem origem no século XII, quando um grupo de eremitas se forma no monte Carmelo, na Palestina, terra Santa, iniciando um estilo de vida simples e pobre, ao lado da fonte de Elias.

A palavra "Carmo" corresponde ao monte do Carmo ou monte Carmelo, em Israel, onde o profeta Elias se refugiara. A palavra "Carmo" ou "Carmelo" significa "jardim".

Ligação com os carmelitas

A Ordem dos Carmelitas venera com carinho o profeta Elias, que é seu patriarca, e a Virgem Maria, adorada com o título de Bem-Aventurada Virgem do Carmo. Devido ao lugar, esse grupo passa a ser conhecido como carmelitas.

No monte, esse grupo de eremitas constrói uma pequena capela dedicada a Senhora do Carmo, ou Nossa Senhora do Carmelo. Posteriormente, os religiosos, obrigados a ir para a Europa, espalham ainda mais a Ordem do Carmelo.

Aparição a São Simão

São Simão é um dos mais piedosos carmelitas a viver na Inglaterra. Vendo a Ordem dos carmelitas ser perseguida até estar prestes a ser eliminada da face da terra, ele sofre muito e pede socorro a Nossa Senhora do Carmo.

Sua oração atravessa séculos e é usada pelos carmelitas até hoje: "Flor do Carmelo, Videira florida, Esplendor do Céu,

Virgem Mãe incomparável, Doce Mãe, mas sempre virgem, sede propícia aos carmelitas, ó Estrela do mar".

Então, Maria Santíssima, rodeada de anjos, aparece para São Simão, entrega em suas mãos um escapulário e diz: "Meu filho muito amado, recebe este escapulário de tua Ordem, sinal do meu amor, privilégio para ti e para todos os carmelitas. Quem morrer com ele não se perderá. Eis aqui um sinal da minha aliança, salvação nos perigos, aliança de paz e amor eterno".

A partir desse milagre, o escapulário passa a fazer parte do hábito das carmelitas. E, depois dessa aparição, a Ordem do Carmelo começa a florescer na Europa e em vários lugares do mundo até agora.

O escapulário – tradição do Carmelo

A palavra escapulário vem do latim *escápula*, que significa "armadura, proteção". O escapulário é uma forma de devoção a Maria Santíssima. O uso dele é um sinal de confiança em Nossa Senhora do Carmo, e a pessoa que o tem é coberta com a proteção e as graças da Virgem do Carmo.

O escapulário, segundo o Concílio do Vaticano II, é um sinal sagrado, que tem efeitos de proteção também da Igreja Católica. Santa Teresa compara portar o escapulário a estar vestida com o hábito de Nossa Senhora.

Devoção a Nossa Senhora do Carmo

Com a expulsão dos carmelitas de Israel, a devoção a Nossa Senhora do Carmo vai da Europa em direção à América Latina, logo no começo de sua colonização, quando passa, então, a ser conhecida em todos os lugares. Várias igrejas, capelas e até catedrais são construídas e dedicadas a Senhora do Carmo.

No Brasil

O Coronel Salvador Fernandes Furtado de Mendonça, ao penetrar os sertões bravios dos campos dos Cataguás, pelo rio Itaberaba, ergue uma pequena cabana à margem de um ribeirão por ele denominado do Carmo, a fim de perpetuar a imagem da Virgem do Monte Carmelo.

Assim, sob a proteção da Virgem Maria, nasce a primeira vila de Minas Gerais, a futura Mariana. Pela encosta abaixo até as margens do histórico ribeirão, vão se aglomerando casinhas e, pouco depois, Mendonça manda construir uma capela dedicada a Nossa Senhora do Carmo. A igrejinha de barro, coberta de palha, cujo local hoje se ignora, é o primeiro templo construído nos sertões brasileiros, depois da entrada dos bandeirantes. A partir daí, passa a ser considerada a primeira protetora da terra mineira.

Em 1751, na fundação da Ordem Terceira de Mariana, como a igreja primitiva já não existe, é preciso providenciar outra. Porém, conflitos com a Irmandade de Ouro Preto acabam por atrasar a construção do templo por trinta anos. Fica pronta, já no século XIX, e atualmente é a matriz de Mariana.

A antiga invocação de Nossa Senhora do Carmo existente em quase todo o Brasil e de maneira especial em Minas Gerais provém da Palestina. Após a saída dos cruzados da Terra Santa, os Carmelitas de Europa chegam ao Brasil.

A Ordem dos Carmelitas Descalços possui três ramos: o primeiro, para os homens que se destinam ao sacerdócio e aos estudos científicos; o segundo, contemplativo, para as mulheres, reformado por Santa Teresa d'Ávila; e a Ordem Terceira, que é para leigos dos dois sexos, e tem como principal finalidade a divulgação do escapulário bento.

A grande devoção do povo brasileiro à Virgem do Escapulário é comprovada pelas cento e seis paróquias a ela dedicadas no país.

O primeiro convento do Carmo no Brasil data de 1584, em Olinda, Pernambuco.

Na província de São Paulo, os carmelitas se estabelecem primeiramente em Santos, onde são recebidos por Brás Cubas. Mais tarde, os religiosos sobem a serra e constroem sua igreja na vila Piratininga, num outeiro junto ao Tamanduateí (hoje Praça Clóvis Bevilácqua). O antigo templo, desapropriado em 1928 pelo governo do Estado, passa posteriormente para uma capela da Rua Martiniano de Carvalho e, em seguida, em 1934, é inaugurada a atual igreja. O altar-mor e as suas capelas laterais com retábulos dourados são transportados para o local, na Rua Rangel Pestana, região central de São Paulo. Os destaques: o altar rococó de madeira do século XVIII e imagens como a de Nossa Senhora das Dores, trajada com vestes de seda bordadas de ouro. Além desses, existem as pinturas restauradas na virada do século: "Nossa Senhora com o Menino e Santa Teresa" (1785), de José Patrício da Silva Manso, e o forro da nave, feito pelo Padre Jesuíno do Monte Carmelo (1798), discípulo de Silva Manso. Sob o altar está o túmulo de Pedro Dias, pai de Fernão Dias, importante bandeirante paulista. Segue na igreja também uma cadeira usada pelo imperador Dom Pedro II em uma visita ao local.

No Rio de Janeiro as igrejas da Ordem Terceira e a dos Carmelitas estão construídas lado a lado. A matriz do Carmo, com a vinda do Príncipe Regente Dom João para o Brasil, é transformada em Capela Real. E como tal, transformada em cenário das coroações de Dom Pedro I e Dom Pedro II e, após a proclamação da República, torna-se a Catedral Metropolitana do Rio de Janeiro, que cede lugar atualmente para o arrojado templo construído junto ao morro de Santo Antônio, uma das obras-primas da arquitetura moderna brasileira.

Oração a
Nossa Senhora do Carmo

Senhora do Carmo, rainha dos anjos, canal das mais ternas mercês de Deus para com os homens. Refúgio e advogada dos pecadores, com confiança eu me prostro diante de vós, suplicando-vos que obtenhais a graça deque necessito (*pede-se a graça*).

Em reconhecimento, solenemente prometo recorrer a vós em todas as minhas dificuldades, sofrimentos e tentações, e farei de tudo que estiver ao meu alcance, a fim de induzir outros a amar-vos, reverenciar-vos e invocar-vos em todas as suas necessidades.

Agradeço as inúmeras bênçãos que tenho recebido de vossa mercê e poderosa intercessão.

Continuai a ser meu escudo nos perigos, minha guia na vida e minha consolação na hora da morte. Amém.

Nossa Senhora do Carmo, advogada dos pecadores mais abandonados, rogai pela minha alma. Ó Senhora, rogai por nós que recorremos a vós.

Bibliografia

ALVAREZ, Frei Tomas, ocd. *Obras completas Teresa de Jesus*. São Paulo: Loyola, 1995.

ÁVILA, TERESA DE. *Castelo interior ou moradas*. São Paulo: Paulus, 1981.

_____. *Vida de Santa Teresa de Jesus escrita por ela própria*. Trad. Rachel de Queiroz. São Paulo: Loyola, 1984.

CARMELITANOS. *A Regra do Carmelo*. São Paulo: Edições Carmelitanas OCD/Loyola, 1999.

JOSAPHAT, Frei Carlos. *Contemplação e libertação*. São Paulo: Ática, 1995.

GALILEA, S. *A sabedoria do deserto*. São Paulo: Paulinas, 1986.

HAMMAN, A. G. (seleção). *Orações dos primeiros cristãos*. São Paulo: Paulinas, 1998.

CRUZ, São João da. *Obras completas*. Petrópolis: Vozes, 1968.

LELOUP, Jean Ives; BOFF, Leonardo. *Terapeutas do deserto*. Petrópolis: Vozes, 1998.

MACCISE, Camilo. *Deus presente na história*. São Paulo: Paulinas, 1986.

MESTERS, Frei Carlos. *Ao redor da fonte*. Rio de Janeiro: Gráfica e Editora TVJ, 2005.

MORIONES, Ildefonso. *Teresa de Jesús, maestra de perfección*. Roma: Institutum Historicum Teresianum, 2012.

PADRES DO DESERTO. *Palavras dos antigos, sentenças dos Padres do Deserto*. São Paulo: Paulinas, 1985.

PORTO DE MENEZES, Frei Alano. *Um Carmelo "leve e transparente"*. Juiz de Fora: Esdeva Empresa Gráfica, s.d.

_____. *O livro das delicadezas*. Porto Alegre: Pallotti, s.d.

SAINT-PIERRE, Isaure. *Teresa d'Ávila, ébria de Deus*. São Paulo: Martins Fontes, 1992.

SCIADINI, Frei Patrício, ocd. *Santa Teresa de Jesus, as fundações.* São Paulo: Loyola, 2012.

_____. *Santa Teresa de Jesus, caminho de perfeição.* São Paulo: Loyola, 2011.

SESÉ, Bernard. *João da Cruz.* São Paulo: Paulinas, 1995.

Outras fontes

Arquivo de documentos de Frei Alano Porto de Menezes.

Arquivo de documentos de Frei Betto.

Sites

Carmelo Santa Teresa – Santa Teresa d'Ávila (ou de Jesus). Acesso de janeiro a agosto, 2013. Disponível em: <http://www.carmelosantateresa.com/santos/santateresa.htm>.

Carmelitas de Portugal – Castelo interior. Fundações. Disponível em: http://teresadejesus.Carmelitas.pt/noticias/noticias_view.php?cod_noticia=461. Acesso em: 4/04/2012.

Catholic.org – St. Teresa of Avila – Doctor of the Church – Saints & Angels. Acesso em: jan.-ago. 2013. Disponível: <http://www.catholic.org/saints/saint.php?saint_id=208>.

Escola Nossa Senhora do Carmo. Encontro de Educação da Escola. Acesso em: jan.-ago. 2013. Disponível em: <http://www.enscbananeiras.org.br/>.

Irmãs Carmelitas Descalças Itajaí (SC). Carmelo Santa Teresa. Biografia de Santa Teresa. Acesso em: jan.-ago. 2013. Disponível em: <http://www.carmelosantateresa.com/>.

Irmãs Carmelitas Descalças, regional sul. Irmãs Carmelitas Descalças (Teresianas). Acesso em: jan.-ago. 2013. Disponível em: <http://www.irmasCarmelitas.com.br/>.

LIVROS CATÓLICOS PARA DOWNLOAD: Santa Teresa d'Ávila. 2012. Disponível em: <http://alexandriacatolica.blogspot.com/2010/12/santa-teresa-davila.html.>

MORIONES, IDELFONSO, ocd –. O Carmelo Teresiano. Acesso de janeiro a agosto, 2013. Disponível em: <http://www.ocd.pcn.net/hp_2.htm#2>.

OCD – Santos Carmelitas. 2007. Disponível: <http://santosdocar melo.blogspot.com/>.

Ordem dos Carmelitas Descalços. Inauguração do Carmelo de Bananeiras. 2010. Disponível em: <http://provsjose.blogspot.com.br/2010/12/inauguracao-do-novo-carmelo-de.html>.

Ordem dos Padres Carmelitas Descalços, STJ 500. Para vós nasci. Acesso em: jan.-ago. 2013. Disponível em: <http://www.car melo.com.br/>.

Ordem dos Padres Carmelitas Descalços. Carmelitas de Portugal. Acesso em: jan.-ago. 2013. Disponível em: <http://www.Car melitas.pt/site/index.php>.

Paróquia Santo Antônio – Solânea-PB. Carmelo Sagrado Coração de Jesus e Madre Teresa, Bananeiras (PB). 13 out. 2012. Disponível em: <http://paroquiadesolanea.blogspot.com.br/2012/10/carmelo-de-bananeiras-pb.html>.

Livros de Santa Teresa d'Ávila

Livro da vida. 1565. Relações. 1560/1581
Caminho da perfeição. 1566.
Constituições. 1567/1581.
Modo de visitar os conventos. 1576.
Castelo interior. 1577. Exclamações; conceitos de amor de Deus.
Fundações. 1537/1582. Epistolário; poesias; vexame; desafio.

Livros de São João da Cruz.

Subida do Monte Carmelo.
Noite escura.
Cântico spiritual.
Chama viva de amor.
Cartas e pensamentos.
Escritos entre 1578 a 1586.

Impresso na gráfica da
Pia Sociedade Filhas de São Paulo
Via Raposo Tavares, km 19,145
05577-300 - São Paulo, SP - Brasil - 2015

Juiz de Fora – MG

Madre Teresa de Jesus

Inauguração Carmelo Sagrado Coração de Jesus

Da esquerda para a direita: Ir. Clemência,
Ir. Teresinha, Madre Teresa de Jesus,
Ir. Maria de Lourdes, Ir. Maria Amada e Ir. Branca

Itaguaí – RJ

Irmãs do Carmelo e visitas: Ir. Claudino, Ir. Ailton e Ir. Rafael

Irmã Glorinha
Priora em Itaguaí

Bananeiras – PB

Início da construção da Escola do Carmelo

Pais de alunos erguem as paredes

Escola pronta

Refeitório

Telecentro de informática

Reunião de pais e alunos

Horta cultivada pelas irmãs

Estufa de flores do Carmelo

Madre Teresinha e Eike Bingemer
em visita ao terreno do Carmelo

Missa no Carmelo

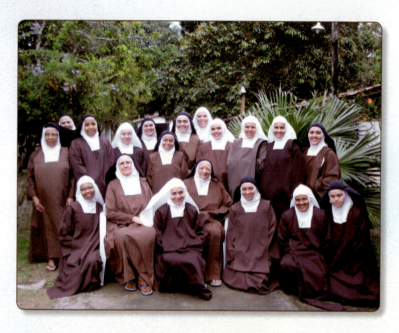

Irmãs da comunidade

Vista interna do jardim do
Carmelo Sagrado Coração de Jesus e Madre Teresa